国家社会科学基金项目"少数民族传统知识的现代利用与保护研究——以武陵地区土家族为例"（项目批准号：07BMZ025）的最终结题成果（结题证书号：20121203）

国家民委人文社会科学重点研究基地"南方少数民族非物质文化遗产研究中心"、湖北省文化厅、教育厅人文社会科学研究基地"湖北省非物质文化遗产研究中心"资助

土家族传统知识的现代利用与保护研究

柏贵喜等 著

中国社会科学出版社

图书在版编目（CIP）数据

土家族传统知识的现代利用与保护研究／柏贵喜等著．—北京：
中国社会科学出版社，2015.4
　ISBN 978-7-5161-5931-6

　Ⅰ.①土…　Ⅱ.①柏…　Ⅲ.①土家族—传统文化—保护—
研究—中国　Ⅳ.①K287.3

　中国版本图书馆 CIP 数据核字（2015）第 077938 号

出 版 人	赵剑英	
责任编辑	朱华彬	
责任校对	任晓晓	
责任印制	张雪娇	

出　　版	中国社会科学出版社	
社　　址	北京鼓楼西大街甲 158 号（邮编 100720）	
网　　址	http://www.csspw.cn	
发 行 部	010-84083685	
门 市 部	010-84029450	
经　　销	新华书店及其他书店	

印　　刷	北京市大兴区新魏印刷厂	
装　　订	廊坊市广阳区广增装订厂	
版　　次	2015 年 4 月第 1 版	
印　　次	2015 年 4 月第 1 次印刷	

开　　本	710×1000　1/16	
印　　张	19.25	
插　　页	2	
字　　数	304 千字	
定　　价	62.00 元	

目 录

导　论

人类的知识体系可以分为两大类，一类是现代知识体系，一类是传统知识体系。传统知识是传统社会存续的知识基础，对传统社会具有特殊的意义。即使在现代社会，传统知识也具有多种显在或潜在的利用价值，是我们的知识结构中不可或缺的重要组成部分。

一　传统知识的研究现状及研究意义

（一）传统知识的研究现状

人类记述、理解和利用传统知识的历史与人类创造传统知识的历史同样悠久。然而，只是到了现代，一种新的知识体系即所谓的"科学"知识累积到可以改变并改变着整个人类的生存方式的时候，一直是人类社会存续基础的传统知识作为现代知识的"他者"（民族学、人类学等学科具有现代知识建构的意义）才真正进入人们的研究视野。随着"知识全球化"的加快，一方面，传统知识在现代知识的冲击下加速消失，传统社会存续的知识基础即将崩溃；另一方面，现代科学知识在凸显其解决自然与人类社会不断出现的问题之价值的同时，也面临着诸多困境：现代知识仍在累积之中，现有的知识存量尚不能解决自然与人类社会的所有问题，特别是在面临一些地方性的特殊问题时，现代知识更是束手无策；现代知识给人类带来知识成果的同时，也给世界带来了诸多新的问题。这些都迫使人们重新思考传统知识的现代价值、现代利用与保护的相关问题。特别是在后现代思潮的影响下，许多学科在反思现代性的同时，逐步开展了对传统知识的研究，并取得了丰硕的成果。

传统知识作为一种认知体系得到人类学、民族学等学科的关注最早可以追溯到 19 世纪一些传教士、探险家、旅行者的记述。20 世纪初，美国人类学家、民族学家博厄斯（Franz Boas）研究了爱斯基摩人对冰和水的色彩的感知，认为不同的人对他们周围的世界有着不同的观念，从此开始了对传统知识真正意义上的科学研究。20 世纪 50 年代，以美国古德纳夫（W. H. Goodenough）等为代表的人类学家受到语言学理论与方法的影响①，开始关注各个民族的民间分类体系，开展了对颜色、生物、亲属制度、疾病等认知分类的研究。如美国学者康克林（Harold Conklin）于 20 世纪 50 年代中期，曾经对菲律宾少数民族哈努诺（Hanunoo）人的颜色范畴进行过研究，发现哈努诺人把颜色分为两个等级：第一等级是关于颜色的一般分类，进入这一等级的颜色都明显对立，不可能交叉重叠。该等级包括四个固定范畴：黑、白、红、绿。对于这一等级中的各个范畴，在群体内部的看法是高度一致的。第二等级是数百种特殊的色彩，在这个层次，某些色彩可能交叉重叠，某些色彩的归类可能因人而异（如金色和橙色）。第二等级的色彩都可以归纳到第一等级的范畴中去。日常生活主要使用第一等级的颜色词，只有需要特别说明的时候，才使用第二等级的语词。后来，人类学家柏林（Brent Berlin）和凯（Pauft Kay）对颜色进行了更进一步的研究。② 康克林在研究颜色分类的同时，还开创性地研究了哈努诺人的民间植物认知，重点研究了植物的分类与命名规则。更为出色的研究是柏林等人对墨西哥泽尔砣（Tzeltal）人的植物分类研究。在发表于《科学》杂志的《民间分类学与生物分类》一文中，柏林等人将泽尔砣人的民间植物分类和生物学分类进行了比较，划分出民间植物分类与生物分类的三种关系：粗分、细分和一一对应的关系，探讨了这三种情况以及民间分类群在文化上的重要性。③ 20 世纪 70—80 年代，人类学家超越了语言学的理论与方法框架，开始转向民间分类的心理过程和知识结构研究，试图把知识、信仰和各种分类系统及术语系统联系起来，形成了舆论理论（Consensus theory）、智力剧本（Mental Scripts）、图式理论（Schema

---

① 黄锦章：《语言研究和认知人类学》，《上海财经大学学报》2002 年第 4 期。

② 同上。

③ 参见瞿明安主编《现代民族学》（下卷第一册），云南人民出版社 2009 年版，第175—176 页。

theory) 等。①

国际学术界还研究了传统知识的价值与利用等问题。如拉扎尔·塞维托研究了撒哈拉以南非洲的地方化农业知识对于粮食生产的价值②，那鲁蒙·阿鲁诺泰则研究了泰国莫肯人的传统海洋知识、自然资源经营的知识及其对于维护海洋及沿海地带的生态所具有的价值。③ 近些年，由于传统知识在食品安全、农业发展和医疗卫生、商业等领域发挥了重要作用，它的价值越来越受到人们的重视。但在对"传统知识"利用的过程中，传统知识持有者并未分享到其所带来的惠益，更有甚者，一些西方跨国公司却将其他社会或族群的传统知识申请专利。这种在传统知识利用中出现的对传统知识持有者不公平的待遇引发了国际人类学、法学及各类社会组织对传统知识知识产权及其保护的研究。如芬格（J. Michael Finger）等人通过大量案例，对非洲音乐产业、传统工艺以及防止盗用工艺设计的方法，公平贸易组织的活动、民族植物学知识的生态前景和商业化，知识产权法以及其他保护传统知识方式的应用等问题进行研究，试图为发展中国家的"穷人"利用其传统知识获取经济利益提供指导。④ 弗洛伦斯·品顿（Florence Pinton）研究了亚马孙河流域土薯多样性品种管理及其农业多样性遗产保护等问题，并分析了实地保护的价值。⑤ 阿尔瓦罗·塞尔达萨米恩和克莱门特·弗雷罗皮内达详细讨论了民族共同体与现代社会机构进行传统知识交换的制度与知识产权等问题。⑥ 印度、南非、墨西哥等国学者也进行了大量区域性传统知识产权保护研究。

除此，近年来联合国有关机构，如联合国教科文组织（UNESCO）、

---

① 黄锦章：《语言研究和认知人类学》，《上海财经大学学报》2002 年第 4 期。

② ［法］拉扎尔·塞维托：《撒哈拉以南非洲的地方化农业知识与粮食生产》，《国际社会科学杂志》（中文版）2007 年第 1 期。

③ ［泰］那鲁蒙·阿鲁诺泰：《莫肯人的传统知识：一种未蒙承认的自然资源经营保护方式》，《国际社会科学杂志》（中文版）2007 年第 1 期。

④ ［美］芬格、舒勒编著：《穷人的知识：改善发展中国家的知识产权》，全先银等译，中国财政经济出版社 2004 年版。

⑤ ［法］弗洛伦斯·品顿：《传统知识与巴西亚马孙流域生物多样性地区》，《国际社会科学杂志》（中文版）2004 年第 4 期。

⑥ ［美］阿尔瓦罗·塞尔达萨米恩、克莱门特·弗雷罗皮内达：《民族共同体知识的知识产权问题》，《国际社会科学杂志》（中文版）2003 年第 1 期。

联合国环境规划署（UNEP）、联合国粮农组织（UNFAO）、联合国贸易与发展会议（UNCTAD）、联合国开发计划署（UNDP）、世界卫生组织（WHO）、世界粮食计划署（WFP）、世界知识产权组织（WIPO）等及其他国际机构如世界银行（The World Bank）、世界贸易组织（WTO）等都在不同的场合，从不同的角度探讨了传统知识保护的不同方面问题。其中，以世界知识产权组织的有关工作尤其引人注目。该组织近年来在遗传资源、传统知识和民间文学艺术的保护方面开展了大量基础性工作，进行了一系列卓有成效的探索活动。如 1998、1999 年就有关内容对南亚、非洲东南部、大洋洲南部、美洲以及加勒比海、阿拉伯地区的 28 个国家进行了 9 次集中的实地调查活动，并发表了调查结果。2000 年 9 月，WIPO 成立了"知识产权与遗传资源、传统知识和民间文学艺术"政府间专门委员会，举行了多次会议。2003 年 7 月上旬，委员会在日内瓦召开第五次会议，对在知识产权领域中的一系列焦点问题进行了辩论，并对传统知识保护问题提出了切实的建议。自 1999 年起，WIPO 还单独或与联合国教科文组织合作，先后在南非、越南、突尼斯、厄瓜多尔、泰国、澳大利亚、苏里南、牙买加、巴西、象牙海岸、赞比亚、埃塞俄比亚等 12 个国家进行了有关"知识产权与遗传资源、传统知识和民间文学艺术"的区域性咨询对话活动。这些活动及相关学者的研究将极大地推动在国际框架内对传统知识的保护。

国内学者早在 20 世纪 50 年代的少数民族社会历史调查中就对少数民族传统知识进行了民族志记述，但真正意义上的关于少数民族传统知识的专门学术研究则始于 20 世纪 90 年代。自 20 世纪 90 年代末至今，学术界不仅讨论了传统知识的内涵，还实地调查并研究了少数民族传统生态知识与生物多样性保护、传统医药知识、传统知识的现代价值及其利用、传统知识的保护等问题，并取得了丰硕的成果。① 但现有研究也存在一些问题和不足，主要有以下几个方面：其一，对传统知识的内涵、特性及其生产、传承的实践逻辑等理论问题研究不深。其二，就少数民族传统知识内容的研究来讲，目前学术界对传统生态知识、医药知识、动植物遗传资源与生物多样性保护等方面做了深入研究，但对传统

---

① 详见附录《我国少数民族传统知识研究述评》（1999—2009）。

农业知识、民间文艺表达和民间技术等方面的研究尚显不足。其三，就少数民族传统知识的研究对象而论，学者们对国内各少数民族传统知识的关注极不均衡。例如，以传统医药知识为例，学术界从不同学科视角对藏医学、苗医学、傣医学、土家医学、壮医学、瑶医学和彝医学等民族医学做了大量交叉研究，而对其他一些民族，尤其是人口较少民族和目前族称待定的少数民族的医药知识研究则严重不足；同时，就传统知识体系研究而言，也存在不平衡状况，学术界对苗族、云南少数民族、蒙古等民族的传统知识体系研究较为深入，而对土家族、黎族等少数民族的传统知识体系研究则较为薄弱。其四，学术界对少数民族传统知识的保护尤其是知识产权的保护研究较多，而对传统知识现代价值的反思，特别是对在现代社会中如何挖掘和利用少数民族传统知识的研究还很少，当然在传统知识的知识产权研究过程中，尚未能有理论上的突破。其五，就各学科对少数民族传统知识的研究而言，当下法学、民族植物学、医学、生态学等学科对之已做了颇有成效的研究，而民族学、人类学和社会学对之观照与前者相比却显得明显不足。

（二）研究的意义

土家族是我国历史悠久、富于创造力的民族之一。据第五次人口普查统计，土家族共有802.81万人，居全国少数民族人口的第六位，主要聚居于湘、鄂、渝、黔四省市交界地区，包括湖南省的湘西土家族苗族自治州和张家界市的桑植、慈利等县，湖北省的恩施土家族苗族自治州和五峰、长阳土家族自治县，重庆市的黔江区和石柱、彭水、酉阳、秀山等县，贵州省的印江、沿河、江口、思南、德江等县。土家族生活的地区是我国著名的武陵山区，该地自然地理独特，其地貌以碳酸盐岩组成的高原型山地为主体，兼有碳酸盐岩组成的低山峡谷与溶蚀盆地，山地山原面积占总面积的80%以上。武陵山地呈阶梯状地貌发育，经多次抬升、剥蚀和夷平作用，形成了五级面积不等的夷平面，且地表切割深，山体破碎。境内河流、沟壑纵横，地形复杂，加上属季风性山地湿润气候，气候立体特征明显。独特的自然环境孕生着多样性的生物资源，是我国生物多样性的典型地区之一。该区有植物200科，900余属，约3000种，其中名贵珍稀植物40余种，主要有银杏、金钱松、三尖杉、水杉、西南台杉、珙桐、光叶珙桐、木莲、香果树、水青冈、杜仲、樟、丝栗栲、香椿、苦桃、紫茎、枫香、铁榈、铁杉、鹅掌楸、紫薇、笔柏、响叶柏、侧柏、锥栗、甜槠、蕨、黄连、葛藤、鸡血藤、香茅、马桑等；珍稀野生动物有 160 余种，属国家保护的有 20 余种。在长期的历史发展中，土家族人民创造和积累了丰富的识别与利用生物资源、维护生物多样性的传统知识以及表达这些传统知识的多样性文化形式。可以说，从知识的地方性角度看，武陵土家族传统知识是我国各民族传统知识的独特类型，将武陵地区土家族传统知识作为个案，思考少数民族传统知识的现代利用与保护的相关问题，具有较高的学术意义与实践意义。

1. 学术意义

（1）该成果从人类学角度对传统知识的内涵、特性及其实践逻辑进行了初步探讨，对于从理论上进一步研究传统知识有一定的学术价值。

（2）现代知识产权法对解决传统知识产权问题存在着法理上的缺失和偏差。现代知识产权体系是工业化的产物，其所承认的知识产权是一种私权，而传统知识是一种社区或族群共有的领域，本质上是一种公权。在传统知识的研究上，人类学、民族学界和法学界存在着明显的分离状态。人类学、民族学界对传统知识的研究难以介入知识产权领域，而法学界对传统知识产权保护的研究又缺乏对传统知识的全面理解和人类学解读过程，其结果是在理论层面和决策层面都未达到理想的效果。因此，该成果在实证研究的基础上，尝试将人类学、民族学和法学相结合，形成传统知识研究的"文化—法理"模式。

2. 实践意义

（1）传统知识作为一种非物质文化遗产，在族群传统社会和现代社会均具有多种显在或潜在的利用价值，在诸如生态保护、医疗保健、产品开发、法律调解、乡土教育等传统和现代领域中都发挥着重要的作用。但在全球化、现代化和都市化的冲击下，民族传统知识在被利用的同时，也在加速地散佚与失传。加强对包括土家族在内的民族传统知识的现代利用价值挖掘与保护研究，对于解决人类社会的地方性问题和共同问题，使乡土社会或族群社会获得可持续的生存资源具有重要的意义。

（2）在食品安全、农业发展和医疗卫生、商业等领域由于对传统知识的应用而获得了极大的技术进步和经济效益，但传统知识持有者并未因此分享到其所带来的惠益，从而造成了侵权问题。这是国际上普遍存在的产权问题。随着我国加入世贸组织，国际资本利用 WTO 的"与贸易有关的知识产权"（TRIPs 条款）的某些欠公平解释对我国少数民族传统知识资源和自然遗产资源造成损害。近年来，国际资本对我国民族地区的文化遗产资源的不公平的商业行为已日渐凸显。如我国少数民族所具有的许多特殊遗传隔离人群的基因资源曾被美国哈佛大学试图以所谓"合作"的形式采集并用于商业目的，中国东南山区某少数民族聚居地哮喘病家系标本被西夸纳公司获取。最近中国华南少数民族聚居地的野生和栽培大豆中所发现的一些与高产性状有关联的基因片段被美国孟山都公司申请专利，并发生专利案。至于如瑶族地区流传的"女书"被外国公司抢注商标，中国"端午节"被列入亚洲某国国家遗产名录之类例也在逐渐增多。因此，加强对少数民族传统知识的研究具有重要的现实意义。

（3）通过田野调查和文献研究，对土家族传统知识的相关内容及其价值进行了民族志记述和较为系统的梳理，为土家族传统知识的文献化及其现代利用提供了一定的基础；对土家族传统知识的保护战略及相关保护措施进行了学术思考，为制定土家族传统知识保护的政策提供了参考依据，对其他少数民族传统知识的保护也具有一定的借鉴意义。

二　研究方法、主要内容与观点

（一）研究方法

主要将田野调查与文献研究相结合，以田野调查为主。2007 年 6 月至 2011 年 8 月间，课题组成员前后七次深入武陵土家族地区进行田野调查，以搜集第一手研究资料。田野调查点共有三个：一是湖南省湘西土家族苗族自治州龙山县坡脚乡的苏竹村。苏竹村是酉水流域的一个典型的土家族村落，全村土家族人口占 95% 以上，至今仍保留着土家族语言。二是五峰土家族自治县湾潭镇的红烈村。红烈村是清江流域的一个典型的土家族村落，全村土家族人口占 90% 以上。三是恩施土家族苗族自治州来凤县百福司镇的兴安村。该村地处湘、鄂、渝三省市交界地带，保留着浓郁的土家族传统文化。田野调查采用深度访谈、住居体验与观察以及问卷等方式。通过调查，共撰写《土家族传统知识——苏竹村调查报告》、《土家族传统知识——红烈村调查报告》、《土家族传统知识——兴安村调查报告》三份调查报告，计70余万字。该研究成果主要根据调查报告的主体部分写成。

（二）主要内容与观点

该成果重点从理论、实证和对策三个方面对土家族传统知识现代利用与保护的相关问题进行研究。

1. 传统知识的本质与实践逻辑

这一部分主要对传统知识的本质与实践逻辑进行理论分析。从认知人类学的角度解析了传统知识的本质、特征及其现代价值。从传统知识的生成与传承机制、交换行动与权力关系的角度分析了传统知识独特的实践逻辑。

人类的知识体系可以分为两大类，一类是现代知识体系，一类是传统知识体系。传统知识是族群社会或乡土社区基于生产生活实践和智力活动创造、发展并世代传承的关于自然与社会的认知体系。揭示传统知识的本质必须把握好两个维度：一是知识本体的维度。虽然学术界尝试从知识产权、人权与文化权、生物多样性和反思普遍性知识等角度对传统知识进行界定，但是均只表述了传统知识的部分内容和某些特征，对传统知识本质的理解必须回归到知识本体，即将传统知识看作是人类独特的认知体系。二是与现代知识比较的维度。传统知识与现代知识都是人类的认知体系，但传统知识表现出传统性、乡土性、地方性、实践性、共有性（集体性）等特性，有别于现代知识的现代性、都市性、普遍性、实验性及个体性（专利性）等特点。

传统知识的诸多特性表明其有自身的实践逻辑。福柯（Michel Foucault）认为所有的知识都具有确定的话语实践。传统知识同样具有确定的话语实践，它可以是言说的东西，可以是仪式与行动，也可以是书写的文本；它是族群社会或乡土社区存续的策略、内在逻辑和实践理性。传统知识的实践逻辑在其生成与传承机制和交换行动中得到最集中的表现。传统知识是族群社会或乡土社区在调节人与自然、人与人之间关系的过程中生成的。我们的田野资料表明自然环境的激发机制和社会文化习俗的规约机制共同作用于传统知识的生成，这说明传统知识的生成因素不是单一的。传统知识的传承可以概括为纵向承继和横向交换两种基本模式。纵向承继的机制是忠诚，横向交换的机制是互惠。

我们的田野资料进一步表明横向交换关系更能反映传统知识的实践逻辑。按照交换实现的方式，横向交换可分为自由式交换和干预式交换，前者通常在交换双方之间自由进行；后者在第三方干预下进行，且交换双方通常处于一种被动状态。无论何种形式的知识交换，其本质都是权力的转移，而权力的转移反过来又促进知识的交换。为了实现知识的交换，人们往往追寻权力。追寻权力的过程即是获取知识的过程，亦是知识传播的过程。这一实践逻辑在民间医药知识的交换关系中得到了充分的说明。苏竹村医药知识交换反映了三种不同的场域策略，即保守、继承、颠覆。保守的策略常常被那些在场域中占据支配地位、拥有知识权力的人所采用，继承的策略则尝试获得进入场域中的支配地位的准入权，它常常被那些新参加的成员所采用，颠覆的策略则被那些并不企望从权力群体中获得资源的人所采用。但无论何种策略，都希望获得医药资源即秘方、药物认知、治疗仪式、符咒的占有权和控制权。

2. 土家族传统知识及其现代利用

这一部分主要基于田野调查资料，将田野调查与文献研究相结合，对土家族传统生态知识、农业知识、医药知识、民间文艺等进行系统梳理，并对传统知识的现代利用价值进行解析。

民族志生态学以族群社会或乡土社区的内在认知为对象，关注其在语言与语意上所透露出来的认知分类系统及世界观，为我们提供了一条深入理解人类及其文化与自然环境关系的更为有效的途径。根据土家族对其赖以生存的环境的认知实践和认知内容，可以将其生态知识分为生产型、规约型、宗教型、隐喻型四种类型。四种类型的生态知识是土家族认知生态环境，调节他们与生态关系的四种方式，生产实践、规范条例、宗教观念与仪式及文化的意义体系虽各有侧重，但具共同特点，即均根据生态环境特点及生物生长规律进行朴素的分类，以确定各类行为的时间、空间、对象与方式，从而达到人与生态的动态平衡。如土家族狩猎（俗称"赶肉"）通常在每年农历的正月和二月，这一时间选择事实上与所猎动物的大量繁殖并对农作物造成伤害有关。某些动物的过度繁殖打破了生态平衡，而狩猎会使之重新趋于平衡。关于狩猎的对象，根据土家族对动物的分类标准，五爪之类的动物被严格地排除在猎物对象范围之外。在土家族的观念体系中，五爪动物虽然不是怪物，但他们却坚定地把它们视为厌物，如果无意中将之杀死，补救方法将是唯一的，那就是虔诚地向梅山神认罪，请求梅山神宽恕，以保证下次狩猎实现预期的收获。这种信仰本身就为动物的生长繁育提供了一个有利的空间。土家族还对狩猎的地点（猎场）进行分类，并规定狩猎的周期，在同一猎场不能连续狩猎，必须具有间歇性，其周期大约为一个月或两个月或一年甚至几年，这得根据狩猎活动场所的多寡而定，这种时空上的间歇性显然在客观上有利于动物种群的繁殖。土家族对于耕地、水、森林与植物的分类及其选择性利用也能反映其独特的生态智慧。所以，我们认为，土家族的生态认知是朴素的，但其利用是理性的，它符合实践理性的原则，与现代生态知识与生态技术形成互补。只有充分考虑生态结构的多样性、民族文化的多元性和自然资源利用方式的多重可能性，生态环境的治理和生态安全的维护才会获得更为广泛的群众基础，这也是实现生态环境治理和生态安全维护既定目标的最为基本的前提。

土家族在长期的生产实践中总结了丰富的山地农业知识，包括多样性植物性状的培植、作物生长与物候关系的认知、作物的"套种、轮种、间种"技术、农家肥的分类与施用技术、家禽家畜喂养方式等。土家族的传统农业知识体现了一种实践理性。这种理性始终把降低生产成本、提高耕作效率和培育生态产品作为综合考量的因素，从而形成了一种独特的地方性知识利用模式。在我们的民族志叙述中可以看出，土家族农民为了降低成本，提高土地利用效率，在长期的生产实践中形成了各种作物的套种、轮种、间种技术；为了降低成本，培育生态产品，坚持栽培地方性作物品种，使用农家肥，保持放养牲畜方式等。这种实践理性还表现在土家族并不拒斥现代科技，但在利用现代科技时始终与传统知识相结合，并进行地方性创造，形成了传统知识与现代知识的有效互补。如在使用现代化肥时，创造性地将现代施肥技术与地方性经验相结合，发明了"冒雨叶面施肥"、"喷洒叶面施肥"、"稀释浇灌施肥"等技术。

土家族传统医药知识体现在独特的药物知识和疾病知识两个方面。

武陵地区被称为华中"天然药库"，蕴藏着丰富多样的药用植物资源。在长期的认知实践中，土家族形成了独特的药用植物命名规则和分类体系。土家族对药用植物的命名主要依据植物的使用部位、用途、形态特征和生长环境等。在命名基础上，土家族对药用植物还形成了独特的分类规则。大量文献和实地调查资料表明，土家族传统药物最初的分类主要以药物功能为基础，并分别用"三十六"、"七十二"序数与七、参、莲、还阳、蜈蚣、血等表示类别的符号结合进行表述。如将具有赶火败毒、活血化瘀、消肿止痛、除风湿等功效的药物统称为"七十二七"，将具有通筋舒脉、消肿祛瘀、活血止血、赶火败毒、祛风祛湿等功效的药物统称为"七十二还阳"，将具有止血止痛、活血散瘀、消肿等功能的一类药物统称为"三十六血"，具有补益功效的药物统称为"七十二参"，将具有活血去瘀、收敛解毒散结功效的药物统称为"七十二莲"，将具有祛风除湿止痛功效的药物统称为"三十六蜈蚣"等等。随着社会的进步，民族文化交流的频繁，在文化变迁与文化涵化的基础上，土家族药物分类规则也发生了变化，药物分类与疗效、病症关系日渐紧密。如表药、下药、打药、赶气药、解毒药、祛风药、止痛药、杀虫药、消食药、蛇伤药，这种分类不仅易懂，而且也更为细化。可以看出，药物分类的逐步细化体现了土家族对现实世界的观察和对药物认知的不断深入，它使土家族从一个主观的、自我意识中心化的文化状态趋向于一个宏观的、客观化状态。而分类是将药物纳入到一个统一的系统之中，对各种药物的根本属性及它们之间的关系等基本问题提出某种根本看法和处理意见，是对药物的客观的、宏观的展示。土家族从自然与象征两个方面认知病症，并解释病因。自然病因观强调人体的平衡以及人与自然的和谐，认为人体内的各种元素，诸如阴阳、五行、寒热、体液等等顺应自然变化，保持其动态平衡，人的健康状态就良好，如果体内诸元素的相对平衡受到干扰或破坏，人就会感觉不适，就会出现各种各样的病象。象征病因观从超自然的层面理解健康与不适，具有浓厚的宗教性和巫术性，认为病痛和不适是由超自然的神、鬼魂、祖灵附体，或者是具有超自然力量的巫觋有目的的干扰引起的。在这种观念体系中，总会有一些标志性的行为或实物，引导你去思考其隐含的意义。土家族传统医药知识同样反映了土家族人民的聪明智慧和实践精神，其现采现用的用药观念、强调人与自然平衡的病因观以及对地方性疾病的独特有效治疗方式在现代社会中仍具有极大的利用价值。

土家族民间文艺是传统知识的合理的延展内容。它以多样性的知识表达形式，直观、生动地呈示并传递着土家族关于自然与社会的知识内涵。土家族民间文艺在文化创新、乡土教育、产品开发、旅游发展等领域已经或正在显示其巨大的利用价值。

3. 土家族传统知识的保护

这部分主要对土家族传统知识保护的相关问题进行探讨，对土家族传统知识保护的战略进行了宏观构想，对传统知识社区参与式保护、知识产权保护进行了具体分析。

民族传统知识在传统社会存续、生态保护、医疗保健、产品开发、民间解纷、乡土教育等方面具有多种显在或潜在价值。然而，在科学主义至上的时代，这些价值被严重低估。唯科学（主义）论者，特别是强唯科学（主义）论者强调现代科学知识和技术是万能的，这种信念使他们否定现代科学知识与技术以外的东西，包括传统知识与传统技术。由于传统知识的现代价值被低估，在现代化的影响下，大量的民族传统知识已经失传或濒临失传。近年来，传统知识的价值在被逐步挖掘的同时，却出现盗用、滥用现象。族群社会或乡土社区层积的深厚的遗传资源和传统知识被一些外来公司和机构无偿盗取和利用，从中获得巨大的经济利益，而认知和维持生物多样性，并生产与传承这些传统知识的族群社会或乡土社区却无法分享其利益。这种被国际社会称为"生物海盗"的盗用行为使族群社会或乡土社区的传统知识大量流失，且有日益严重的趋势。

鉴于以上困境，传统知识的保护至少涉及三个方面：保存而不至失传；保真而不被破坏；保护传统知识持有者的知识产权而不被剽窃。为此，土家族传统知识保护的战略目标有三：承认并尊重传统知识价值；承续传统知识体系；保护传统知识权力。为了实现这个目标，在坚持价值尊重、满足需要、就地保护、活态保护、整体保护、以人为本、社区自主等原则的前提下，应推动传统知识文献化（包括数据库建设）、培育社区参与保护机制、加强法制建设和传统知识知识产权制度的设计与创新。

　　社区参与是传统知识传承与保护的重要途径。传统知识根植于一定的社区，只有在社区的积极参与下，依靠全体或特定社区居民或组织来传承和发展传统知识，才能为传统知识提供有效的保护。基于土家族传统知识保护社区参与不足的现状，在保护实践中，应坚持充分自主、积极赋权、全面参与等原则，通过权益主张、项目建设、教育培训、机制培育和习惯法应用等方式，建立传统知识社区参与式保护的有效模式。

　　传统知识的另一重要保护途径是知识产权法保护。法学界一个普遍观点是，在现代知识产权制度内部引申出一套法律制度，以保护传统知识的知识产权。然而，利用现行的具有"私权"特征的知识产权制度只能保护传统知识的某些方面，保护所有形式的具有"公权"特征的传统知识显然是行不通的。要实现包括土家族在内的少数民族传统知识的知识产权法保护，基础性与紧迫性的工作，一是在国家层面，对现有的知识产权法规进行完善与创新，以提高其保护传统知识的效力，并为设计一套针对传统知识的知识产权专门法律制度奠定基础；二是各少数民族地区要根据各地的实际，加强普法教育，提高少数民族知识产权保护意识，同时制定地方性的法规，对当地少数民族传统知识提供具体的法律保护。

第一章

传统知识及其现代价值

在漫长的历史长河中，知识始终是人类生存与发展的重要基础。正是借助于知识的累积、传承和利用，人类才克服重重困难，使社会与文化得以承续。在知识经济时代，现代知识的巨大价值得到了普遍认同，但知识的另一种类型，即传统知识的作用，特别是其现代利用价值并未受到足够的重视。我们将在对传统知识内涵进行厘定的基础上，对传统知识的现代价值进行论述，为我们进一步挖掘包括土家族在内的中国少数民族传统知识的现代利用价值提供宏观理路。

第一节　知识与传统知识

传统知识是知识的重要组成部分。知识与传统知识的关系是包含与被包含的关系。为了充分理解传统知识的内涵，我们首先必须理清知识的内涵。

一　何谓知识

知识是什么？古今中外，许多学者都在探讨，但均未给出被学术界普遍认可的答案。早在古希腊时代，许多哲学家就在讨论知识的性质及其教育等问题。如《柏拉图对话集》记录了苏格拉底关于知识的性质及其构成要素的许多讨论。据《美诺篇》，苏格拉底与美诺讨论什么是美德，美德是否可教这样的问题。他们一致认为，如果美德是知识，那么美德就是可教的。那么什么是知识呢？苏格拉底认为，知道与知识是同义的，所谓知识就是得到理性说明或解释的正确的意见或信念，也即被理性"捆绑住"的正确意见。在《柏拉图全集》的《泰阿泰德篇》中，苏格拉底与泰阿泰德进一步讨论了"什么是知识"的问题。苏格拉底针对泰阿泰德"知识无非就是感觉"①的观点指出，"知识并不存在于印象，而在我们对印象的反思"，"不能在感觉中寻找知识，应当到心灵被事物充满时发生的事情中去寻找。"② 关于知识的构成要素，泰阿泰德认为，"真实的信念加上解释（逻各斯）就是知识，不加解释的信念不属于知识的范围。"③ 苏格拉底并未否认真实与信念是构成知识的两个必要条件，但他认为，真实的信念加上解释还不能构成知识，因为解释本身有问题。

虽然苏格拉底并未给知识下一个完整的定义，但其对知识的理解为后来哲学家的知识讨论奠定了坚实的基础。绝大多数哲学家认为，知识除了必须是真实的意见外，即除了具有真实和信念两个必要条件外，还必须加上第三个条件，这个条件就是证实。因此，知识可以定义为"证实了的真的信念"。这一定义在历史上有三种大同小异的代表性的表述方式。如果将知识的认识者设定为 S，而命题设定为 P，那么：

（1）S 知道 P。如果：①P 是真的；②S 相信 P；③S 相信 P 得到了证实。

（2）S 知道 P。如果：① S 接受 P；② S 有充分的证据接受 P；③ P 是真的。

（3）S 知道 P。如果：① P 是真的；② S 相信 P 是真的；③ S 有权利相信 P 是真的。

第一种表述是柏拉图在《泰阿泰德篇》和《美诺篇》对知识的定义；第二种表述是爱德蒙·盖特尔（Edmund L. Gettier）取自齐硕姆（Roderick M. Chisholm）在《察见：哲学研究》（1953 年）一书中对知识所下的定义；第三种表述是艾耶尔（A. J. Ayer）在《知识问题》（1956 年）一书中对知识所下的定义。④

---

① 《柏拉图全集》第 2 卷，人民出版社 2002 年版，第 664 页。
② 同上书，第 713—714 页。
③ 同上书，第 737 页。
④ 胡军：《知识论》，北京大学出版社 2006 年版，第 67 页。

然而，1963 年，爱德蒙·盖特尔写作《证实了的真的信念是知识吗?》一文，对传统的知识定义和知识构成论进行了挑战。他认为，上述知识定义的第一种表述是错误的，因为这一定义并没有形成充分的条件来指明"S 知道 P"这一命题的真值，所以说它是错误的。第二种表述和第三种表述虽然分别以"有充分的证据"和"有权利相信"置换了第一种表述中的"相信 P 得到了证实"，但是，它们同样也都没有构成知识定义的充分而又必要的条件。① 盖特尔的质疑说明，知识的定义尚待进一步地完善。

随着对知识研究的深入，学者们开始从更广泛的学科领域对知识进行理解，如哲学家弗兰西斯·培根认为知识是人类认识经验的结果，知识就是力量；社会学家霍尔茨纳认为凡是能够认识人们行动的某些现实的反映就是知识；情报学家布鲁克斯认为知识是由相互关系联结起来的结构。还有一些具有代表性的观点，包括知识是具有价值和使用价值的人类劳动产品；知识是一种智力的状态；知识是一个可以选择性储存和处理的对象；知识是一个知道并同时行动的过程；知识是获取信息的条件；知识是一种储存于人头脑中、用来解释信息和转换信息的能力等。②

二　传统知识的特性与本质

传统知识（Traditional Knowledge）是相对于"现代知识"而使用的一个概念。与传统知识相类的概念还有乡土知识（Vernacular Knowl-edge）、族群知识（Ethnic Knowledge）、土著或原住民知识（Indigenous Knowledge）、地方性知识（Iocal Knowledge）、社区知识（Community Knowledge）、大众知识（Popular Knowledge）等。传统知识有时还被描述为"民间文学艺术表达"、"遗传资源，其衍生物的无形成分"、"传统或原住民遗产"（traditional or indigenous heritage）、"传统资源"、"与生物多样性有关的知识、智力实践与文化"等概念的一部分或与这些概

---

① 胡军：《知识论》，北京大学出版社 2006 年版，第 68 页。
② 吴冰、王重鸣：《知识与知识管理：一个文献综述》，《华东理工大学学报》2006 年第 1 期。

念相关。至今学术界对传统知识尚无一个统一的界定。那么，如何认识传统知识的特性与本质？下面从两个方面对这一问题进行分析。

（一）有关传统知识的界定

一般，传统知识是在如下情形下被使用和界定的。

1. 从知识产权保护的角度进行的界定

"知识产权"一词是由英文"Intellectual Property"翻译而来的。世界知识产权组织（WIPO）的官方网站将知识产权的"知识"界定为"是智慧的创造物，亦即发明、文学艺术作品以及商业标记、名称、形象和设计"。[1] 由于这一界定强调的是"智慧或智力的结晶"，如台湾即将"知识产权"称为"智能财产权"或"智能所有权"，因而，"知识产权"的"Intellectual"（知识）与通常所说的"Knowledge"（知识）尚有一定的差异，可将其视为知识的特殊部分。

这一概念的使用有一个长期演变的过程，其被世界知识产权组织使用是近几年才有的事。早在 1977 年，非洲知识产权组织在对非洲传统部族文化进行保护时曾借用英国考古学家、民俗学家 W. J. 汤姆森于 1946 年提出的"Folklore"一词。该组织的《班吉协议》将"Folklore"界定为：一切由非洲的部族团体所创作的、构成非洲文化遗产基础的、代代相传的文学、艺术、科学、宗教、技术等领域的传统表现形式与作品。其主要包括如下内容：一是口头或书面形式的文学作品；二是艺术风格，艺术产品（舞蹈、音乐等），以手工或者其他方式制作的造型艺术品、装饰品，建筑艺术风格等；三是宗教传统仪式；四是传统教育的形式、传统体育、游戏、民间习俗等；五是科学知识及作品（传统医药品及诊疗知识等）；六是技术知识及作品（冶金、纺织、农业等技术知识）。[2] Folklore 通常被译为民间文学或民俗学，在知识产权领域则译为民间文学艺术。显然，根据《班吉协议》的表述，Folklore 包含了传统知识，是一个比传统知识更大的概念。在《班吉协议》之后，世界知识产权组织为了进一步规范表述，选用了"Traditional Knowledge"作

---

[1] WIPO's original text is "Intellectual property (IP) refers to creations of the mind, such as inventions; literary and artistic works; designs; and symbols, names and images used in commerce" (WIPO, *What is Intellectual Property?*, http: //www. wipo. int/about-ip/en/).

[2] 非洲知识产权组织《班吉协议》（1977 年）附件 7 第 46 条。

为其工作用语。如 1998—1999 年世界知识产权组织关于知识产权和传统知识的实况调查团认为，传统知识是指基于传统产生的文学、艺术或科学作品，表演，发明，科学发现，外观设计，标志，名称及符号，未披露信息，以及一切其他工业、科学、文学或艺术领域内的智力活动所产生的基于传统的创新与创造。显然，这是一个建立在知识产权基础上的传统知识定义，其对传统知识内涵列举性的表述重点突出了知识产权保护的知识的具体内容。与《班吉协议》相反，这一界定将民间文学艺术纳入传统知识的范围之内，传统知识成了比民间文学艺术范围更大的概念。后来，世界知识产权组织（WIPO）在《传统知识：政策与法律选择》中，对传统知识又进行了更正与新的界定：在某个传统环境中产生、保存和传递；与当地传统的土著文化密不可分，并世世代代得以保存和传播；基于某种管理关系或者文化责任感等受到保护，并且这种关系在当地的法律或实践中得到正式或非正式的表达。"知识"来源于智力活动，这种智力活动产生于社会的、文化的、环境的以及技术的广泛领域。①

世界知识产权组织关于传统知识的界定思路对许多国家的立法和学者的研究均产生了重要影响。如惹格文（Srividhya Ragavan）认为，传统知识是指一个或多个社区的传统部族所拥有的以一种或多种形式体现的知识，包括但不限于民间文学、艺术、舞蹈和音乐，医药和民间验方，生物多样性、植物知识和植物品种保护，手工艺品、图案设计等。② 我国学者也主张，传统知识概念的界定、术语之使用应立足于知识产权框架下法律保护的需要，舍弃其文化、世袭、物种、民俗等特性。"知识产权语境下的传统知识是指那些由特定区域的群体在应对自然环境或社会环境的挑战及与其交互作用中创造的与其自然环境、生产、生活方式和历史文化背景等因素相依存的，经过漫长历史时期且至

---

① WIPO, Intergovernmental Committee on Intellectual Property and Genetic Resources, Traditional Knowledge and Folklore, sixth edition, *Traditional Knowledge*: *Policy and legal Options*, see（http://www. wipo. int/edocs/mdocs/tk/en/wipo_ grtkf_ ic_ 6/wipo_ grtkf_ ic_ 6_ 4. pdf, 2009-1-21）.

② Srividhya Ragavan, *Protection of Traditional Knowledge*. 转引自严永和《论传统知识的知识产权保护》，法律出版社 2006 年版，第 16 页。

今仍在不断演进发展的未以现代知识形态表达的物化知识。"① 显然，从知识产权角度理解传统知识在一定意义上方便了对传统知识进行知识产权保护，但这一界定不是科学意义上的界定，带有强烈的工具性色彩。

2. 从人权和文化权的角度进行的界定

从人权和文化遗产保护等角度，国际社会也提出了许多与传统知识相关的概念。如国际人权组织在其有关文件中使用了"传统或原住民遗产"概念（traditional or indigenous heritage）。联合国人权高级委员会原住民工作组的《原住民遗产报告》认为，原住民或传统"遗产"包括现代法律视之为人类思想和技艺的创造性产品，如文学、科学知识、音乐、舞蹈、艺术制品等；还包括从历史和自然继承的遗产，如人类遗迹、自然风光、特定部族与之长期相关联的植物和动物种群等。②这个概念将"遗产"看作是一个在内涵上比"传统知识"更大的概念，知识只是遗产的一种。另一个与遗产类似的概念是传统资源。达里尔·A.波塞和格雷厄姆·村特费尔德从保护传统部族的传统资源权利角度提出"传统资源"的概念，并认为传统资源包括所有的知识和技术、审美及精神品质、有形和无形的资源等，其主要指传统部族的知识体系。这种知识体系包括：现在的、过去的或潜在的植物和动物物种及土壤和矿物的用途的知识；制备、加工或储藏有用物种的知识；多种成分的配方知识；个体物种的知识（种植方法、管理、选种标准等）；生态物种保护的知识（保存或保护一种可能具有商业价值的资源，虽然当地社区或文化并没有特别地用于商业或其他目的）的分类系统，如传统植物分类法。③ 联合国《土著居民权利宣言草案》序言使用了"indigenous knowledge"（原住民知识）的概念，并将其界定为"土著群落、人种与

① 南振兴、董葆莉：《传统知识概念界定及特性研究》，《经济与管理》2007年第7期。其实，传统知识更多地以非物化知识的形式表现出来。物化知识并非传统知识的全部。

② 严永和：《论传统知识的知识产权保护》，法律出版社2006年版，第10页。

③ ［美］达里尔·A. 波塞、格雷厄姆·村特费尔德：《超越知识产权——为原住民和当地社区争取传统资源权利》，许建初等译，云南科技出版社2003年版，第14页。

土著种族拥有的以传统方式获得的知识"①。由于其着重点在于原住民对以传统方式获得的知识享有权利，因而使得这一概念过于抽象与简单，并未指出传统知识的内涵。

3. 从生物多样性与生态保护的角度进行的界定

早在1992年通过的《生物多样性公约》（下文简称 CBD 公约），即强调对传统知识进行利用与保护。该公约规定："依照国家立法，尊重、保存和维持土著和地方社区体现传统生活方式而与生物多样性的保护和持续利用相关的知识、创新和实践并促进其广泛应用，由此等知识、创新和实践的拥有者认可和参与下并鼓励公平地分享因利用此等知识、创新和做法而获得的惠益。"② CBD 公约虽然使用了土著和地方社区体现传统生活方式的"知识"，但并未给出定义。后来其执行秘书对传统知识、创新和习惯进行了解释："传统知识"用来描述这样一类知识，"其由一群生活在与自然密切接触的环境之中的人通过代代相传的方式而创设，包括一种分类体系、一系列关于当地环境的观察经验，以及一种用以控制资源利用的自律体系……在此基础上，'革新'指的是土著与地方群体的一种特征，是以传统活动作为过滤器而发生的创新。从这一意义上说，它是一种传统的研究与应用方法，而不一定是特定知识的应用。'习惯'则是知识与革新的具体表现"。③ 这种定义显然强调的是与生物多样性和环境控制有关的土著和地方社区知识，而不是传统知识的完整定义。1994年联合国《在经受严重干旱以及/或者沙漠化国家，尤其在非洲向沙漠化作战条约》（*Convention to Combat Desertification in Countries Experiencing Serious Drought and/or Desertification*, *Particularly in Africa*）第16条（g）款、第17条第（1）款（c）及第18条第（2）款（a）—（d）使用了"地方与传统知识"（local and traditional knowledge）的术语。在该条约中，"传统知识"意指这样一些客体：由一系

---

① 参见 page 2 of Annex 3, WIPO/GRTKF/IC/1/3（http：//www. wipo. int/tools/en/gsearch. html？cx=01645853759490540 6506%3Ahmturfwvzzq&cof=FORID%3A11&q=WIPO%2FGRTKF%2FIC% 2F1%2F3)。

② 《生物多样性公约》（1992年）第8条（J）款。

③ 参见 UNEP/CBD/TKBD/1/2. paraghphs 84 and 86, emphasis added。转引自：page 3 of Annex3, WIPO/GRTKF/IC/1/3（http：//www. wipo. int/tools/en/gsearch. html？cx=01645853759490540 6506%3Ahmturfwvzzq&cof=FORID%3A11&q=WIPO%2FGRTKF%2FIC%2F1%2F3)。

列关于生态环境、社会—经济环境与文化环境的实用性、规范性的知识
所构成。传统知识是以人为本的由那些经验丰富、能力强且德高望重的
人士总结并加以传授、系统的、先验的、代代相传且具有同等重要之文
化价值的知识。① 这一定义虽然强调了与社会—经济环境和文化环境有
关的知识，但其重点在于生态知识。类似的界定还出现在各国（地区）
的相关文件中。如《孟加拉 1998 年生物多样性与社区知识保护法》将
"与生物多样性有关的知识、智力实践和文化"界定为："是指与生物
多样性和生物资源及其衍生物有关的、通过当地的、流传的、非正式
的、土著的系统或超出了有机构的或格式化的表现形式的系统形成的各
种知识、智力实践和文化，它们可以是各种形式的：书面、口头、故事
或逸事。这些知识、智力实践和文化可以是直觉的，也可以是理性的；
可以是明确表达的，也可以是隐喻的；可以是符号式的，也可以是绘画
式的；等等。为了本法的目的，这些知识、智力实践和文化是集体创新
的成果。由于其集体性质，它们不能排他属于任何一个社区。所有其他
知识都应被视为是由其起源的。"② 《哥斯达黎加共和国 1998 年生物多
样性法》界定"知识"："由社会随时间的发展和以不同方法而产生的
动态成果，包括由传统方式和由科学实践产生的成果。"但其界定知识
"创新"："任何对生物资源的技术、特性、价值和过程增加了改良用途
或价值的知识。"③ 《东盟生物与遗传资源获取框架协定》界定"传统
知识"："土著与当地社区关于任何生物与遗传资源或其部分的用途、
特点、价值和过程的知识、创新与实践。"④ 《2000 年非洲联盟关于保
护当地社区、农民与育种者权利、管理生物资源获取的示范法》界定
"社区知识或土著知识"："是指土著/当地社区成千上万年积累的、对

---

① 参见 Common Understanding of the Term Traditional Knowledge . Document ICCD/COP （4）/
CST/2, paragraph 30。转引自：page 4 of Annex 3, WlPO/GRTKF/IC/1 /3（http：//www. wipo. int/
tools/en/gsearch. html？ cx = 016458537594905406506% 3Ahmturfwvzzq&cof = FORID% 3A11&q = WIPO%
2FGRTKF%2FIC%2F1%2F3）。

② 《孟加拉 1998 年生物多样性与社区知识保护法》第 4 条。参见秦天宝编译《国际与
外国遗传资源法选编》，法律出版社 2005 年版，第 181 页。

③ 《哥斯达黎加共和国 1998 年生物多样性法》第 7 条。参见秦天宝编译《国际与外国
遗传资源法选编》，法律出版社 2005 年版，第 135 页。

④ 2000 年《东盟生物与遗传资源获取框架协定》第 3 条。参见秦天宝编译《国际与外
国遗传资源法选编》，法律出版社 2005 年版，第 1271 页。

保护和持续利用生物资源至关重要且具有重要社会经济价值的知识。"① 2001 年通过的《巴西保护生物多样性和遗传资源暂行条例》界定"相关传统知识":"土著或当地社区拥有的与遗传资源有关的、具有现实或潜在价值的信息以及个体或集体惯例。"② 秘鲁 2002 年关于建立土著人生物资源集体知识保护制度的法律"第 27811 号法律"界定"集体知识":是指土著人及社区在生物多样性的性质、用途和特点方面不断积累、世代相传的知识。③ 世界银行使用了"原住民知识"(indigenous knowledge)的概念,原住民知识主要涉及农业、健康和食物等方面。"原住民知识对特定的文化和社会来说是独特的。它是当地农业、健康、自然资源管理以及其他活动决策的基础。它体现在社区实践、惯例、仪式和关系中,并且难以文字化、法律化。"④

另外,其他与传统知识相关的概念界定也都与生物多样性有关。如《1996 年安第斯共同体关于遗传资源获取共同制度的第 391 号决议》使用"无形成分"的概念,并将"无形成分"解释为"与遗传资源、其衍生物或包含它们的生物资源有关的,具有现实或者潜在价值的知识、创新、或个人或集体的惯例,无论其是否受知识产权制度的保护"⑤。《南太平洋地区 2001 年传统生态知识、创新和实践保护示范法》主张"传统生态知识""是指其生活与自然紧密相联的世世代代获得的关于下列事项的古老知识,无论其是有形的还是无形的"⑥。

---

① 《非洲联盟关于保护当地社区、农民与育种者权利、管理生物资源获取的示范法》(2000 年)第 2 部分第 1 条。参见秦天宝编译《国际与外国遗传资源法选编》,法律出版社 2005 年版,第 105 页。

② 《巴西保护生物多样性和遗传资源暂行条例》(即 2001 年 8 月 23 日《第 2. 186—16 号暂行条例》第二章第 7 条)。参见秦天宝编译《国际与外国遗传资源法选编》,法律出版社 2005 年版,第 288 页。

③ 2002 年 8 月 10 日官方刊物 EI Peruano 公布。参见秦天宝编译《国际与外国遗传资源法选编》,法律出版社 2005 年版,第 371 页。

④ Lauren E. Godshall, Making Space for Indigenous Intellectual Property Rights Under Current International Environmental Law, 2003, 15, Geo. Int'l Envtl. L. Rev. 497. 转引自严永和《论传统知识的知识产权保护》,法律出版社 2006 年版,第 17 页。

⑤ 《安第斯共同体关于遗传资源获取共同制度的第 391 号决议》(1996 年)第一编第 1 条。参见秦天宝编译《国际与外国遗传资源法选编》,法律出版社 2005 年版,第 86 页。

⑥ 《南太平洋地区 2001 年传统生态知识、创新和实践保护示范法》第 2 条。参见秦天宝编译《国际与外国遗传资源法选编》,法律出版社 2005 年版,第 366 页。

4. 从反思普遍性知识的角度进行的界定

在对普遍性知识（理论）、全球化和现代性进行反思中，人类学、科学实践哲学等学科领域提出了"地方性知识"的概念，并对其进行了阐释。以吉尔兹（Clifford Geertz）为代表的人类学家的地方性知识是与"后殖民和后现代话语"紧密相连的。吉尔兹并未给地方性知识下定义，从一般意义上理解，他所说的地方性知识主要是指非西方社会的知识和非现代的知识，是一种地方性特征明显的知识形态。王海龙认为，吉尔兹的地方性知识只是一种方法论的缘起①，强调的是多元化知识观的价值。

（二）传统知识的特性与本质

以上关于传统知识的界定均选取了传统知识的部分内容或部分特性，从某一或某一些角度进行理解，虽可相互补充，但均未能从传统知识本体的角度揭示出传统知识的本质属性。

那么，什么是传统知识？其特性与本质如何理解？我们认为，传统知识是人类知识体系的一部分，因而它必定具有"知识"概念的一般属性。从知识本体角度来看，无论是传统知识，还是现代知识，都是人类的认知体系。认知（cognition）是心理学上的概念，是指人们通过心理活动（如形成概念、知觉、判断或想象）获得知识或应用知识的过程，或为信息加工的过程。习惯上将认知与情感、意志相对应。但传统知识之"认知"与现代知识之"认知"存在着较大的差异。这种差异性表明传统知识具有独特个性。对传统知识特性的理解是我们界定传统知识内涵的前提。传统知识的特性主要表现在其传统性、乡土性、地方性、实践性、共有性等方面。

1. 传统性

传统是与现代相对的概念。从时间维度上讲，传统是"现代"以前的时代，因而，传统知识是"传统时代"人们的认知积淀，是发生于"传统时代"而又以文献、口述、实践等形式存续于现代的知识。从空间维度上讲，传统知识是传统社会创造、持有和传承的知识。传统

---

① 参见［美］克利福德·吉尔兹《地方性知识——阐释人类学论文集》，王海龙、张家瑄译，中央编译出版社 2000 年版，第 20 页。

社会是工业化、城市化社会以外的族群社会或乡土社区，这种社会广布于世界各地。传统知识的认知对象是族群社会或乡土社区面对的自然和所建构的社会，这种对象是具体的、经验性的，主要依赖于生产、生活的实践，在某些条件下，人们通过想象构筑一个关于自然或社会的信念。因而，传统知识的认知对象还可能是一个想象的时间与空间。

2. 乡土性

城市兴起之前，"乡土"无疑是一个整体的、绝对的概念。在城市兴起之后，特别随着世界城市化程度越来越高，城乡二元分割越来越明显，乡土便成为一个有别于都市的相对概念。对于我国而言，乡土实是农村、乡村的代名词，它反映了中国基层社会的特质。费孝通曾在《乡土本色》一文中写道："从基层上看去，中国社会是乡土性的。我说中国社会的基层是乡土性的，那是因为我考虑到从这基层上曾长出一层比较上和乡土基层不完全相同的社会，而且在近百年来更在东西方接触边缘上发生了一种很特殊的社会。"① 传统知识就是在这样的乡土社会中存续的知识，它与土地相连，主要是"土头土脑"的乡下人创造和传承的"土里土气"的知识。

3. 地方性

传统知识又是一种地方性知识。传统知识不去阐释普适性的规律，也不必然具有全球、世界的意义，它以对地方性的自然与社会认知为指归。美国人类学家吉尔兹（Clifford Geertz）基于全球性知识和知识的全球化，提出"地方性知识"（Local knowledge）的概念，并强调对地方性知识的重视。他是在后现代文化思潮的影响下，以后现代批判为武器重新审视全球知识的价值和慎重阐释地方性知识的意义的。这种知识的地方性恰如其在《地方性知识——从比较的观点看事实与法律》一文中描述的：人类学与法学"二者都致力于在地方性实际状况中看到概括性的原则"②。尽管吉尔兹的这句话是就"法律是一种地方性知识"而言的，但其表述的"地方性实际状况中看到概括性的原则"也可看作是传统知识的一个原则。当然传统知识固然是一种地方性知识，但

---

① 费孝通：《乡土中国　生育制度》，北京大学出版社 1988 年版，第 26 页。
② 同上书，第 223 页。

"地方性知识"并不都是传统知识，因为吉尔兹所说的"地方性知识"具有一种泛符号化、泛文化的倾向。

地方性是对全球性的解构，它可具化为地区性、国家性、族群性、社区性等。传统知识的地方性表明其知识形式与内容的多样性。

4. 实践性（实践逻辑、实践理性）

福柯（Michel Foucault）曾将知识界定为"某种话语实践按其规则构成的并为某门科学的建立不可缺少的成分整体"，或曰"在详述的话语实践中可以谈论的东西"①。在福柯看来，知识与科学的关系有两种：一是可以获得科学的地位，另一是不能获得科学的地位。换句话说，有些知识处于话语实践与科学构成的轴线（即话语—知识—科学）之中，而有些知识则独立于科学。但所有的知识都具有确定的话语实践，"不具有确定的话语实践的知识是不存在的"②。传统知识虽然不同于现代科学知识，也不必然引导出现代科学，但其与其他知识一样具有确定的话语实践。它可以是言说的东西，可以是仪式与行动，也可以是书写的文本；它是族群社会或乡土社区存续的策略、内在逻辑和实践理性。传统知识以其独特的话语系统合理地解释着宇宙与自然，表达着历史与社会，它以生产与生活的实践构建和维系着族群社会或乡土社区的均衡关系。正是因为传统知识具有合理性，它才得以一代代实践与传承，它所包含的民间智慧之于族群社会或乡土社区的价值与贡献不亚于现代科学知识之于世界的价值与贡献。

从知识的生成而言，现代知识所赖以建构的主要手段和方法是"实验"，这种为了检验某种科学理论或假设而进行的活动尽管也要通过实践操作来完成，但这种实践操作是实验室的实践行为，而不是生产生活的实践行为；传统知识则主要依赖于生产生活的"实践"，它将地方性的自然与社会作为自己的天然实验室，通过代代重复性的实践活动去总结或验证某种经验。现代知识是一种建立在西方的科学、哲学和社会经济制度之上，经历了完全的分化，是分门别类的、追求精确性和规范性的，在世界范围内具有统一标准的知识体系；传统知识由于是实践

---

① ［法］米歇尔·福柯：《知识考古学》，谢强、马月译，生活·读书·新知三联书店2003年版，第203页。

② 同上书，第203页。

经验的总结，并未形成标准化的自我分类系统。

5. 共有性（或集体性）

传统知识与现代知识最大不同之一是，它是共有性的知识。从传统知识的创造和持有主体来看，它是族群社会或乡土社区集体创造和共享的。这种集体创造与共享的特征在人类早期的历史中更为明显。随着人类社会的发展，传统知识一代代得到传承与发展。传统知识的传承也更多是在集体中进行的。当然，强调传统知识的共有性或集体性，并不否定个体在传统知识创造与传承中的作用。有的知识是个体的创造，然后在群体中得以传承与传播，有的知识的传承被控制在极小的范围内。但这种个体在知识创造与传承中的作用与现代知识的专利性有着本质的区别。

基于以上基本认识，我们可以将"传统知识"界定为：族群社会或乡土社区基于生产生活实践和智力活动创造、发展并世代传承的关于自然与社会的认知体系。

第二节　传统知识的类型

传统知识虽然没有现代知识的标准化的分类系统，但仍然具有类分的属性，这种类分的属性不是传统知识自我生成的，而是在知识持有主体、知识客体（结构、功能等）及主客体关系或阐释原则上被表达的。

一　知识的类型

人类的知识是一个复杂的体系，不同的学科与学者从不同的角度，根据人类的全部知识的相同、相异、相关等属性对知识类型做了不同的划分。如古希腊哲学家柏拉图以人的心灵为基础，将知识分为理性、理智、信念和表象四种状态。亚里士多德则改造了柏拉图的知识分类法，从人类的实践活动出发，将知识分为理论之学、实用之学和创造之学三大类。理论之学是纯粹理性，包括数学、逻辑学、物理学和形而上学等；实用之学是关于人类行为之学，包括伦理学、政治学等；创造之学是关于创作、艺术、演讲等学问。这些均是根据知识的属性而进行的分类。

　　也有学者根据科学研究的对象对知识进行分类。德国哲学家威廉·狄尔泰在《人类研究导论》中，明确把"自然科学"和"社会科学"两个范畴区分开来。由于社会科学体现了人的生命和精神，因此，他又将其称作"精神科学"。这种划分后来被人们称为现代知识体系诞生的标志。德国哲学家文德尔班继狄尔泰之后提出了自己的分类观点，他主张使用自然科学与历史科学两个概念来取代自然科学与精神科学的对立。前者是"规律科学"，后者是"事件科学"，前者讲的是永远如此的知识，后者讲的是一度如此的知识。其最大区别在于利用事实来构成知识时，前者追求的是规律，后者追求的是形态。[①]

　　随着科学的分化越来越细，在科学分化中又出现了交叉等复杂情形，现代知识的分类也越来越复杂，分类的角度与标准也越来越多。如著名学者费里兹·马克卢普认为，按照"知识者"的主观解释来分析知识的种类，知识包括以下五方面内容：实用知识，是对于人们的工作、决策和行为有价值的知识（可分为专业知识、商业知识、劳动知识、政治知识、家庭知识及其他实用知识）；学术知识，是能够满足人们学术创造上好奇心的知识；闲谈与消遣知识，是满足人们在非学术性方面的好奇心，或者能够满足人们对轻松娱乐的感官刺激方面的欲望的那部分知识，包括传闻、小说、幽默、游戏等；精神知识，这类知识与宗教知识相联系；还有一类是不需要的知识，即不是人们有意识获取的知识，通常是偶然获得的、无意识地保留下来的。马克卢普还从科学与历史的、一般抽象的与特殊具体的、分析的与经验的、永恒的与暂时的角度，对知识类别进行分析。1980 年，他又从世俗知识、科学知识、人文知识、社会科学知识、艺术知识、没有文字的知识（如视听艺术）的角度，对知识进行解释，提出知识具有真实、美丽和优秀等性质。[②]1996 年，国际经济合作组织在《以知识为基础的经济》报告中，援引了西方自 20 世纪 60 年代以来关于知识的四个"W"，即四个知识，包括：知识是什么（Know-what），指关于事实方面的知识；知识为什么

---

　　① 洪谦主编：《西方现代资产阶级哲学论著选辑》，商务印书馆 1964 年版，第 27、30—31、53、59 页。

　　② 参见张祖英《知识的含义、分类、属性》，《中国妇运》1999 年第 5 期。

（Know-why），指原理和规律方面的知识；知道怎样做（Know-how），指做某些事情的技艺和能力；知道是谁（Know-who），涉及谁知道和谁知道如何做某些事的知识。相对而言，这四个"W"中的 Know-what 和 Know-why 属显性知识，而 Know-how 和 Know-who 属隐性知识。Know-what 和 Know-why 可以通过读书、听课、处理数据库等途径获得，而 Know-how 和 Know-who 则主要根植于日常实践中。

二　传统知识的类型

以上知识的分类仅就现代知识而言的。就人类知识的整体而言，我们可以从时间和空间维度上将其划分为传统知识与现代知识。但传统知识本身十分复杂与多样，其类型从不同的角度也可以做不同的划分。

（一）从传统知识主体的角度进行划分

传统知识主体是指创造、持有和传承传统知识的人类群体。由于传统知识是人类依据特定的自然与社会创造的知识，呈现地方性、多样性和共有性等特点，因而其主体既不是整个人类，也不是个人，而是特定的族群社会或乡土社区。尽管由于族群的迁徙和传统知识的传播与相互借用，依据族群划分的传统知识十分复杂，但在理论上，人类有多少族群社会或乡土社区就会有多少类型的传统知识。从族群性角度看，每个族群都会有自己的传统知识体系，如泰国阿卡人传统知识①，中国土家族传统知识、苗族传统知识、藏族传统知识等。许多族群又可分为不同类别的乡土社区，如汉族社会是由众多的乡土社区所组成，每一乡土社区的知识传统都有自己的内在特质。

（二）从传统知识客体和内容的角度进行划分

传统知识是一种复杂的认知体系，其内容涉及自然与社会的各个方面。一般来说，传统知识既有自然的知识与社会的知识之分，也有生产的知识和生活的知识之别。在狭义上，传统知识主要包括生态知识、农业知识、医药知识、天文历法数学知识、工艺（技术）知识、生物多样性知识以及主要表述与调解社会生活与社会关系的习惯法等；但从广义上来看，传统知识还可以包括民间文学艺术表达（包括音乐、舞蹈、

---

① 孔建勋、余海秋：《泰国阿卡人传统知识保护初探》，《东南亚纵横》2009 年第 8 期。

歌曲、设计、传说和艺术品等形式）、地理名称与标记（以语言元素为中心）以及诸如信仰、亲属与社会组织、人际关系等神圣与世俗生活知识等。当然，各种传统知识内容并不能截然分开，往往具有综合的特征。比如农业知识，既有作物培植与环境保护的生态意义，又有工艺（技术）的内涵；医药知识实际也是生物（药用植物与动物）多样性认知、人与自然关系认知（如巫医的概念）和社会关系认知的综合知识；民间文学艺术既是传统知识的延展内容，又是宇宙观、天文、历法、农业经验、习惯法等的载体与表述形式；等等。

（三）从传统知识主客体关系的角度或表述的角度进行划分

按这种标准划分，传统知识可分为两大类：一种是族群社会或乡土社区基于生产生活和智力活动创造、发展并传承的关于自然与社会的实践经验和认知体系；另一种是非族群社会或乡土社区（特殊情况包括部分族群社会或乡土社区成员）基于研究与传播等需要而总结的"有关"族群社会或乡土社区的知识。两种意义的传统知识在知识主体上有根本的区别，第一种意义的传统知识的总结者和持有者是族群社会或乡土社区成员本身，这种知识与他们自身的生产与生活实践密切相关，我们可以称之为"原生性传统知识"；第二种意义的传统知识的主体是族群社会或乡土社区的"他者"，知识总结者和"持有者"并不必然仰赖传统知识为其生存资源。由于这种知识主要是族群社会或乡土社区的"他者"对"原生性传统知识"进行再次加工和总结而形成的，而不是实践本身，故可称其为"次生性传统知识"。正因为"原生性传统知识"与"次生性传统知识"是知识产生和发展的一个过程的两个方面，因而从知识内涵上看，两者不能截然分开，更多的时候是合二为一的。

第三节　传统知识的现代价值

现代知识对于解决人类的生存和发展问题具有重要的价值，这是毋庸置疑的。但现代知识不能解决人类所有的问题。自启蒙运动以来，现代性虽获得巨大发展，但在其创造了丰富的物质财富的同时，也给世界带来了重重困境。吉登斯曾质疑："现在我们怎么会生活在一个如此失去了控制的世界上，它几乎与启蒙思想家的期望南辕北辙？为什么'甜蜜理性'（sweet reason）的普及并没有创造出一个我们能够预期和控制的世界？"① 生态的破坏、人的异化、人类面临的战争与新疾病的威胁等即是现代性之恶果，在这些恶果面前，现代知识往往乏而无力。于是人们开始思索走出现代性困境的路径。超越与重塑现代性成为后现代理论的理想。但事实上，超越与重塑现代性只是提供了解决现代性问题的一种可能路径，比较现实的路径之一是回归传统，在传统知识中去找寻答案。

传统知识具有多种显在或潜在的利用价值。传统知识根源于话语实践而又被合理地应用于实践活动之中，从而获得一种价值补偿。然而，传统知识的实践主体或利用传统知识获取某种资源的主体不尽相同。一类主体是知识持有者本身，主要是族群共同体或社区共同体；一类是现代国家、研究机构、企业乃至跨国公司等。传统知识在族群共同体或社区共同体中的利用几乎涵盖族群或社区生存的一切方面，它是族群或社区存续的知识基础，但其全面的利用价值被认知尚仰赖诸如人类学、生物学、生态学等多种学科的学者去研究。

目前，传统知识的显在利用领域与价值主要表现在以下几个方面：

一　生态保护

中国不同的族群社会或乡土社区在长期的社会实践中根据各自的生境特点创造了丰富的生态认知与生态维护的相关知识。这些知识在保护生态环境、维护生态安全上能够发挥重要的作用。中国少数民族多具有人与自然和谐相处和生态平衡的观念与认识，在生态制衡上有许多有效的乡土措施。例如，广西有些地区以蚁除蛀养柑已传承了数百年，他们观察到柑子树无蚁者多蛀或黑蚁食柑的现象，投黄蚁于树上，以黄蚁食黑蚁，遂保护了柑子树。② 有些民族关于树种繁育与动物采食关系的知识，显示了族群或社区生态保护的智慧。例如，我国甘肃和宁夏的比邻

---

① ［英］安东尼·吉登斯：《现代性的后果》，田禾译，译林出版社 2000 年版，第133 页。

② 参见柏贵喜《南方山地民族传统文化与生态环境保护》，《中南民族学院学报》1997年第 2 期。

地带生长一种苦杏树，落地的苦杏果往往被猪采食。由于杏核十分坚固，因而在猪的消化道里不会被消化，而是随猪粪排出体外。这些杏核中的杏仁会在猪粪中发育成苗，移栽这些杏苗就能扩大苦杏林面积。当地居民早就认识到这一现象，并在早期一直采取这种办法繁育和移栽苦杏树，在当地的生态保护中发挥了重要的作用。当然，20 世纪 60 年代以后，由于一些汉族居民为了追求短期的经济利益，从猪粪中拣出苦杏仁核，剥出杏仁出售，供作药材和食品，使苦杏林大大减少，给当地的生态保护带来了重大压力。① 对于森林管理与保护，传统知识更能发挥其应有的价值。近年来，这方面的个案研究越来越多。② 2004 年 5 月在贵阳还召开了一次以"传统知识与社区林业"为题的研讨会，对相关问题进行了集中讨论。至于利用轮歇与游耕、建造梯田、兴修水利乃至通过栽种女儿杉等保护生态的文化行为更是不胜枚举。③ 虽然传统知识在生态保护上不是全能的，但它可以弥补在生态环境保护过程中现代技术、法律、经济或行政等手段的不足。我们对土家族传统知识的研究同样发现其对于保护生态环境的积极意义（详见第四章）。

二　医疗保健

传统知识在医药学方面也具有极高的利用价值。族群社会或乡土社区在长期的社会实践中总结了许多关于生命病理、生物药用及两者之间对应关系的知识体系与经验，形成了大量独特的关于疾病诊断与治疗的土方、单方、验方、民间疗法与疗技以及妇幼保健、儿童养育与营养等方面的乡土办法与习俗。这种基于生存环境和文化传统的乡土医药知识千百年来一直在族群社会或乡土社区的医疗保健中发挥着积极的甚至是难以替代的作用。

---

① 杨庭硕：《论地方性知识的生态价值》，《吉首大学学报》2004 年第 3 期。

② 杞银凤：《山区彝族利用乡土知识管理森林的经验——云南省楚雄州大姚县昙华乡子米地村案例研究》，《林业与社会》2003 年第 2 期；邹雅卉、左停：《云南社区森林的乡土知识及传承——临沧地区云县后箐乡勤山小流域案例研究》，《林业与社会》2004 年第 12 期。

③ 柏贵喜：《南方山地民族传统文化与生态环境保护》，《中南民族学院学报》1997 年第 2 期。

我国各民族都有自己独特的不同于西方医学的传统医学知识，大致包括三个组成部分，一是古今居主流地位的中医学，一是各个少数民族的传统医学（称为民族医学），还有一部分是既无医学理论体系，又无民族文化背景的民间草医草药。这些传统医学知识有的已形成完整的知识体系，有的仅是民间的习俗与经验，有的甚至与宗教观念和祭祀仪式互渗，但它们都是中国乡土社会关于医药智慧的结晶。

西方医学人类学对地方性的医学知识一直比较重视，许多跨国医药公司或科研机构也大量地利用乡土医药知识开发药物或生物制剂。过去，我国对中国传统医学的开发主要在中医方面，近年来，随着对民族医学价值认识的深入，民族医学的推广越来越普遍。由于民族地区具有多样性的生物资源和悠久的生物、特别是植物的药用传统，民族药的研发及其因简、便、廉、捷、验与生态性、天然性等特点被用于地方病与常见病的治疗渐成热点。据初步统计，我国民族药材品种达 8000 余种，其中有藏药材 1908 种，蒙药材 1342 种，维药材 600 余种，傣药材 1200 余种，彝药材 1000 余种，苗药材 500 余种，壮药材 1986 种，瑶药材 1392 种（其中植物药 1336 种），土家族常用药材 600 余种等。虽然，国内已研发了诸如云南白药（彝药）、舒洁药物文胸（壮药）、仁青常觉（藏药）等特效药，但民族民间医药仍有巨大的利用空间。

三　产品开发

传统知识也被大量地运用在农业和工业产品的开发上。传统知识在农业开发中的应用是其应有之义。族群社会或乡土社区主要是以农业为主要生计的社会，他们关于土壤、作物、气象、时间周期等知识的建构大多与农业有着千丝万缕的联系。在农产品的开发中，族群社会或乡土社区的作物知识和育种知识以及杀虫、增肥等知识被大量用于种子繁育与生产、农用化工制剂的制作上，特别是一些族群社会通过对野生作物长期观察和培植的农作物存在着一些与高产性状有关的基因片段，近年来这些基因片段被一些公司用现代技术提取，并用于转基因作物的研制上。

族群社会或乡土社区在长期的生产工具和生活器皿的制作过程中，积累了大量的关于染织、陶瓷、金属、漆器、家具等的工艺技术与知识（特别是美学知识），许多技术与知识已被应用到现代工业产品，特别是工艺美术产品的设计与制作或工业产品的包装设计上。我们今天看到的大量的民族工艺品大都借用了民间的制作工艺与美学知识。另外，还有一些工业产品如食品类产品的开发不仅借用了民间的工艺，而且借用了民间的原材料，实际是对民间知识的全方位应用。如青稞酒、米酒、保健酒的开发其实是一些企业与投资人直接照搬民间传统配方和酿造技术或用现代酿造技术对民间配方或酿造工艺略加改造而成。

四　民间解纷

族群社会或乡土社区都有自己一套关于罪与罚、纠纷边界与解纷方案等的知识，特别是在婚姻、财产与地权等方面，乡土"法"知识或民族习惯法的解纷规则往往具有合理、入情的社会效验。吉尔兹在"法律多元主义"的理念之下曾具体地解释了阿拉伯的"haqq"、印度的"达摩"和印度尼西亚的"adat"的社会效验。① 在中国民间，同样存在着具有一定社会效验的合理、入情的解纷规则及其实践传统。费孝通曾据孔子的语录，认为中国汉族民间社会具有"无讼"的特点，"在乡村里所谓调解，其实是一种教育过程"②。这些用于教化之礼俗和解纷之知识至今仍在中国乡土社会中被使用，发挥着不可或缺的功能，在部分少数民族的民间社会甚至发挥着主导的功能。然而，在西方法律移植或法律现代化的过程中，由于对法理一致性的追求或对西方法理的推崇，中国法学界尚来不及思考法律本土化的有效途径或根本表现了对乡土知识的排斥，以致国家制定法呈现了对民间法完全替代的倾向。但在司法实践上，中西法文化和城乡法观念的矛盾不断展开。近年来，一些具有人类学知识背景的法学家和一些具有法学知识背景的人类学家开始重新思考传统知识的解纷价值，但无论是促使乡土调解文化传统成为"我国多元化解纷体系中的重要一环"③，还是实现中西法文化的整

---

① ［美］克利福德·吉尔兹：《地方性知识——阐释人类学论文集》，王海龙、张家瑄译，中央编译出版社 2000 年版，第 244—273 页。

② 费孝通：《乡土中国　生育制度》，北京大学出版社 1988 年版，第 56 页。

③ 邓红蕾、胡海洋：《乡土社会调解的法律文化学思考》，《贵州民族学院学报》2004年第 6 期。

合，① 实行自上而下的法制安排，要使国家权威变成民众的真正需求，就必须关注并利用传统知识和民间解纷智慧。

五　乡土教育

乡土教育是这样一种教育，它从主观的乡土、本土意识出发，让学生进入乡土的情境，通过知性、情意和艺能等培养方式，使学生认知乡土自然与人文，理解乡土文化，体察乡土问题，从而获得一种归属情怀和责任感。

人类的知识体系包括现代科学建构的科学知识和由族群社会或乡土社区建构的传统知识两个主要部分。科学知识的传授与传播成为现代学校教育的主要目的已是不争之事实，但传统知识能否进入课堂以及如何进入课堂至今仍是一个问题。问题的症结不在于传统知识的教育价值本身，而在于教育制度与行动。

中国人的乡情、乡愁根源于乡土生活的经验，也根源于传统知识的教育。一个大凡有着乡土生活经验和乡土知识却身在异乡的人都有一种思乡情绪和还乡的冲动，古今皆然。禅宗《妙法莲华经·信解品第四》讲述了一个"年幼乞儿，舍父出逃，漫游经年，复归故里，父启其智，乃识乡邻"的寓言故事。钱钟书先生从上述诸例中读出了道家和禅宗用于说教的"漫游者回归故土的隐喻"②，而乐黛云则进一步读出爱国主义的意义。她说："如今，怀旧、乡愁，仍然是人们普遍的情怀，然而，'旧'和'乡'已是渐行渐远，人们对自己的历史和乡土所知越来越少，一个不爱自己的历史和乡土的人又如何能爱自己的民族和国家呢？上面提到的《妙法莲华经》所说的'父启其智，乃识乡邻'，就是说要启发人们对乡土、邻里，也就是对自己周围的自然环境和人文环境的理解和热爱，这确实是当今爱国主义教育的极其重要的一环。"③ 在"旧"与"乡"的"渐行渐远"之中，这种爱国主义寓于乡土教育的形式已被长久地忘却了，而进入的却是一种"人文主义的迷思"。在都

---

① 田有成、邱明：《乡土农村法文化的断裂与整合——文化人类学立场下的探析》，《云南法学》2001 年第 1 期。

② 钱钟书：《The return of the native》，《书林季刊》（Philobiblin）1947 年 3 月。

③ 乐黛云：《乡土教育与人文素质》，《读书》2004 年第 7 期。

市浮躁的社会中，在商业驳离的情境里，人们已失去了乡土社会那种本真的人本精神、关爱情怀、内省取向、诚信品格，都市的杂语（如文艺）很难找到乡土生活的叙事，唯有那种心灵空寂的"一声叹息"。这种都市生活的"人文主义迷思"一部分原因乃与乡土教育的缺失有关。

　　其实，中国乡土教育的缺失是阶段性的。中国古代历史一向有乡土教育的传统。在近代，随着西方现代教育的传入，中国乡土教育也未中断。清末民初，由于政府倡导在小学开展乡土教育，直接促成了乡土志的产生与兴起，当时的乡土教育在破除迷信、转变民俗、增强忧患意识、培养实业救国的理想等方面都发挥了重要的作用。[①] 新中国成立后很长一段时间，乡土教育始终没有离开中国教育的视野。然而，改革开放后，实行全国大一统的教学体系，乡土教育没有存身之处。20 世纪末，虽进行教育改革，许多地方也进行乡土教育的尝试，但由于应试教育的阻隔，乡土教育如何进入教学体系，尚待时日。

---

①　王兴亮：《清末民初乡土志书的编纂与乡土教育》，《中国地方志》2002 年第 2 期。

第二章

传统知识的生成机制与传承机制

随着人们对非物质文化遗产越来越重视，传统知识的存续成为近年来政府、社会组织和学术界关注的一个重要话题。传统知识的存续问题，实质就是传统知识的生成与传承问题。因此，讨论传统知识的生成机制与传承机制，有利于从学理上深入地认识传统知识的存续问题。

第一节　传统知识的生成机制

传统知识是人类为确保其自身的安全与生存而在人与环境之间设置并世代传承的一种中介手段。传统知识的生成不仅受自然环境的激发，而且受社会文化习俗的规约，也就是说，促成传统知识生成的要素是多元的。传统知识生成要素的多元化，决定了传统知识生成机制的多元化。根据促成传统知识生成的因素，我们将传统知识的生成机制概括为两大类，即自然环境的激发机制和社会文化习俗的规约机制。

一　自然环境的激发机制

探讨自然环境的激发机制，首先必须考虑人类与环境的关系。如果从广义上去理解，人类与其环境的关系大致有以下三种：第一，人类适应环境因此也受到环境的塑造；第二，人类为了满足自己的需要而适应环境，因此人类决定或塑造环境；第三，人类与环境是互动的，并通过互动相互影响。① 传统知识是族群社会或乡土社区的人们为了适应环境而创造的一种财富，这种智慧的结晶亦是环境规约的一种结果。也就是说，人类的生存离不开一定的环境，传统知识的生成要以特定环境为依托。或许正是考虑到人类、知识、环境三者之间的关系，人类学家在讨论知识的产生时，首先考虑的是环境的作用，由此形成了环境决定论。尽管环境决定论过分强调了环境的决定性作用，而暴露出许多无法自圆其说的缺陷，但是它对于我们考察传统知识的产生与环境的关系仍然具有启示性意义。

众所周知，东西方文化有着巨大的差异，知识体系也有着很大不同，而这种差异很大程度上是由它们生成的土壤所决定的，这一点几乎成了社会科学家的共识。古往今来，中外学者在考察文化差异时均把自然因素看作一个重要的元素。黑格尔指出："我们所注重的，并不是要把各民族所占据的土地当作是一种外界的土地，而是要知道这地方的自然类型和生长在这土地上的人民的类型和性格有着密切的联系。这个性格正是各民族在世界历史上出现和发生的方式和形式以及采取的地位。"② 这种关于文化与地理环境关系的思考成了现代人文地理学的中心课题。正如前文所言，我们不是环境决定论的完全支持者，也不是环境决定论的全盘否定者，但是我们承认环境决定论对于我们考察传统知识生成所具有的启示性意义。西方文化发源于古代希腊文化，这是无可置疑的历史事实。一方面，地处欧洲南部的希腊半岛三面环水，海岸线长达 3000 多英里，而且岛屿林立，有良好的避风港，正是这种海洋岛屿式的地理环境为海洋贸易提供了优越的条件。另一方面，岛内森林茂密，又为海洋贸易船只的建造提供了丰富的优质材料，加上希腊半岛气候干旱、土地贫瘠等多种自然因素的共同作用，希腊人成了海洋贸易的佼佼者，创造和积累了丰富的造船知识和航海知识。克里特人常常驾着单桅海船，载着各地货物，往返于地中海。公元前 8 世纪至前 6 世纪，造船业已经十分发达，而且达到了很高的水平，已出现使用 200 多名水

---

① ［英］凯·米尔顿：《环境决定论与文化理论》，袁同凯、周建新译，民族出版社 2007 年版，第 52 页。

② ［德］黑格尔：《历史哲学》，王造时译，商务印书馆 1963 年版，第 123 页。

手的三星桨座的远航船舶，大批的职业商人出现，希腊成为商业贸易中心。① 可以说，正是海洋性文化直接孕育了西方特色的科学知识。

与西方海洋岛屿式地理条件相反，中国大陆田园式的地理条件孕育了发达的农业知识，进而成就了发达的农业文明。广阔的黄河、淮河流域，地势平坦，土质疏松，气候温和，雨量充足，且大部分土地处于北温带、中纬度，这种良好的自然环境被黑格尔誉为"历史的真正舞台"②，中国人正是在这个舞台上创造和积累了丰富的农业知识和畜牧知识。大量考古发现和历史资料表明，中国人很早便懂得创造并使用农具，集约耕作，驯化培育粮食作物，最迟在魏晋时就掌握了一整套精耕细作方法。鉴于篇幅所限，我们仅以松土经验的积累和利用为例。远古时候人们先放火烧山，再用尖木棒等松土播种。新石器时代人们在松土用的尖木棒下部绑上短横木，便于翻地时脚踩助力，于是发明了耒。单齿木耒翻地面积小，人们就将单齿变为双齿，耒齿改成板状刃，使翻地效率大大提高，于是又发明了耜。耜冠由木制逐渐变为石、骨、蚌制。商朝发明了牛耕的方法。春秋时期普遍使用铁器，犁铧、耙成了常见的农具。汉朝不仅有全铁制的犁铧，而且犁铧上还装置了犁镜，使破土和翻地能力大大增强；二犁二人的耦耕得到推广，出现了二牛一人犁、一牛双辕犁等新的牛耕方法；已经发明能同时播种三行的"三脚楼"，将开沟、下种、覆土的工序一次完成。唐朝发明了曲辕犁，不但节省畜力，还提高了耕地效率，耕犁技术基本定型。可以说，正是发达的农业催生了丰富的农业知识，而丰富的农业知识反过来又推动了农业的大发展。

我们都知道经常运用某一器官，会使它得到更多的锻炼以至更有活力。同样的道理，如果我们经常从事某一产业，那么我们就会对这一产业有更多的思考、更深入的认识，从而创造并积累关于这一产业的丰富知识。南北自然环境的巨大差异，使我国南北居民对农业和畜牧业有着相当不同的认知，从而形成了北方业牧、南方事农的不同经济文化类型，北方人创造和积累了丰富的畜牧知识，南方人则成就了丰富的农业

---

① 参见贺毅主编《中西文化比较》，冶金工业出版社 2007 年版，第 7 页。
② 同上。

知识。早在十一二世纪，北方民族的畜牧业生产技术已经达到了较高的水平。比如蒙古族，他们不仅能初步按牲畜之多寡、种类和季节使用牧场，而且已开始采用大畜小畜、成畜仔畜分群放牧。《元朝秘史》中就有许多关于蒙古族牧人根据各种牲畜的颜色、特征、性格而加以放牧和管理的记述。[①] 牲畜去势技术是畜牧业生产技术发展到一定水平后才采用的。为了提高牲畜的经济价值和质量，蒙古族已在畜牧业生产中广泛采用了去势技术。在马群中，一群母马仅留一匹公马配种（称移剌马），其余都骟了做役畜，骟马和母马分群放牧。羊也实行去势，以牝羊繁殖，以羯羊食用或贸易。在南方，为适应特定的生态环境，早在唐代，不仅形成了较成熟的农业耕作技术，而且普遍掌握了烧草木灰制肥技术，并将此肥施放于地中以增加耕地肥力，延长土地的耕作期。

　　土家族生活的武陵山区地貌以碳酸盐岩组成的高原型山地为主体，兼有碳盐岩组成的低山峡谷与溶蚀盆地，砂岩组成的低中山宽谷及山间红色盆地，山地山原占 80% 以上。境内河流、沟壑纵横。武陵地处亚热带，属季风性山地湿润气候，冬暖夏凉，雾多湿重。由于地形复杂，海拔高差悬殊，气候立体特征明显。独特的自然环境成为土家族传统知识生成的自然场。如深居武陵山区的土家族人民受人体对气候变化反应——冬天穿棉衣避寒、夏天穿衬衫避暑——的启发，创造了在干燥土地上掘坑存红苕过冬的知识。我们在湘西苏竹村调查时，那里的老农告诉我们：就像人受寒冻会感冒生病一样，一旦降霜，土地里的红苕就会受冻，受冻的红苕再存放就容易腐烂变质了，因此，必须在降霜前将预留的红苕种挖出土并存放在具有保暖功能的苕坑里，保证红苕种的持续利用。苕坑入口要小，仅能一人出入，整体像一个大葫芦形状，这种结构保温效果良好。红苕装在这样的坑里，可保存半年以上，且其新鲜之本色不变。从以上表述可以看出，自然环境虽然对于传统知识的生成不一定具有原生性和创造性的力量，但是对于形成传统知识的地方性特征却具有极大的启发和限制作用。或者说，正是环境差异性的作用凸显了知识的地方性和多样性。

---

　　① 李汶忠编著：《中国蒙古族科学技术史简编》，科学出版社 1990 年版，第 327 页。

二　社会文化习俗的规约机制

"个体生活的历史中，首要的就是对他所属的那个社群传统上手把手传下来的那些模式和准则的适应。落地伊始，社群的习俗便开始塑造他的经验和行为，到咿呀学语时，他已是所属文化的造物，而到他长大成人并能参加该文化的活动时，社群的习惯便已是他的习惯，社群的信仰便已是他的信仰，社群的戒律亦已是他的戒律。"① 本尼迪克特的精彩表述表明了这样一个道理：特定的社会文化习俗对于一个特定社会的成员获得的知识和习惯起着巨大的、或有形或无形的规约作用。人类学家罗伯特·赫尔兹的《右手的优越——一项关于宗教极性的研究》提供了又一个文化习俗对人们生产和积累知识的行为和习惯的规约的价值的佐证。关于右手的优越性，先天论者认为，右手与左手分别代表不同的智力和道德水平，这种区分要早于人类的所有个人经验，因为它们是与社会思想的特定结构相关联的；后天论者则认为，这种右手与左手的区分只与个人经验有关：如果将它们置于最初的环境——集体意识中，它们就表现为自然事实，经历着变化并依赖于复杂的环境。赫尔兹指出：即使我们两只手的不同特征——右手灵活，左手笨拙，似乎很大程度上是人类意志的结果，人类拥有两只"右手"的愿望也是不切实际的。虽然两只手都可灵活使用的事实可能存在，但这并不意味着它是人类向往的；致使两只手不同的社会原因或许会永远存在；即使到了左手为人类劳动做出比较有效的贡献，在某些方面甚至能取代右手的时候，一直以来与右手和左手的区分密切相连的善与恶的区分，也不会从我们的意识中消失。如果认识到多少个世纪以来由于一个神秘理想的强迫，人类已在生理上遭到严重迫害，成为只有身体右侧充分发展的动物，任何一个自由的和有前瞻性的社会都会努力使人们身体左侧和大脑右半球的能量更好地发挥作用，并通过适当的训练使人类肌体得到更和谐的发展。② 这是一种美好的愿望，遗憾的是由于社会文化习俗的稳定性及其

---

① ［美］露丝·本尼迪克特：《文化模式》，王炜译，社会科学文献出版社 2009 年版，第 2 页。

② ［法］罗伯特·赫尔兹：《右手的优越——一项关于宗教极性的研究》，吴凤玲译，《民族学通讯》2005 年（总）第 141 期，第 58 页。

对人们知识生产的行为和习惯的规约具有长期性，至今人们给予右手的优越性几乎没有变化，尽管人们在使用计算机工作时左手发挥的功能几乎与右手没有什么区别。日常生活中，我们的父母在教我们拿筷子吃饭或我们在教我们的子女拿筷子吃饭时，总是习惯性地让右手拿筷子来调节吃饭的频率，如果我们或我们的子女无意识地伸出左手拿筷子，我们的父母或我们就会让子女改正，如果不长记性习惯性地用左手拿筷子吃饭，子女就会遭到父母的训斥，严重的时候左手还会遭受近乎不近人情的惩罚。因此完全有理由相信，人们为了避免使用左手总会不自觉地生产能够代替使用左手相关的知识，相反与使用右手相关的知识就会极大丰富。

　　我们不妨举一个极端的例子，从反面来进一步讨论文化习俗对人类知识生产的规约性。一个新生儿的大脑一片空白，等待着被填充，那片空白的大脑被填充的内容却是他获得或创造的知识。在这片大脑被填充的过程中，自然因素对他的启示或激发作用自然不可忽视，但是从这里我们更是看到了一个新生儿失去人类文化习俗规约而导致的一种截然不同的结果。阿门（Armen）笔下的野孩在毛里塔尼亚（Mauritania）被发现时与一群瞪羚生活在一起，他已经习得了许多瞪羚的行为方式。他学会了爬行、奔跑、觅食、标记领地、梳理毛发、用感观交流等在他的体格允许范围内能够模仿的所有本领。[①] 毫无疑问，作为自然构成元素之一的野生动物瞪羚的行为或习性激发了野孩的灵感，并促使他在现实生活中模仿瞪羚行为，从而习得了瞪羚的本领，并根据自身的体格特征进行改造和利用。这种知识的获取或创造保证了他的安全与生存。可以看出，在野孩填充空白大脑的过程中，瞪羚的生存技能和生活习性的启示、激发是一个重要的机制。

第二节　传统知识的传承机制

　　总体而言，传统知识的传承可以概括为纵向承继和横向交换两种基

---

① Armen, J. C., *Gazelle-Boy*, London：Picador, 1976, pp. 96-97.

本模式。① 无论是纵向承继，还是横向交换，它们都需要一定的条件和遵循一定的规则。从我们对湘西苏竹村、鄂西红烈和龙桥村的田野调查资料来看，纵向承继人的选择一方面取决于其与传承人的亲密关系，另一方面取决于其对传承知识保密性的认可；横向交换的主体一方面取决于其与传承人的地域关系，另一方面也取决于二者之间的某种特殊联系。两种模式的传承人的选择都在很大程度上取决于一个"忠"字，都遵循着一个基本的原则——互惠。也就是说，忠诚和互惠是传统知识传承的主要机制。

一　忠诚：传承的必备条件

忠是中国人古今一以贯之地践行的德目之一，对中华民族影响至深。自孔子建构第一个完整的道德规范体系②以降，历时已近三千年。忠也是传统知识传承的一个必备条件；是民间艺人传授技艺的一个决定性标准。从我们在湘西龙山苏竹村、鄂西五峰红烈和龙桥村、鄂西来凤兴安村以及黔东四野屯村的田野调查来看，民间药医在收徒授技的过程中，师傅至少要用漫长的三年时间来考察徒弟的忠心，而且，在他们观念中的忠大大超越了低位对于高位的不对称性忠诚，其内涵已涵盖了仁、义、礼、信等所追求的规范。在他们看来，徒弟忠于师傅，师傅爱护徒弟，这自然是仁之实践，但是，师傅要求徒弟对病人亦要忠，不能嫌贫忠富，要一视同仁，不要因为病人穷困而在治疗过程中耍手脚，这种对病人不忠不仁的行为亦被视为对师傅之不忠。一旦出现这样的不忠行为，徒弟就会遭到师傅的严厉惩罚。如师傅会让徒弟的药方失灵，使之失去病人的信任。因为，徒弟不义不忠，师傅自然也对之不仁了。

由于有着诸多的规约机制，所以，徒弟逢年过节要拜师祭师。按照常规，徒弟每年农历腊月三十日都要去拜见师傅，这样的拜师礼节至少要持续三年。每次拜师，徒弟都要准备一只猪脚、一只公鸡、一瓶酒、一包香和一沓纸。这种拜师和赠礼行为正是徒弟忠心的表达。按照这样

---

① 梁正海：《传统知识的传承与权力——以湘西苏竹人的医药知识为中心》，博士学位论文，中南民族大学，2010年，第127页。

② 参见张岱年、方克立主编《中国文化概论》，北京师范大学出版社2004年版，第212页。

的行规，经受住师傅马拉松式的千日考察，徒弟才可能双脚踏进师门，秉承师业，传承医技。药医 PSX[1] 讲：

> 三年足够看清一个人的忠诚。如果你忠，师傅就把医技全教给你；你要是不忠，师傅就推辞了。如此一来，你治病就治不好了，尽管你每次去拜师，师傅都会带你一起进山去采药，教你哪种药物能治疗哪种病症。所以，被师傅推辞的徒弟也不敢轻易去冒险。

对于忠心之徒，三年期满师傅则授之医技，徒弟怀着医技走出师门，处处得到师傅的关照和帮助，为人治病，手到病除。用他们的话说，就是"横东顺东，横西顺西"、"弄东顺东，弄西顺西，百搞百灵"。反之，你面临的就只能是被逐出师门，即便你已学有所得，也将会前功尽弃，因为师傅会通过巫术的力量将你的医技废除。在充满巫术信仰的村庄，就算你敢于冒险，谁又愿意请一个被逐出师门废除医技的人医治疾病呢？

我们在调查中发现，几乎每一位民间医生，都处处表现出对于师傅的忠诚和孝心，如有的每遇三、六、九日都会祭祀亡师，有的还在室外为亡师修起简易的祖师庙，过年时为师傅敬香烧纸，献鸡献肉，以求得师傅的荫庇。我们也在调查中感受到了民间医生为自己忠于师傅获得师傅的荫庇而表现出的自豪。TDM[2] 在带我们查看祭师房时就这样对我们说：

> 每次有人来请我看病的时候，前一天晚上师傅都会来给我托梦，告诉我明天有个什么样的病人来求我救治，而且每次都很灵验，几乎跟师傅梦里讲的一模一样。

在他看来，这都是自己对师傅的忠诚换来的师傅对徒弟的关照。最初学医的三年，他坚持年年拜师，出师后，还在拜师这一天杀鸡祭药

---

① PSX 是采访对象姓名的首字母大写，余皆然。PSX，男，57 岁，土家族。

② TDM，男，76 岁，土家族。

王，因为这一天是药王的生日，至今如此。给师傅拜年，他会像同行弟子一样为师傅送去酒、肉、猪脚等礼品，即使没有新鲜的猪脚，腊猪脚也少不了。谈起师傅对徒弟的关照，PDY[①]也有同感：只要我第二天进山采药，师傅在前一天晚上都会从梦中告诉我，让我到什么地方去采药；只要到师傅说的地方去采，就总会有收获，就算是平时很难采到的药也能采到。忠在民间医生的生活中占有如此重要的地位，以至于一些人在传授医技时不会过分地考虑继承人是不是自己的亲戚，而是要看他是否忠诚。因为他们认为，就算是亲戚，他不忠诚，同样搞不好。

为了说明不忠带来的后果，ZZZ[②]举出了一个真实的例子。他说他有一个师兄，对师傅不忠不孝。有一次师兄给人家治病的时候，红锅刚一顶到脑壳上，头发就燃起来了，头皮烧得稀巴烂。病没治好，反而闹了笑话。在他看来，这都是欺师灭祖受到的应有惩罚。ZZZ 对他的师傅一向十分尊重，虽然年逾古稀，身患哮喘，但是每年清明节他都会坚持步行几十里山路亲手给去世的师傅挂青祭祀。他说：只要他还能走，清明节就会亲手在师傅坟上添上一树青纸。那次吃饭的情景我们至今记忆犹新。老先生跟我们聊得十分开心而投入，吃饭时忘了祭师。酒尚未过三巡，先生突然放下酒杯和碗筷，说：坏了，跟你们这么一说就把师傅忘记了。随后他就让他外孙女拿来酒杯，给师傅斟酒，请师傅原谅弟子的一时疏忽。敬师的一举一动都显得十分严肃。

对师傅要忠，对病人亦要忠，这被民间医生看作是一种医德。无论是 PDY 的爷爷，还是他的父亲，还是他自己，他们都坚持这样一种观点：医药知识应一代传一代，代代相传。还有一样东西也必须一代传一代，就是有求必应，忠于病人。PDY 说："只要病人上门求医，你没有什么特别的事情就应该答应人家，如果你不答应，不肯去，那就不好了。"而且，行医之人应该一视同仁，不能嫌贫忠富，这也是一种医德。人家吃得好也好，坏也好，你都得同等对待，你都要尽心尽职给人家治病。"你不是一辈子吃一顿饭嘛，条件好的，他给你吃得好一点；条件差的，他给你吃得差一点，但是，你不能因此说人家差，更不能嫌

---

① PDY，男，60岁，土家族。
② ZZZ，男，30岁，土家族。

弃人家。手艺人一般都是这样。"对此，TDM 也感同身受。他说：

> 有些人病了，什么都没有，你得给他照顾哈子，就算做好事。你还得义务上山采药给他医。我自己在家里吃了早饭去找药，给他捶药，上门给他搞。然而，即便如此，他们仍然感觉到了医道难济。好在生活中不懂礼节、不对劲的人毕竟只在少数。

虽然他们都已经认识到"一人难顺百人心"的道理，并不把患者这样的行为视为大恨，但难免会以牙还牙以保护自己的利益。PDY 说："本来看人做事的观点是不对的，但是在特定的条件下，也只有这样做了，它必须要存在。我给你做了好事你还不感激，让人丧失信心。"或许正是因为有这样的担心，过去有些草药匠，通常都会留一个心眼。换句话说，你这个病他本来能几服药就治好的，但他要看你怎样对待他。如果你对他不好，他在配方的时候就不配全，给你去掉一味药，这样一时就治不好，治的时间会拖很久。有的草医就一定要吃上十顿饭以后才给病人治好。

如果说，民间医药知识的传承重在一个"忠"字，那么，其关键则在于徒弟对师傅、医生对病人、病人对医生如何实践这个"忠"字。忠已成为民间医生的医德之首，成为他们立身、立德、立言的准则。当然，医德不是一种空洞的口号，它需要师徒、医患之间的共同实践，这也是民间医药知识传承的一个重要基石。

二　互惠：传承的基本原则

为了回答为什么人类众多的社会在不同的历史时期和社会情形下，个人或群体不仅视馈赠和受人馈赠为义务，而且也视受礼后必须回赠为义务一系列的问题，莫斯对浩瀚的民族志文献资料进行了归类、分析和比较研究，为我们揭示出世界上存在着许多形式各异的交换方式和服务方式，比如交换妇女、财物和服务，而这一系列交换均在一种社会力量驱使下和一个具有三重义务的社会逻辑中进行。这三重义务既相对独立又相互关联，这便是给予、接受和接受之后必须以同一或等价物回赠。莫斯认为这种社会力量同时拥有和支配人和物，这在那些人与物之间没有绝对界限的社会中尤为明显。在这类社会中人可以是物的延伸，人本身从某种意义上说与自己拥有和用于交换的物有很大程度上的认同。莫斯在对夸富宴进行分析后得出结论说，正是给予本身的义务驱使人给予。馈赠行为在给予者和接受者之间建立起一种双重关系：一是认同和团结，因为给予者和接受者一道分享他的所有；二是等级，因为接受者一旦接受了别人的馈赠便负债于给予者，在他没有偿还这份馈赠之前便处于对对方的一种依附状态；如果他一直未能回赠，那么这一状态便会固定下来。① 莫斯也因此看到了交换对社会运作的重要性。

为解释给予和回赠的义务，列维·斯特劳斯在 1950 年提出了交换是社会生活的基础这一观点以及交换中的互惠观念，他认为社会建立在交换的基础上，人正是通过交换来获得表述和表现所有象征意义的能力。莫利斯·戈德列（Maurice Godelier）认为，尽管莫斯本人在列维·斯特劳斯之前就看到了交换对各个社会运作的重要性，但他并无意寻求社会生活的"普遍基本原理"，他恐怕更无意去证明交换是人类社会之基础。②

不过，在论及互惠在社会组织中的重要性时，马林诺夫斯基（Malinowski, Bronislaw Kaspar）认为只有一个作者充分意识到了互惠在原始社会组织中的重要性，那就是德国柏林杰出的人类学家图恩瓦尔德教授（Prof. Thurnwald），因为他曾明确地指出了"社会结构的对称性"（die Symmetrie des Gesellschaftsbaus）和相应"行为的对称性"（Symmetrie von Handlungen）。马林诺夫斯基认为，图恩瓦尔德教授揭示了社会结构和社会行为的对称性是如何渗透到土著居民的生活中，但他却未对对称性作为法律约束力形式的重要性予以明确阐述，他似乎只意识到对称性是"人类情感"的心理基础，而无法认识到它在维护双向服务的连续性和恰当性方面的社会功能。马林诺夫斯基进一步指出，二元原理既不是"融合"和"分裂"的产物，也不是任何其他社会学方面大变动的结果，而是构成所有社会活动的内在对称性、人类提供相互服务的互惠的整体性结果，缺乏这一点，原始社会就难以存在了；无论对任何

① ［法］马赛尔·莫斯：《论馈赠——传统社会的交换形式及其功能》，卢汇译，中央民族大学出版社 2002 年版，第 5—6 页。

② 同上书，第 6 页。

原始社会进行怎样的细致探究，都会发现结构的对称性是互惠义务必不可少的基础；双向互惠原则为每一项规则都提供了约束力。在每一个行动中都存在着社会学意义上的二元性：提供服务和负有交换责任的双方，每一方都密切注视对方履行义务的程度和行为的公正性。[①]

当把目光转移到武陵山区土家族的社会生活时，我们发现互惠原则几乎体现在他们生活的各个层面，比如交换婚、回报性劳动、礼尚往来、知识的交换与承继等等。我们曾将各种互惠形式孤立起来而忽视了它们之间的联系性。[②] 进一步的研究表明，在医药知识传承过程中不仅知识与礼物的交换是一种重要的互惠形式，回报性劳动、礼尚往来在医药知识传承过程中亦起着重要的作用。医药知识的传承体现着社会结构的对称性和相应行为的对称性，这种对称性是构成村庄传统社会活动的内在对称性，是人与人之间提供相互服务的互惠的整体性结果。这种对称性社会结构表达主要是通过两组关系实现的，即师徒关系和医患关系；相应行为的对称性则通过师徒、医患之间的互惠性行为得以表达。我们用如图 2—1 所示三角形对两组对称性结构进行展示。

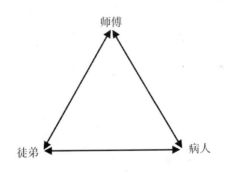

图 2—1　对称性互惠

从两组对称性社会结构和相应的对称性行为来看，互惠在维持对称性结构的整体性中起着重要的作用，这在我们前面提到的几位民族学家

---

① ［英］马林诺夫斯基：《原始社会的犯罪与习俗》，原江译，法律出版社 2007 年版，第 13—14 页。

② 梁正海、马娟：《传统医药知识的传承模式及其内在机制和特点》，《吉首大学学报》2010 年第 1 期。

那里已经达成共识，尽管各自观点不尽相同。不过，民间医药知识传承过程中的两组互惠性行为明显地表现出非对等互惠，这种非对等互惠一方面表现为物质性礼物沿着社会等级的阶梯向上单向流动。比如，徒弟带着规定性礼物如酒、猪脚、鸡等给师傅拜年，而师傅没有还礼的义务；又如，患者带着鸡给医生谢恩或给医生买烟酒送礼，医生也没有还礼的义务。另一方面表现为象征性礼物沿着社会等级的阶梯向下单向流动。比如师傅向徒弟传授医药知识、医生义务性地给患者治病等。这种非对等互惠明显建立了一种等级关系，不过受礼者并非总是对给予者具有负债感。作为受礼者的病人对医生自然有一种负债感，因为他接受了医生的义务治疗。这种医患关系显然与莫斯在研究"全面给予"（prestation totales）的馈赠交换行为后得出的结论无异。由于病人对于医生总是处于一种感激状态之中，所以，他们总是寻找机会报答救命恩人。当恩人需要人手帮忙时，他们总会无偿提供劳动以作为回报；当恩人参加村支两委的换届选举时，他们会毫不犹豫地在自己神圣的选票上写上恩人的名字。然而，相对于徒弟而言，师傅作为受礼者却总是处于一种优越性的地位，习俗惯制并未规定其负有还礼的义务，自然也就无所谓负债感。相对于患者而言，无论是他给医生提供无偿劳动，还是逢年过节赠送礼物，或是在换届选举中投票支持，都是出于一种感恩，而不会奢求一种回报，因为那是他欠医生的，所以从情感上总是处于一种负债状态之中。但是，师徒关系并非如此单纯，因为徒弟向师傅赠送礼物的目的就是希望获得知识，而师傅本身也处于强大的礼尚往来的社会压力之下。正如埃德蒙·利奇（Edmund Leach）所指出的那样："尽管一个地位高的人被界定为收受礼物的人，他仍然处于多给少收的社会压力下，否则，他会被认为太吝啬，而一个吝啬的人则有失去地位的危险。"①

　　我们的田野调查表明，师傅总是处于优越的状态之中，而徒弟给师傅以什么样的"礼物"，师傅就会相应回报以什么样的"礼物"。从中也可以看出，徒弟向师傅馈赠酒、猪脚、鸡等实物性的礼物，其用意明显在于希望吸取师傅的回礼，也就是说，徒弟馈赠给师傅的礼物明显具

---

① Edmund Leach, *Political Systems of Highland Burma*, London：Athlone Press，1954, p. 163.

有工具性①的特征，只不过师傅给予的回报已改变了形式，它不是恩惠，不是服务，也不是保护，而是一种象征性的符号——医药知识。这种交换显然是一种不对称交换，首先它表现在交换礼物类型的不对称，一种为实物，一种为象征符号；其次它表现在价值的不对称，一瓶散酒、一只猪脚、一只鸡值得了几个钱呢？尤其是在经济极大改善的当下。但是一种知识的价值却是无法估量的，只要运用得当，就能创造无限价值与财富。这表明，受礼者注重的是礼物的文化价值，而不是礼物的经济价值。这也意味着徒弟根本不能对等回报从师傅那里接受的礼物，不对称交换使得师傅总是处于优越的位置，而徒弟总是处于感恩状态之中，无论在情感上，还是在行为上都以服从师傅、践行师训为一种美德。简言之，师徒关系是一种"权力—依附关系"，在这个权力—依附关系中，徒弟对于师傅始终处于一种依附状态；这种依附状态显然也是一种服从状态。

关于不平等互惠和不对称交换的问题，人类学家和社会学家均持如下结论：单方送礼最终导致赠礼者权力和声望的增加。许多民族志研究表明，那些看起来基于单向、不对称原则进行的交换实际上受对称互惠原则的支配。萨林斯提供了一个更为一般性的模式，把非均衡交换纳入到一个连续谱之中，这个连续谱根据亲属关系远近和阶层高低区分，从一般（不均衡）互惠向均衡互惠再到否定性互惠变化。在非均衡互惠情况下，礼物向社会下层流动。② 然而，在我们研究的师徒馈赠关系中，单方送礼并没有导致赠礼者权力和声望的增加，反而强化了受礼者的权力，提高了受礼者的声望；在师徒非均衡互惠中，礼物并未向社会下层流动，相反，却是向社会等级较高的一方流动。正如阎云翔在等级

---

① 阎云翔在《礼物的流动》一书中建立了表达性馈赠关系和工具性馈赠关系的二分法。他认为，在表达性馈赠关系中，人们以对等的方式交换礼物，礼物主要据其象征性和社会性的价值来交换和衡量。相反，工具性的礼物用以吸取回"礼"，但在这里，"礼"已不同于礼物的原初形式，而主要采用恩惠、服务或保护等形式。前者用以凝聚赠礼者与收礼者之间长期的、既存的关系，而后者可用于扭转或操纵一种短期关系。参见［美］阎云翔《礼物的流动——一个中国村庄中的互惠原则与社会网络》，李放春等译，上海人民出版社 2000 年版，第 163 页。

② 阎云翔：《礼物的流动——一个中国村庄中的互惠原则与社会网络》，李放春等译，上海人民出版社 2000 年版，第 155 页。

化情景中对下岬村礼物流动研究得出的结论一样："单向送礼并不必然给赠礼方带来权力，也不增强其优势。相反，既有的社会等级可能会压倒内在于礼物当中的互惠义务。将上层的收礼者从债务人的位置上解脱出来。进一步说，当社会上层的权力是基于其对资源的垄断，那么下层的礼物就成了义务性的贡品，单向送礼用以表达对上级的恭顺和敬重。"① 总而言之，无论拜师学医，还是传授医技，也无论是为人服务，还是请人疗病，尽管行为人的动机不尽相同，但双向互惠都是双方理性思考的基本原则。正是因为师徒、医患之间共同遵循着双向互惠的基本原则，传统医药知识的传承才得以顺利进行。

---

① 阎云翔：《礼物的流动——一个中国村庄中的互惠原则与社会网络》，李放春等译，上海人民出版社 2000 年版，第 155 页。

第三章

传统知识的交换与权力

交换作为一种传统知识延续机制或策略，它总是受到在社会化过程中根植在人们头脑里的习惯的制约，或者说，什么样的习惯会形塑什么样的行为模式。传统知识交换构成了传统知识密码创造和再创造的基础，保持了传统知识的活力和生命力。在这一章中，我们将尝试主要利用苏竹村土家族医药知识交换的实践来说明传统知识的交换模式、交换特点和交换本质。

第一节　传统知识交换的模式

传统知识交换主要有两种模式。从纵向看，传统知识的交换主要体现为师徒之间的交换；从横向看，传统知识的交换又主要体现为具有地域性关系或特殊关系的人们之间的交换。纵向交换与横向交换之间存在着较大的差异，纵向交换双方之间存在明显的等级关系，而横向交换双方之间不存在明显的等级关系，在这种双向互惠的交换模式中，交换双方倾向于选择相互平等的地位来履行一个社会角色。

一　纵向交换

一般而言，知识交换是在两个以上的知识主体之间实现的知识互换行为，这种行为既是一种过程，也是一种结果。但是，从苏竹土家人的传统医药知识交换的实现方式来看，其交换主体并不仅限于懂得医药知识的人们，它还涉及知识主体与非知识主体之间的交换，其交换的内容体现为实物与知识的互惠，这种交换就是纵向的师徒交换。在这种交换模式中，作为知识主体的师傅扮演的是一个传播知识的角色，作为非知识主体的徒弟扮演的是一个接受知识的角色。角色的不同决定了其所处的地位不同。师傅总是处于主导地位，在徒弟心中是一个权威；徒弟总是处于被动的地位，对师傅要言听计从，不得有违师愿。换句话说，师徒之间的等级关系十分明显。师傅总是处于优越地位，徒弟随时随地都要以实际行动维护师傅的尊严和威信，而且任何时候都不能违背师道，否则就会受到师傅的惩罚，无论是实际的，还是虚幻的。徒弟要依照行规连续拜师三年，每年农历腊月三十都需要带上规定的礼物，诸如猪脚、烧酒、鸡等以表达学医之诚意；每遇传统节日和每月三、六、九日都要祭师，甚至只要餐桌上有酒有肉都不能忘记恩师，否则师傅就会不高兴，就不会把技术给你。年逾古稀的 TDM 还为列位师傅盖起了土庙，虽然里面除了烧香化纸时留下的少许灰烬，几乎没有任何标志性的神位。不过，既然在他们看来只要在祭拜时念及师傅就能达到预期目的，又何必增加费用做一些多余的工作呢？这样的安排虽然不能与都市人为了信仰而建起的高高庙堂相比，但我们却从几块石板构建而成的简易土庙感觉到了一种质朴、一种实用、一种心态、一种民间信仰、一种交换的态度。

二　横向交换

关于横向交换，我们将从交换的方式、交换的对象和交换的范围三个层面进行论述。

（一）交换的方式

与纵向交换相对应，我们把两个及两个以上知识主体之间的互惠式交换称为横向交换。按照交换实现的方式，横向交换可分为自由式交换和干预式交换，前者通常在交换双方之间自由进行；后者在第三方干预下进行，且交换双方通常处于一种被动状态。

就自由式交换而言，交换双方完全出于自愿，无论是因为感情，还是因为感激，抑或出于双向互惠。PDY 的爷爷原本是当地颇有名气的织匠，凭着用织布赚取的收入作为交换条件，他积累了不少药用良方。"这些药方子不是白来的"，PDY 说，"多半是爷爷用织布少得可怜的工钱换来的。"PCS 是当地治疗女子月经病的有名土医师。据他讲，三味草药组成的秘方是一个同事告诉他的。"因为两个人玩得好，他就把药方教给了我。"很显然，感情架起了 PCS 获得对方秘方的桥梁。TDM 因为帮彭氏找到了"毛狗草"这味草药，彭氏出于感激而把所学的医药知识传给了 TDM，而 TDM 则把岳父传授给自己的医药知识教给彭氏作为回报。从他们的经历来看，与其说二者是一对师徒关系，毋宁说他们更像一对双向互惠的伙伴关系。

不难看出，自由式交换无论出于什么原因，交换双方之间都不存在第三方干预。但是，当我们把注意力倾注于 20 世纪 70 年代洗车河①区政府组织的大比拼式的蛇伤治疗培训这一事件的时候，我们便明显地感觉到了医药知识交换过程中第三方的介入和干预。被组织起来的每位医生在展示疗伤绝技出尽风头的同时，珍藏多年的家传秘方也不得不在所有参训人之间公开。这一事实表明，当民间医生面对展示医技获得荣誉和保密秘方这一相互矛盾的两难境地时，他们却选择了荣耀而放弃了保守，从这个层面上说，第三方干预似乎对于民间秘方的传承与交换起到了积极的作用。

（二）交换的对象

交换形式一定程度上决定了交换对象。在自由式交换中，交换双方不一定都是医生，只要一方愿意，就可能将家传秘方传授给对方。因此，交换对象是相对自由的，也是极不确定的。PCS② 因为同事的身份，再加上双方共同的"地主"家庭背景而成为那位同事家传秘方的传人。YJG③ 的公公为一个外来做工而与当地同行发生矛盾的木匠解困于危难之际而获得对方祖传治疗蛇伤的秘方。这对于一个原本对医药知识一无所知的人来说，无疑是一个意外的收获。相比之下，PDY 的爷爷利用织布获得的钱粮作为交换药方的条件，似乎充满了目的性。TDM与彭氏之所以能够成为一对知识互换的伙伴，不就是因为彼此拥有对方没有而又希望获得的医药知识吗？互通有无，无论出于实际的考虑，还是出于理性计算，谁都没有拒绝知识交换的理由。无论这种知识交换属

---

① 洗车河是"撤区并乡"前龙山县的一个区级行政单位，时苏竹村所在的坡脚乡隶属于该区；撤区并乡后坡脚乡由县直管，撤乡并镇后，原坡脚乡并入现在的靛房镇。

② PCS，男，63 岁，土家族。

③ YJG，女，69 岁，土家族。

于全面性的给予，还是具有保留性的策略。

当交换出现第三方干预时，交换对象在范围上明显出现了扩大的趋势，但是交换对象本身却被严格地限制在同行之内。就洗车河区政府组织的大比拼式的培训而言，政府官员为了实现治疗蛇伤秘方的交流，他们不可能将外行组织起来白白地花费人、财、物力，因为他们的预期目标规定了他们的行动目标。总之，医药知识交换对象可能因为人们交流圈子的扩大或外在因素尤其是政治因素的介入和干预而发生变化，其变化的总体趋势是向着超越村落的更大空间流动。

（三）交换的范围

为了更好地研究传统知识的交换范围或曰知识交换圈，我们有必要把施坚雅的市场体系理论、杜赞奇的文化网络理论联系起来。市场体系理论和文化网络理论都是研究乡村社会的理论，虽然两种理论模式并非完美，但是二者所揭示的村民交换行为模式和交换范围对于我们研究知识交换圈有着重要的启示。

施坚雅在 20 世纪 60 年代提出的市场体系理论旨在揭示初级市场体系的内部结构，为了说明市场圈等同于社交圈，施坚雅指出四川的初级市场是一个内生的社会区域（社区），人们往往从初级市场圈内寻娶媳妇，他还描述了媒婆如何在集市上完成婚姻介绍，① 由此证明了市场范围即联姻圈的观点。也就是说，在施坚雅的研究中，市场圈等同于社交圈，亦等同于婚姻圈。

杜赞奇通过对满铁惯调资料中所反映的婚姻圈以及水利管理组织的分析，说明市场体系理论只能部分地解释联姻现象；市场体系理论已同化到文化网络之中；市场体系与其他组织一同联结为文化网络。杜赞奇提出"权力的文化网络"这一概念的目的是试图进一步拓宽理解一种文明中政治体系的视野，即将文化、特别是大众文化因素包括在内，从而超越十分重要但并不完全的"乡绅社会"和"儒家思想"等概念。在他看来，文化网络由乡村社会中多种组织体系以及塑造权力运作的各种规范构成，它包括在宗族、市场等方面形成的等级组织或巢状组织类

---

① ［美］施坚雅：《中国农村的市场与社会结构》，史建云、徐秀丽译，中国社会科学出版社 1998 年版，第 36 页。

型。他认为，这些规范不能用市场体系或其他体系来概括或取代，它是由各种集团和组织交织而成的天衣无缝的一个网络。从外观来看，这些网络似乎并无什么用处，但它是权威存在和施展的基础。任何追求公共目标的个人和集团都必须在这一网络中活动。正是文化网络，而不是地理区域或其他特别的等级组织构成了乡村社会及其政治的参照坐标和活动范围。①

我们在这里将知识交换圈与市场体系理论和文化网络理论联系起来，主要是想通过市场中心、文化网络、联姻圈来分析知识交换的大致范围及其基本特征。我们姑且不去考虑集市中心是否是婚姻圈的中心，因为对二者的争论会涉及诸多因素，无论是内在的还是外在的。但我们从苏竹土家人医药知识的交换对象可以看出，市场体系、文化网络、婚姻圈都为知识交换奠定了基础。像苏竹这样的传统而又封闭的村落（1997 年修通村级公路），集市在他们的生活中有着重要的作用，因为集市是村民相互交往、建构社会关系的重要渠道；联姻无疑也是将人们纳入社会关系网络的重要途径，因为姻亲之间的交往常常能为联姻双方提供更多的交换信息，加上联姻双方的相互介绍则可以进一步扩大双方的社会关系网络，从而为双方在更大范围内获取其希望获得的资源奠定更为广泛的地域和人员基础。

坡脚集市是苏竹土家人生活中最为重要的交易场所。我们在苏竹调查期间发现，每逢坡脚赶集的日子，村里的农用车便开始紧张地忙碌起来，大约从早上 9 点一直到下午四五点往返于苏竹与坡脚之间，运送赶集或回家的村民。尽管也有村民到苗市、靛房等集市赶集或从坡脚转乘客车到保靖县城买卖东西，但人数极少，换句话说，苏竹土家人的社会交往圈总体上以坡脚集市为中心。毫无疑问，这样的交往圈必然在很大程度上决定着医药知识交换的范围，或者说，苏竹土家人的医药知识交换范围或交换圈总体上以坡脚为中心展开。由此我们可以看出，知识交换圈与市场体系和社会交往圈大体上保持一致。

但是，当关注到第三方介入尤其是政府的干预后，我们就会发现，

---

① ［美］杜赞奇：《文化、权力与国家》，王福明译，江苏人民出版社 2003 年版，第10—11 页。

以集市为中心的知识交换圈和社会交往圈被打破，国家权力中心取代了集市中心地位，成为知识交换的中心轴。从洗车河区政府组织的大比拼式医疗培训这一实践来看，我们更多地感受到了权力在知识交换中的作用。区政府是洗车河辖区的权力中心，政府利用手中的权力将全区各乡有名的民间医生和区乡医院的医生组织起来，以毒蛇咬狗并对狗进行试验性治疗模式实现祖传秘方的交流和交换，并使之走向了公开化。换句话说，这种干预式交换模式更多地体现了权力在文化网络中的作用。由于权力中心的存在，才使得干汊乡、咱果乡、苗市乡、贾坝乡、靛房乡、里耶乡、长潭乡、大安乡、茅坪乡等辖区内的民间药匠和区乡中心医院的医生被组织在同一个知识交换圈内，这个交换圈的范围大大超越了婚姻圈和市场圈，参与交换的对象也可能素不相识，交换结束后亦可能老死不再往来。当然，由于现代通信工具的迅速发展和通信网络自上而下的构建以及村民经济生活的改善，这使得在培训中结识的同行可能成为日后继续交流的对象，从而使知识交换的范围稳步扩大成为了一种可能。

第二节　传统知识交换的特点

传统知识交换其实就是对于资源或资本的再分配。面对再分配可能带来的利益缩水，资源或资本垄断者为了维持资本垄断，必然使传统知识交换表现出保守性，再加上一些诸如死亡等不可预测性因素，传统知识交换又表现出递减性，由于传统知识的持有者生活和交往空间的局限，知识交换又带有血缘性和地域性的特点。

一　保守性

传统知识在民间通常被视为一种祖业，一种家产，正因为如此，知识持有者不会轻易将之用于与他人的交换，这一方面是因为他们无法估计这种行为将给自己带来多大的损失，比如PSX在向我们出示一本医疗口诀时就再三强调，"别人我都没让看过，这是我的饭碗嘛。"另一方面是因为他们都相信祖传的知识一旦与他们交换让他人知道或被他们偷学，就会失去灵性。正因为如此，YJG虽然年逾古稀，儿女对她的毒蛇秘方又不感兴趣，但是，她仍然坚持不带徒弟，尽管有人有意拜她为师，尽管师徒关系的建立能够为她带来威信。这种信仰的制度性设置，使民间知识持有者不会轻易用知识进行交换，传统知识的交换自然就体现出了保守性的特点。

二 递减性

保守性加上诸如死亡等不可预测性因素的共同作用，又使得知识的交换表现出递减性。所谓递减性主要是就传统知识在交换过程中的数量变化趋势而言的。递减性的特点使得传统知识在数量结构上形成一种倒"金字塔"结构。我们在采访中发现，医药秘方失传几乎是一种普遍的文化现象。比如PDS由于年轻时对学医缺乏兴趣，尽管父亲经常有意无意地灌输，直到父亲四十几岁突然去世时，他才顿感很多绝招丢失了可惜。然而，除了遗憾，已于事无补。由于"文革"对民间医药知识的全盘否定和对民间医生的无情打击，加上知识持有者之间的相互保密，许多优秀的传统知识未能发扬光大，随着艺人的去世而永远消失，这不能不说是一大遗憾。然而，更大的遗憾是这种相互保密加速传统知识消亡的习惯仍在继续。

不难看出，导致医药秘方呈递减性传承的原因是复杂的，既有政治的因素，又有文化的因素；既有经济的因素，又有信仰的因素。政治和经济因素属于外因，而文化和信仰因素是内因。内因作用是根深蒂固的。秘方外传会失灵，这是苏竹土家人根深蒂固的一种信仰，这种信仰文化具有极强的稳定性，至今仍然束缚着苏竹土家人的观念，限制着医药知识的交换和传承对象。忠也被视为医药知识传承过程中师徒关系的一种象征性表达。然而，评价忠心却没有固定的标准，也不可能有一个固定的标准，因为不同的个体站在不同的立场有着不同的诠释，不同家庭背景、不同文化背景的个体对之理解也不尽相同。民间医生看重徒弟的忠心，但徒弟表达忠心的方式各有差异，这就必然导致师徒关系的多样化，有的徒弟可能更加受宠，从师傅那里所得也更多，但是师徒之间似乎总有一道难以迈过的坎，也即师傅对徒弟总是存在着防备之心。师傅为了保持自己不可替代的地位，总会保留着不少绝技，这是获取患者尊重和确保徒弟忠心的法宝。从理论上讲，忠诚的徒弟应该换得师傅毫无保留的真传，但事实上这种毫无保留的真传却极难实现。外因作用的持久性尽管不及内因，但其影响似乎更加猛烈而深远，"文革话语"对民间医药知识的否定和对民间医生的无情打击，使得在较长一段时间里人们提及民间医药话语即心生畏惧，一些带有宗教性和巫术性的治疗仪式失去了操演的场域因而走向消亡。打工经济的兴起，成为乡村青年东南飞的巨大推力，面对青年对地方性医药知识学习的冷淡，传统知识持有者只有感叹和遗憾。

三　血缘性

地方社会一个典型的特征就是几乎所有的社会关系都以亲属关系为其基本的规范。血亲和姻亲关系缔结成了亲属关系，并使它成为社会关系价值标准的核心。在这个亲属关系的核心中，最突出的表现在于继承制度。财产与权力的继承是传统社会最具有传承性质的民俗。在中国的古老农业社会或农耕社区中，土地等资源的继承总是民俗传承头等重要的课题。[①] 医药知识尽管不像土地、房屋等财产那样具有分割性，但是作为一种概念性的资产或资本，它以秘方的形式在家族内部交换。正是因为地方社会普遍把医药知识视为一种无形的财产，所以当民间艺人相信秘方对外交换会失灵而将交换秘方作为一种禁忌加以遵循时，民间社会给予了普遍的认同，并给予艺人这一禁忌行为普遍的尊重。正是那份普遍的认同和尊重为地方性知识的血缘性交换提供了习惯法的基础，或者说使得地方性知识的血缘性交换具有了合法性。尽管这种习俗制度在地方社会极强的制约力极大地限制了传统知识的交换对象，但它却保证了家族内部秘方的安全性。

四　地域性

地方性医药知识首先是一种乡土知识。乡土知识以对地方性的自然与社会认知为旨归。[②] 苏竹土家人的医药知识作为特定场域内的人们对

---

① 乌丙安：《民俗学原理》，辽宁教育出版社 2001 年版，第 315 页。

② 柏贵喜：《乡土知识及其利用与保护》，《中南民族大学学报》2006 年第 1 期。

文化与自然的一种认知模式，它是苏竹人所在社会存续的策略、内在逻辑和实践理性。它既是一种空间话语，又是一种乡土话语，它不去阐释普适性规律，它以苏竹人的生产生活实践构建和维系着村落人群及社会生活的均衡关系，也就是说，它是一种具有显而易见的地域性特征的认知结构。

医药知识地域性的特征必然导致其交换的地域性特点。由于生态环境的差异，文化也存在着差异，尽管地方性的文化体系对外来文化具有吸收、涵化等功能，但外来文化如果失去其存在的自然条件——地方性医药知识主要依赖于药物资源而存在——吸收、涵化等功能自然就会失去基础。另外，群体认知模式也是医药知识交换地域性特征的一个决定性力量。我们在苏竹收集整理的药名不下百种，当我们把这些药名与《贵州中药资源》①进行对照时发现，命名一致的不足五种。尽管这与苏竹人使用的语言密切相关，但我们由此可以看出认知模式在形成医药知识交换地域性特点中的重要作用。当然，人们的社会交往圈以及认同感和信仰对医药知识交换地域性特征的形成也有着不可低估的作用。一个社会交往圈也是一个文化交流圈，超越社会交往圈的文化交流是很难实现的，至少在封闭的村落几乎是不可能的；缺乏认同感和共同信仰的群体要实现文化交流也是艰难的。我们难以想象，在辩证唯物主义话语主导的场域，那种明显带有宗教性和巫术性的民间医药知识所处的将是一种什么样的尴尬境地。

第三节　权力与传统知识交换的本质

福柯认为"权力制造知识"，"权力和知识是直接相互连带的"，"不相应地建构一种知识领域就不可能有权力关系，不同时预设和建构权力关系就不会有任何知识"，"不是认识主体的活动产生某种有助于权力或反抗权力的知识体系，相反，权力—知识，贯穿权力—知识和构

---

① 贵州省中药资源普查办公室、贵州省中药研究所编：《贵州中药资源》，中国医药科技出版社 1992 年版。

成权力—知识的发展变化和矛盾斗争，决定了知识的形式及其可能的领域"。① 也就是说，权力和知识相互作用、相互创造、互为因果。因此，我们认为，传统知识交换的本质就是权力的转移，而权力的转移又必然促进传统知识的交换，二者是相互作用、相互促进的。

医药知识交换这一文化事象反映了三种不同的场域策略，即保守、继承、颠覆。三种策略常常被不同位置的人们所采用。保守的策略常常被那些在场域中占据支配地位、享受老资格的人所采用，继承的策略则尝试获得进入场域中的支配地位的准入权，它常常被那些新参加的成员采用；颠覆的策略则被那些不那么企望从统治群体中获得什么的人采用。颠覆策略通过挑战统治者界定场域标准的合法性而采取了多少有些激进的决裂形式。② 不过，无论处于什么样的位置，有利地位的既得利益者与不利地位的新来者之间发生竞争的首要前提是彼此都形成了一个心照不宣的共识：斗争的场域是值得追逐的。这样一来，为了使场域能够有效运作，在场域中活动的行动者必须具有适当的习性以便使他们能够并愿意在特定场域中投资。新来者必须为初次入场付费，包括认识游戏的价值以及获得如何游戏的实践知识。③

不同社会价值体系和不同语境下的人们追寻权力的方式各不相同，这主要是人们受不同文化模式形塑的结果。知识即权力④，因此，追寻权力的过程即是获取知识的过程，亦是知识传播的过程。由于在这个过程中，权力追寻者和权力让渡者都将付出代价——权力追寻者将失去日常生活中的平等社会地位，权力让渡者的权力将随着权力主体增加而弱化，因此，二者之间必然存在着潜在的冲突，比如体现在不同层面上人们对权力的控制即是对这种潜在性冲突做出的反应。

权力属于一种固有的、非特别控制性的影响力的范畴，它是一个褒义概念，指个人、群体所占有的某种知识，以及他们在社会生活的各种

---

① ［法］米歇尔·福柯：《规训与惩罚》，刘北成、杨远婴译，生活·读书·新知三联书店2003年版，第29—30页。

② ［美］戴维·斯沃茨：《文化与权力——布尔迪厄的社会学》，陶东风译，上海译文出版社2006年版，第145页。

③ 同上书，第146页。

④ ［美］阿尔文·托夫勒：《权力的转移》，吴迎春等译，中信出版社2006年版，第115页。

场域中按照习惯对其占有知识的实践以获取他人的认同和信仰。对于民间医生而言，他们对医药知识或治疗仪式的掌控即意味着他们对相应知识权力的垄断，他们在社会生活中的不同场域按照习惯对其占有知识的实践即是施展权力的有效途径，通过治病救人以获取他人的认同和信仰或治病救人制造的影响力是使其权力得以持久性稳定并再塑权力的重要基础。权力随着知识领域的拓展而张大，权力也决定着知识领域拓展的空间和形式。

从某种意义上说，权力赋予权力拥有者影响或支配别人的能力，同时，也赋予他免受别人影响或支配的能力。正是因为权力这种神奇的功能激发了人们追寻权力的动机，坚定了人们追寻权力的强烈信念或信仰，无论付出什么样的代价。弗朗西斯·培根说：知识就是力量，它能满足人们的欲望，所以，人们会不惜代价——时间、金钱、自由——去获取知识。于是，教室里坐满了孜孜以求的学生，学校成了权力交换的场域；民间医生成了徒弟的追随者，师徒之间形成了权力转移的链条。

民间医生学艺的原因大致可归纳为三条，即改善生活条件、方便家庭和亲朋、某种痛苦的经历。但就三种原因的实质而言，都在于对某种资源——秘方、药物认知、治疗仪式、符咒——的占有，因为生活条件的改善有赖于知识的获取，方便家庭和亲朋即是对知识的适当运用，结束某种痛苦的经历亦在很大程度上仰赖于相关的知识。比如，对于PDY的父亲来说，因为毒蛇咬伤没有良方医治而失去左臂是不幸的，然而，这段痛苦的经历使得他那原本颇有名气的"织匠"爷爷一边织布，一边拜访民间医疗名人，收集药方，最后，一家三代人成了治疗毒蛇伤的名医。20世纪70年代，他的父亲也因为懂医而当上了赤脚医生，还参加了区政府组织的医疗培训，还到全县展示医疗绝技。而以教师为职业的PDY本人也因为业余为村民治病而得到村民的好评，在他需要劳动力时，与他有过医患关系的村民主动提供无偿劳动以作为对救命恩人的回报。这都说明，对医药知识的占有和控制不仅能够为占有者带来直接的利益，还可以为占有者带来无形的影响力，PDY那既懂医又会织布的爷爷就曾经是村民调解矛盾纠纷的主要依赖者。

对知识权力的追寻与对政治权力的追寻有着异曲同工之妙。因为正如阿尔文·托夫勒所说的那样：权力都是对别人有特殊企图的控制。①只不过政治控制是通过暴力的国家机器实现，而知识权力的控制则是通过影响力实现。常言道：吃五谷，生百病。谁能保证一辈子不去看医生呢？所以，生活在同一个村落里的人们对药匠的敬重绝不亚于对村小教师的敬重，因为在他们看来，一个村有一个医生是村里的福分——有病能及时治疗，又方便又省钱。当 PDY 退休移居县城时，不少村民都表达了对他的不舍："PDY 退休进城后，老年人害病看病也不方便了。"

医生对患者的控制自然也体现在求与治的行为上。照常理，PDZ 被毒蛇咬伤后，其婶娘 YJG 应该不请自到看望并为侄儿医治，因为她身怀祖传治疗蛇伤的秘方，也因此受人敬重。然而由于两家有过结怨，她没有主动实施救治行为，直到 PDZ 的母亲前去求情之后，她才进山采药为侄儿救治，挽回了 PDZ 的生命。但是，我们在采访中发现，PDZ 及其家人和村民并没有因此对 YJG 另眼相看，反而进一步肯定了她的高超医技。如果我们随意批判人家是无良心的袖手旁观，那么，我们就忽视了最起码的文化差异，因为在民间社会，患者不请，医者不治，是民间医生秉承的一条基本原则，也是他们控制医技、维护权威的一种手段。正因为这样，PDY 虽然去看望被毒蛇咬伤的大舅也没有主动提供治疗。正如他坦然地对我们所说的那样，"他不请我弄药，我是不会弄的。"

礼物馈赠是人类社会中最为重要而又十分普遍的社会交换形式之一。在拜师学医的过程中，徒弟必须向师傅义务性地馈赠礼物以确立师徒关系和交换关系。"义务性的礼物往来维持、强化并创造了各种——合作性的、竞争性的抑或是敌对性的——社会联结"。② 很显然，礼物所创造的社会联结就是人们之间的相互依赖关系。虽然师徒关系更多地体现为一种合作性，更确切地说是一种依赖性，但同时也隐含着竞争性，当然也不排除潜在的冲突性。

师徒之间的社会联结尽管潜存着一种冲突，但这种冲突为什么终究

---

① ［美］阿尔文·托夫勒：《权力的转移》，吴迎春等译，中信出版社 2006 年版，第10 页。

② 阎云翔：《礼物的流动——一个中国村庄中的互惠原则与社会网络》，李放春等译，上海人民出版社 2000 年版，第 1 页。

没有大规模地爆发呢？莱博若指出，"每个文化都提供一种机制，这个机制能将由均衡与不均衡相互制约而产生的社会紧张限制在一个界限之内"。[1] 送礼者在等级背景中的不利位置被中国文化中的主导观念平衡过来。[2] 比如，中国文化中对名分和角色差异的强调为单向送礼提供了一个合理性的基础。我们在第二章中就已述及，忠、孝、节、义历来被推崇为中国文化中为人最重要的美德。在这些美德中，对村落社会而言，忠、孝又格外重要。对父母、长辈和社会上层的尊重、顺从和尽心尽力会被当作善事受到乡村社会的奖励。因为同样的原因，不忠不孝可能会摧毁一个人在社会生活的其他领域的信誉。师傅的位置本身也为接受徒弟的敬重和礼物提供了合法性的基础，因为"一日为师，终身为父"，这是广为流传的一种美德。

毋庸置疑，大到国与国之间、地区与地区之间，小到村落与村落之间，甚至人与人之间，"权力"这个词在人们眼里总是一种时髦，而"服从"（submission）这个词大多数时候显然并不受人欢迎，除非是为了一种令人心痒的目标和信仰。知识即权力，而且，正如托夫勒所言，最高品质的权力即来自知识的运用。传统医药知识作为最好品质的权力的来源，在传统村落社会对于改变个人的社会地位有着十分重要的作用。因此，对医药知识的占有对于村民来说总是具有非凡的吸引力，尽管在师徒关系中，学徒总是处于低等的社会等级地位，但在医患关系中，医生却总是处于优越的社会等级，处于病人无法企及的权威地位。所以，为了获得对医药知识的垄断权，即便在师徒关系中失去平等地位也在所不惜。应该说，这是个体在拜师学医过程中付出的代价，但这种付出代价的行为过程本身又有力地促进了传统医药知识的交换。从这个层面上而言，付出代价与延续医药知识是村落传统医药知识交换这种文化现象一个过程的两个方面，二者既相互矛盾又互为统一。不过，从资源竞争的角度而言，这种医药知识交换的"硬币效应"本身也是一种

---

① Lebra, Takie Sugiyama, *Reciprocity and the Asymmetric Principle：An Analytical Reappraisal of the Japanese Concept of On.* 转引自阎云翔《礼物的流动——一个中国村庄中的互惠原则与社会网络》，李放春等译，上海人民出版社 2000 年版，第 161 页。

② 阎云翔：《礼物的流动——一个中国村庄中的互惠原则与社会网络》，李放春等译，上海人民出版社 2000 年版，第 161 页。

策略。

　　毫无疑问，我们在这里是将权力建立在资源占有的基础之上的，也就是说，我们所说的权力是那种源于资源的权力，就像托夫勒将权力建立在暴力、财富、知识三脚架上一样。尽管斯特兰奇并不赞成这样的观点，她认为以能力或资源来判断联系性权力是没有说服力的；重要的是"在（什么）之上的权力"（power over）而非"源自于（什么）的权力"（power from）。我们都以为，只要我们看得到权力的行使，我们就可以很容易地识别它——当然，通常情况下是那些不得不屈服于别人的权力的人比那些拥有和使用权力的显要们更容易识别权力。也许这正是为什么权力常常被定义为资源或"能力"（capabilities）的缘故，不管是在地方还是在国际层面上往往都是如此。① 事实上，无论"在（什么）之上的权力"还是"源自于（什么）的权力"，占有资源都是获取和实施权力的基石。因此，生活在资源竞争与分配关系多变的现实社会中，为了个人或群体利益，个人经常强调或调整自身的认同体系。个人因此得与其他宣称此认同的人共同追求群体利益。② 无疑，王明珂在这里还同时向我们指出了认同在获取资源实践中的重要意义。

---

　　① ［英］苏珊·斯特兰奇：《权力流散：世界经济中的国家与非国家权威》，肖宏宇、耿协峰译，北京大学出版社 2005 年版，第 14、21 页。

　　② 王明珂：《华夏边缘——历史记忆与族群认同》，社会科学文献出版社 2006 年版，第 255 页。

第四章

土家族传统生态知识
及其现代利用

人类学自诞生以来，始终关注着人类赖以生存的生态环境，关注着生态环境给予人类的重大影响。自 20 世纪 30 年代美国人类学家斯图尔德将生态学的方法引入到人类学的研究始，人类学者始终致力于人类及其文化与自然环境相互关系的解读。从总体上看，人类学对于人类及其文化与自然环境相互关系的理解经历了从决定论到互动论这样一个过程。① 决定论包括两种极端的观点，即环境决定论（environmental determinism）和文化决定论（cultural determinism），前者认为地理环境因素决定性地造就了人类及其文化，后者则持相反的观点。当决定论暴露出其难以自圆其说的缺陷而遭到种种质疑之后，互动论应运而生。互动论将文化与环境之间的关系确立为一种对话关系（dialogue）。20 世纪五六十年代，由于受主位、客位研究方法的影响，生态人类学的研究开始主张揭示被研究者对其生态环境的看法，即从内在认知的观点了解环境与文化之间的关系，形成了所谓的民族志生态学，或民族志语义学（ethnographic semantics）。② 民族志生态学以土著族群的传统知识为研究对象，注重每一个群体在语言与语意上所透露出来的认知分类系统及世界观，从而为深入理解人类及其文化与自然环境的关系开辟了一条更为有效的途径。本章以土家族传统生态知识为研究对象，并通过对这种生态知识的表述揭示土家族传统生态知识的现代利用价值。

---

① 从 20 世纪初到现在，人类学的生态研究可简单分为两大类：一为决定论（determinism），一为互动论（interactional views）。参见谢继昌《文化生态学——文化人类学中的生态研究》，载李亦园编《文化人类学选读》，食货出版社 1980 年版，第 63 页。

② Donald L. Hardesty, *Ecological Anthropology*, New York : John Wiley & Sons , Inc., 1977, pp. 10-16.

第一节 传统生态知识的类型

土家族传统生态知识是指土家族民众对其赖以生存的生态环境的认知实践和认知内容，可以概括地划分为生产型、规约型、宗教型、隐喻型四种类型。当然，这种划分的主要目的只是为了表述的方便，因为作为生态知识的整体，四种类型之间本不存在泾渭分明的界限。

一 生产型生态知识

所谓生产型生态知识是指人类在生产劳动中对生活经营的现实世界的认知、适应与利用的经验总和。作为山地耕猎型民族之一的土家族长期生活在"八山一水一分田"的武陵山区，对于山地的认知和利用直接关系到他们的生存和发展。土家族地区早就学会通过刀耕火种的生产方式实现对生态资源的利用。尽管刀耕火种是粗放的，但是这种生产活动本身乃是土家族先民对生态环境采取适应策略的结果。古代武陵山区地广人稀，荆棘丛生，这样的生态环境显然为刀耕火种提供了充分的劳动对象。随着人口的增加、农业技术的发展和认知水平的提高，特别是改土归流后汉族地区牛犁耕作方式的引入，土家族地区刀耕火种的轮息休耕式农业逐步走向开荒挖土的依靠肥料补充土地营养的重复定耕式农业。但直到近代，刀耕火种仍在部分地区被保留了下来。

土家族称过元宵节吃的肉为爬坡肉。俗谚云："吃了爬坡肉，各自打门路。"元宵节过后，土家族便习惯性地上山寻找多年休耕的老陈土开荒。地点确定后，土家人手执大长刀，砍修山上的杂树杂草。待砍伐的杂树杂草晒干后，趁着天色晴明，土家人在杂树杂草上放一把火烧山，俗言"烧火砂"①。进入农历二月，紧张的开荒挖土活动就紧锣密鼓地拉开了帷幕，直到三月春耕备耕方才告一段落。挖生土是一种艰苦的劳动，与拖木、抬石一起被土家人视为人生三大苦事。俗语云：人生有三苦，拖木、抬石、挖生土。挖完生土后，进行点种，之后即等待

---

① 烧火砂，又名烧火畬，简称烧砂、烧畬。

收获。

刀耕火种这种原始的农业，常被视为一种低效而又破坏生态的生产方式。但田野调查资料表明，刀耕火种是对生态的一种适应方式，反而有利于生态保护。第一，土家族砍山时往往只砍山坡上繁茂的杂草和茨茨，因为，这样烧出的灰烬多，土壤也就肥沃。俗语曰："人不团结家不富，火不烧山地不肥。"第二，有大树生长的地方不能伐木烧砂，即使是柴林地一般也不允许刀耕火种，风景林则是绝对禁止砍火砂的。村子附近的地方也不允许砍火砂，必须选择离村子远的地方，没有大树的地方才可以作业。所谓"刀子再快，不砍后山"。再就是河边不砍火砂，因为涨水会淹没庄稼，即便要砍也只能选择离河岸远一点的地方。这既可以保障庄稼的收成，又不至于影响到下游村民的生计。第三，火砂地有规模的限制，大多为一两亩，有的达三五亩。第四，实行轮歇耕作制度，有一年轮歇的，有两年轮歇的，这主要根据土质肥瘦状况确定。土质肥沃、坡度不大、石头不多的火砂地，第一年不挖土，种植小米，可以利用其根须固土，第二年再深挖，将土翻过面来点种苞谷，为防水土流失，第三年即抛荒。土质瘦、坡度陡、岩头多的火砂地，第一年种小米后即抛荒，不用深挖，另换一块地砍火砂，三五年后回头再烧砂。据当地老人讲，砍火砂的地方，土质往往比较薄，石头也比较多，没有翻种的价值。第五，耕种后，土壤蓬松了，马尾松、柏籽木种子，风吹落后就容易在火砂地上生长，两年一轮作，恢复成林很快。若不砍山，杂草太深了，树种接触不了土地，就容易烂掉，落不下去的种子就被鸟雀吃掉了。因而杂草地和荒山难长成林。

赶肉是土家族适应生态环境的又一项生存策略。赶肉，即围山打猎，又曰"赶仗"。聚众赶肉，是土家人的历史传统。土家人赶肉的时间，多集中在正月、二月农闲时节，也有在庄稼即将成熟的农历六月、七月赶肉的。当然，六月、七月赶肉的目的，一是为了避免庄稼遭受野兽的践踏，确保庄稼收成，劳有所获；二是这时野兽基本上吃得肥肥胖胖跑不动，追捕较易。这时的赶肉具有即时性，即何时发现野兽进山或过道，随即追捕上山。故此又被形象地称为"赶热骚"。

每年正月、二月是赶肉的好时节。赶肉活动由老猎手主持。进山赶肉之前，首先由老猎手宣布打猎围山的地点，并进行适当的分工。有经验的猎手，负责"查脚迹"。这些猎手从脚迹中能判断出野兽的种类、大小、雌雄，野兽经过的时间等。身强力壮、有丰富打猎经验的人安排环网，在野兽必经的路口，安装麻豪，野兽落网即行刺杀。枪法好、刀法快、沉着勇敢、胆大心细的猎手则负责坐卡门，土家族叫"坐欠"。负责坐卡门的人埋伏在野兽必经的山道或山坳，静候野兽在卡口经过。还要分配一两名眼力好的猎手登上对面山头"望高"，随时高声喊叫野兽的去向。诸事安排停当后，需几名猎手手执铜锣，带着猎犬在被围的山地里放山，用以惊动野兽。最后是围山的，人数不等，男女老少都可参加。

猎手们来到被围的山谷地，即按照事先的安排，安豪的安豪，堵卡的堵卡，围山的围山，放山的放山，望高的望高。待猎的野兽被包围在插翅难飞的包围圈之中。如果一时围空或野兽突围逃走，这个围山的阵容立即改变，迅速形成新的包围圈，又进行第二次的围山。第二次不获，又围第三圈。有时也出现数日围而不获的情况。但猎手们仍不气馁，有时跟踪100多里。有时猎手们钻进渺无人烟的深山老林，饿了啃干粮、山果，困了睡在岩洞中、树脚下。猎手打倒野兽后，立即扯下野兽身上的毛，沾一滴血在自己的猎枪上，并大喊三声"阿——尾"，告慰梅山神①，告诉赶仗的众人。一时，四面八方的赶猎者都赶到现场。老猎手清点人数，给到场的人每人一根兽毛，然后把捕获的野兽四脚捆住，用"穿心杆"抬回村。一路上喊声连天，排炮齐鸣，充满了凯旋的热烈气氛。猎人将猎物抬回村后，首先摆在"梅山神"的神座上，然后进行分配。野兽之头连颈砍下，赏给打死猎物的枪手，内脏四蹄奖赏给查脚、放山、安豪、守卡和望高的人（有的地方则一锅煮大家进餐而食）。兽肉本着"沿山赶肉，见者有份"的原则，按当场分得兽毛的人数平均分配。

所猎野兽，以野猪类居多，间或也有老虎、豹子、獐子、鹿子、白猫、刺猬、浑猪之类。所获猎物的兽皮由老猎主保存，售出做敬梅山神、敬五谷神、敬土王爷之费用，也可用于医治那些为打猎而致伤者。

---

　　① 梅山神，土家族的猎神。每年腊月三十夜，山寨老猎手都要虔诚地敬梅山神，土家族谓之为"催水"，意为催动野兽出山，走向枉死城，使打猎者有所收获。

据我们调查，龙山县苏竹村土家族赶肉时，对猎物、赶肉地点与范围、猎物分配都有明确的限制。他们通过脚趾数目对动物进行分类，凡五爪动物都不能猎取，因为五爪动物是厌物，如果不小心猎取了五爪动物，必须虔诚地向梅山神谢罪，以保佑下次赶肉劳而有获。赶肉地点也有明确限制，坟山和风景林都被严格地排除在赶肉的场域之外，不能越界赶肉，如果野兽越界只能收兵罢围。赶肉的时间除了避开农忙时节外，尚需老角色推定吉日。① 赶肉吉日的头一天晚上还要祭梅山神。对猎物分配方式也有规定。按照习惯，除枪手和查脚迹的夹股子②外，其余参与人员有多少就分多少，一斤也好一两也罢，不论贫富老少，平均分配。从土家族赶肉认知存在多样性这一事实可以看出，在相同或相似生态环境中，人们的认知不尽相同，正是这种认知的差异性决定了文化生态的多样性。

植树造林显然也是土家族与生态环境互动的又一种策略。民国以前，土家族地区的林木繁衍主要靠飞籽自然成林，且多为原始天然林，很少有人工林。由于受到地方政府的鼓励，后兴起在宅旁、村边等处采种育苗，植树造林。以恩施州为例，据相关史志记载，清雍正十三年（1735 年）设施南府后，为发展经济，地方政府大力提倡营造人工经济林。清道光二十一年（1841 年），府、县颁布植树劝令，部分农户采集桑树、油桐、厚朴、乌桕、棕榈等种子，打窝直播造林。③ 改土归流后，各县署也曾颁布植竹兴果木劝令，劝导农户栽培竹、桐、茶、漆、桑、乌桕以及杉、椿等竹木。如恩施县署于光绪七年（1881 年）颁布的《植竹兴果木劝令》曰："栽植竹木是兴家之本，富家之源。"建始县署则倡导民众于"不可播种五谷的宅旁、路旁、村旁、水沟旁，就所宜之木，广为种植，加意培养"。由于地方政府的鼓励，加上群众的积极响应和身体力行，到宣统年间，巴东、来凤、咸丰、宣恩、利川、鹤峰等县，都有成片、成带、成线或成块的人工桐林、漆林、乌桕林、桑园、果园、厚朴园、茶园、竹园等。恩施白果，建始唐坪、三里还有

---

① 赶肉的吉日与土家族办红白喜事的黄道吉日正好相反，即平时人们生活中最为忌讳的敝日和破日，据说这样的日子最容易得肉。

② 夹股子，是当地土家人的计量单位，是双份的意思。

③ 恩施州志编纂委员会编：《恩施州志》，湖北人民出版社 1998 年版，第 190 页。

小块人工杉木林、马尾松林。①

当然，土家族地区大兴植树造林之风的另一个原因是随着外地迁来立户者逐年增多，大片林区被开垦成田地，林地逐渐减少。加之战乱，森林遭到严重破坏。尤其是太平天国以后，武陵诸地战乱不已，"兵燹所至，无树不伐"，放火烧山的现象亦时有发生。清光绪年间（1875—1908年），部分地区因人户逐渐稠密，烧柴用材殊多，山林被盗伐日重。清宣统元年（1909年），恩施各知县颁发禁令，立《勒石永禁》碑，借以保护森林资源。由此可以看出，移民带来了双重的影响，一方面带来了先进生产技术和生产工具，促进了当地生产水平的提高；另一方面由于开垦大面积的田土，大片林区被毁，生态遭到破坏。不过，植树造林和禁伐令的实施在一定程度上缓解了这一矛盾。

土家族对森林的认知还体现于对林木的分类利用方面。土家族根据树木的不同用途将林木分为用材林、经济林、防护林、薪炭林和风景林五类。用材林包括马尾松、杉木、柏木、楠木、梓木、椿木、香榧、红榧、麻栎、青岗、银杏、红桉、茯秋、枫香、梧桐、桐木、榆树、白檀、泡桐、伯乐树、水冬瓜等数百种。其中以松、杉、柏树面积最大，蓄积量最多，水杉、鸽子树、银杏、楠木、梓木、红豆杉、金钱树、红梓木等数十种是最为珍贵的树种。楠木几乎遍及土家族山区，楠木又分为帧楠、白楠、竹叶楠、鸡屎楠、润楠诸种。

在土家族的认知体系中，经济林包括油桐、油茶、漆树、女贞、乌桕、肤树、桂皮树、核桃、五倍子、枣树、棕树、黄柏、杜仲、竹、柑橘及其他果树等。其中以油桐、油茶面积最大，产量最高，漆、乌桕、五倍子、板栗等也都是土家族地区有名的产品。

土家族将防护林划分为防洪护堤林、防崩护坎林、防热护荫林、防寒护温林、防风护居林等等，其植林品种，因地制宜，择优而植。防洪护堤林主要位于溪河两岸，树种以水柳、大槐树等为主。水柳、大槐树是落叶乔木，根须发达，盘根错节，具有很强的箍石固沙作用，且向水性强，根、茎、枝、桠都喜欢向溪河一边延伸，不影响农作物的日照。在土家族地区的河溪两岸，到处可看到这些参天的防洪大树。防崩护坎

---

① 恩施州志编纂委员会编：《恩施州志》，湖北人民出版社1998年版，第191页。

林主要植于梯田梯土高坎上，树种以"插篱笆"为主。这种树易于成活，根茎发达，茎须呈块状，护土能力强，成排栽插，可防坎土崩垮和流失，且其枝叶茂密，树叶是肥田的上好原料。在房屋边和村寨的岩墙，土家族则喜栽牛王刺、五加皮等藤科植物，既保护了岩墙，防范外人逾墙，又美化了村寨的居住环境。防热护荫、防寒护温、防风护居等林，主要植于房屋四周、道路两旁，休息的小坳、凉亭、村寨风口等处，冬天挡风御寒，夏天遮阳避暑。住房周围，不植乔木大树，多植桂花树、各种果树、竹子及其他常绿树木，层叠房舍掩映于翠竹绿树丛中，秀色迷人。

土家族认知的薪炭林，多在岩山险谷之处，大都是一些灌木丛和小杂树，如映山红、山茶花、栗木树、青岗树、雷公香、岩刷子、油刷子、化香木、夜火柴、土枧条、狗骨头、九板虎等等。薪炭林自然野生，不加人工培植，但砍伐各有山主。这些木材主要是供煮食、烤火取暖之用。丰富的杂木树为制作木炭提供了源源不断的原料，土家人因地制宜，或在林中空旷地或在林旁挖好炭窑，采伐杂木，裁短后，置窑中闷烧。这样制作的木炭质量好、热量大，是冬天烤火的上等烧料。

庙旁、墓地、村寨周围、名胜之处的树木被统称为风景林。风景林多培植苍松、翠柏、红枫及其他常绿树。由于风景林被土家人视为护寨神林，所以，这些地方通常都会受到严格的保护，因此也形成了独具特色的封山育林仪式和习俗规制。对此，我们将在规约型生态知识中详加表述。

二　规约型生态知识

规约型生态知识是指由民众群体制订约束成员行为的各种规范条例，其旨在维护人与自然、人与人、人与社会之间的平衡。这种规约的表达方式多种多样，或口头约定，或立据为证，或勒石成文，通常也被统称为不成文的习惯法。很显然，规约型生态知识属于一种被用来执行制裁的具有法律法规效力的习俗惯制，也就是说，这些习惯被社会群体用来对人们的行为进行制裁并赋予其法律效力。封山育林、护卫秋收、保护桐茶、草标禁约、赶仗分配等皆属此类认知。此类认知表达了土家族对生物资源的利用原则。

封山育林是土家族自觉维护自然生态平衡的文化行为。封山育林的条款由群众自发议定，条款十分具体，执行十分严格。凡属条款中规定的封山地区，或立禁碑标明四至界限；或挂封牌，在其周围树枝上捆好草标或挂上血纸，以示此山已封，一封10年、20年、三四十年不等；对全封区，只要封山规约未被破坏就将永久生效。凡属封山地段，公推专人看管，土家人称之为看山员，过去有的地方称为"头人"。自封山之日起，封山就受到严格保护，放牧牛羊、拾柴割草、入山砍伐竹木、落叶烧灰、刨土积肥、放火烧山等种种行为均被禁止。走进土家山区，大凡每到一个山口，我们都可以看到用石头或木头竖立的禁牌，标明四至界限和具体条款、严禁内容以及封山时间。禁牌内容大致包括：在封林区内，禁止放牧牛羊，禁止砍柴割草，禁止落叶烧灰，禁止铲土积肥，禁止砍伐林木。违者，即按公约条款处置。如发现有人破坏，不论何人，如当场抓住，或抢去斧头、柴刀，或扣留牛羊，或拿走背笼，然后去村寨报案。村寨主持人立即召集全寨人开会，当众进行讨论，按条款处罚。违规轻者持铜锣，在村寨来回走动三次，边敲边高喊："为人莫学我，快刀砍禁山！"重者，或罚种树，或罚修路，或罚款罚粮罚酒席。

对于风景林的仪式化保护是最为严格的。土家族是一个多神崇拜的民族，在他们的观念体系中，万物皆有灵性，只要通过一定的仪式行为进行沟通，神灵都能成为人类的伙伴和帮手，为人类服务。风景林是护寨的神林，它关乎村落的兴衰和幸福，因此，对之进行卓有成效的保护即是每一个村民义不容辞的责任。基于对神林的保护需要和对神灵的忠实信仰，土家族将保护与信仰有机结合起来，使风景林的保护仪式化，人畜禁止入内，违者将受到仪式性的处罚——杀羊请全村人一起呔①，严重的还可能敲铜锣游村示众。

对风景林的严格保护显然与土家人对森林价值的认知密切相关。土家人把树木看成是吃露水长大的天财地宝，他们认为地方的兴衰与森林的疏密密切相关，俗谓"山清水秀地方兴旺"、"山穷水尽地方衰败"。

----

① 呔，土家语，音译。这个词在土家族的生活中几乎是一个万能词，不同的语境下有不同的意义，此处意为吃。

正是基于这样一种认知，封山禁林习俗成了土家族共同遵守和践行的一种惯制。从我们在湘西苏竹村的调查来看，土家人对封山禁林有自己独特的认知，他们把封山的范围分为全封区和半封区，风景林属于全封的范畴。全封区的封山禁林仪式十分隆重，届时要杀一头牛或一只羊做牺牲，供全村人一起吱。杀牲的人选没有特别的要求，但杀牲的地点却有严格的规定，只能在土王庙里进行。杀牲之前要准备一些皮纸，杀牲之后将皮纸染上牺血，并派人去山林四周挂上血纸，之后，这片山林即严禁人畜入内，违者，不论贫富，除了罚栽树苗，还要视其贫富状况，罚杀一只羊或一头牛请全村人一起吱，以示认罪。直到20世纪90年代，该村的苏竹坝、卯洞、卡柯等的部分村民仍联合起来按照这种杀牲护林的习俗进行封山。[①] 其对于维护生态平衡的作用是不容低估的。

在土家族的分类体系中，薪炭林属于燃料采集范围，其用途就是满足人们煮食取暖的需要。然而这种认知并不意味着薪炭林可以随意采伐，没有节制。薪炭林的保护虽然没有风景林那样严格，但仍然有相应的保护措施。首先，山各有主，不得随便进入樵采。其次，即使山权在我，也不能过多砍伐，必须保证"留得青山在，年年有柴烧"。最后，任何人不得在薪炭林刨树蔸，以让树蔸长出新树，三五年后，即可成林。

相应的环境保护还体现在下列诸多方面，如保护水井卫生，不准下井舀水，不准在井边洗衣、洗小孩尿片，不准在水井周围建厕所、牛栏、猪圈，不准在溪河里随便用药闹鱼[②]，违者要罚款、罚粮甚至给犯者口中灌茶枯水等，不准在村寨周围的竹林、树林里打鸟，尤其是打阳雀、啄木鸟、布谷鸟等益鸟。这些俗规，虽未经大家商议成条款，但早已约定俗成，更具习惯法性质，人们一般都能遵守。

农业秋收是土家族地区最大的经济活动。为保护秋收顺利进行，土家山寨每年都要组织"护秋"行动，包括粮食收割和桐茶拣摘。一到收粮季节，土家人就会开会协商，制定护秋条款，并逐条写在禁牌上，

---

① 梁正海、柏贵喜：《村落传统生态知识的多样性表达及其特点与利用——湘西土家族村落"苏竹"个案研究》，《吉首大学学报》2009年第5期。
② 闹鱼是湘黔一带农民常用的捕鱼方法。茶枯有毒性，把它撒在溪中，鱼吃了会中毒，浮在水面漂至下游，用个小渔网捕捞。

公示大家遵守，还推举若干名护秋员，巡逻护守，履行职责。条约规定：在秋收期间，禁止在粮地放牧，牛羊猪鸡鸭归栏饲养。如发现牛羊猪鸡鸭等糟蹋粮食，必须加倍赔偿。若屡教不改，则没收牲畜。牛羊猪鸡鸭等一定要管养到粮食全部收尽为止，俗有"九月重阳，打破牛栏"之说。在禁止期内，鸭子不能下田，下田一次罚谷二斤。为防止山上粮食被盗，条款还规定盗山粮与盗家财、盗耕牛同罪，轻者罚款，重者送官府治罪。在苞谷未收毕前，不准砍苞谷秆，不能以扯猪草为名进入苞谷地。另外，辣椒、草烟、花生、芝麻、蔬菜等均在秋收保护之列。唯有猎人驱逐野兽，进入粮区苞谷地内，因饥饿烧几个苞谷吃，是被允许的。但只能烧吃，不能带生的走。猎手所烧苞谷棒子，要用苞谷叶将摘苞谷处包好，以示属猎手烧食标记，可以被原谅。还有一个奇特的护秋标记是，凡是山粮套上草标以后，看守员经过之地，如发现损失，则由看守员追究，如追不出来，则由护秋看守人负责赔偿。

新中国成立前，桐茶油是土家族地区重要的经济作物，为使收摘有序，便产生了"定款议约收摘桐茶子"的习惯法规。该法规首先规定统一收摘日期，一般在寒露两天后开始摘茶子，霜降两天后开始拾桐子，叫"封秋"，时间长短根据桐茶子多少而定。封秋期间，任何人不准在山上寻觅桐茶子，待所有物主全部收拾完毕，才准寻野桐茶果，叫"放秋"。在封秋期间，如到他人地里拾果，即叫"乱秋"。乱秋之人，必须按条款处理，除赔偿损失外，或敲锣游寨，或罚款，如不服，则送官衙吃官司。为监督条款执行，各寨还推举护秋人，称"包头"。他们每人挎一把雪亮的大柴刀，日夜出入于桐山茶林之间，每到一处，就在桐茶树丫上插上草标，一则表示来过这里，二则表示此处桐子无人偷盗，三则告诫人们不要偷摘。"包头"在封秋期间权力很大，他们在巡逻中，鸣锣示警，如发现偷摘者，有权用刀砍烂偷摘者的背笼，并将其挂在进入村寨的大路上，轻者罚款罚酒席，重者送官衙，言出法随，谁也不敢违抗。对于油桐树、油茶树、乌桕树、梳子树、漆树五种经济价值较高的树种，严禁砍伐当柴烧；即使枯死的，也要在统一规定的时间内砍伐并搬运回家。

在土家族山寨，还盛行一种叫"草标禁约"的习俗惯制，其以独特的方式反映了土家族对自然界的认知。所谓草标，即是用一把茅草或稻草挽成一个结，挂在被保护的树木、农作物或任何一个地方，标示人们须注意，不要破坏此物。这种草标，在土家族地区随处可见。如在分岔路口挂一草标，说明此路有人走过，你可以放心行走，不会迷路，起指路作用；在山神土地庙前留一草标，表示对山神土地的崇敬，保佑自己或行路人一天平安；在路旁岩板上留一个草标，是一对情人幽会的记号，请不要干扰；在幽深的低谷狭窄处丢一个草标，告诉人们要提高警惕，此处常有毒蛇毒虫出没，要当心前后左右；在树枝上留一个草标，说明此树属保护之列，不能任意破坏；在进出粮食的路口留一个草标，说明此地粮食还没有收获或未收割完，千万不能去放牧；在干柴堆上放一草标，告诫别人此柴有主，他人不能去背；在丘田的缺口放有草标，说明此田要蓄水，不让别人挖缺口；在池塘边留有草标，说明该池塘里的活鱼禁止捕捉；在路边的木料上压一草标，说明此木料已有主人，别人不能运走；有人发现了一窝蜂，在其不远处放一草标，说明已有人发现，且在晚上来烧，别人就不要来烧了；如此等等。这些草标，在土家山区，就代表一种信号，代表一种语言，与其说它是土家族原始生活习惯的一种遗存，不如说它是土家族对现实生活的一种独特认知模式，是一种传统认知的形象化展示。

中华人民共和国成立后，林业受到国家重视，政府成立专管林业机构，加强对林业的领导。政府还公布了《森林法》，加强对森林的保护。每年冬季开展植树造林活动，对于林业的科学研究也日益深入和普及。这些既促进了土家族对森林的认知，又推动了土家族地区林业的发展。不过，在晚清、民国时期，封山育林普遍属于自发行为，封山方式主要包括：①订立乡规民约，勒碑刻石，立于山前路口。如清道光四年（1824年），宣恩正堂在板栗园老司沟，立"永镇地方"石碑，碑文中载："木册里二甲，种作山地，度陡居多，近来土地瘦薄，每岁种植歉收，长以贫多富少，只得种桐树茶树，以资生活。遍野所有树木，如有乱砍窃伐者，验收所罚。寒露茶子，霜降桐子，如有违节先捡者，照碑作罚。"②林主请当地有声望的人士吃饭，托其代为奔走，向四邻讲清封山日期及边界。③由林主本人绕封山育林范围，鸣锣放鞭，边走边向四邻高声宣告封禁条规。利川马前仙女洞、毛坝新华、元宝内坪沟及沙溪等地，山主雇请有火枪的人专门巡守，不许他人擅自入内。① 无论是勒石成文，还是鸣锣告示、口头表达，还是雇人巡守，这些都为土家族人所认同并自觉遵守，而正是这种认同的基础提供了规约效力的保障，并有效维护了人与自然、人与人、人与社会之间的和谐关系。

三 宗教型生态知识

宗教型生态知识也是土家族对于生态及其相关认知方式的表达。土家族是一个多神崇拜的民族。为了透视土家族的宗教型生态认知，我们将重点对土家族的白虎崇拜和鹰崇拜以及水杉树崇拜进行深入分析，通过认识土家族对白虎、鹰及水杉的认知来反映其与生态的互酬性关系。

土家族是一个崇拜白虎的民族，以虎为图腾。白虎族祖的神话传说在土家族地区广为流传。关于白虎传说有各种版本，但虎儿娃的传说最为具体而生动。据传，虎儿娃是虎与人结合后生的半人半虎形象的孩子，长大后斩魔救公主，与公主成亲繁衍了土家人。细节如下：一只老虎擒走一位新娘，虎与人结合后，生下一个孩子。那孩子半边人形半边虎形，既有人的聪明，又有虎的勇猛，人们便叫他"虎儿娃"。虎儿娃上山，百兽拥他为王。一天，虎儿娃下山，看见皇榜上写道，皇帝的三公主被魔王摄去，谁救出三公主，皇帝就将三公主嫁与谁。虎儿娃揭下皇榜，赶往魔王山。魔王吹了一口气，顿时狂风大作，岩石遍坡滚，大树连根拔，虎儿娃却纹丝不动。魔王吐了一口水，顿时洪水滔天，向虎儿娃袭来，虎儿娃依然纹丝不动。虎儿娃终于斩杀了魔王，救出三公主。三公主自愿嫁与虎儿娃，成婚之后，繁衍的后代，便是后来的土家人。

又传天上白虎神化成人到人间帮老牧人和他的孙女芭莓牧羊，老人许愿把孙女嫁给了白虎神。一天孙女上坡给牧羊的丈夫送饭，却只见树上挂着斗篷和鞭子，树下躺着一只白虎。芭莓被吓昏倒地，白虎环绕她走了三圈，化成白光飞上了天。芭莓婚后生下七个儿女，长大后繁衍发展了土家族田、杨、覃、向、彭、王、冉七大姓氏人。湘西永顺土家族

---

① 恩施州志编纂委员会编：《恩施州志》，湖北人民出版社 1998 年版，第 193 页。

传说他们的老祖宗是两兄弟，一个叫"钢老虎"，一个叫"铁老虎"。
而鄂西长阳"跳丧"唱的丧歌《十梦》中，有"三梦白虎当堂坐，当
堂坐的是家神"，配合闹丧有"虎抱头"等舞姿。还在神龛上供奉一只
木雕的白虎，结婚时，男方正堂大方桌上要铺虎毯，象征祭虎祖。湘西
跳摆手舞时，摆手堂神桌要供奉虎或虎皮，跳者要披虎皮，如今没有了
虎皮，就改用土花锦被，象征虎皮五彩斑斓。过年祭祖，要将虎皮供奉
于神桌中央，且禁闻猫声。土老司跳神，手舞五彩柳巾，用来象征虎的
斑斓条形花纹。他们认为，用这样的虎纹柳巾行法事，才能噬食鬼魅，
驱灾除祸，给人们降示吉言，以避凶趋吉。凤凰、吉首土家族，祭神盟
誓，不喝鸡血酒，要喝猫血酒，因为猫是虎的避讳之称，如将砍柴用的
斧头称为猫头，因斧、虎谐音，故将猫代虎。喝猫血酒，表示自己是虎
的后裔，与虎有血缘关系，没做愧对虎祖之事。为将虎尊崇为族祖，求
得虎赐祥降瑞，除进行宗教式的虔诚敬祭外，还以虎来铸造物器，取人
名地名。錞于，本是中原华夏族作战的军乐器，但传土家先民巴人做军
乐器时，便在錞于上铸一只白虎为钮，作为族徽。还有作战使用的戈、
剑，都铸镂虎头形或镂刻虎形花纹。在湘西古丈县还出土过一颗白虎铜
印。至于以虎为人名和地名，则古今皆有之，其意就是希望求得虎祖庇
护，使裔孙繁衍，地方兴旺。这种以虎为祥瑞的观念，还形成了土家族
传统的民俗观念。小孩穿虎头鞋，戴虎头帽，盖"猫脚"花衾被，脑
门上用锅烟画"王"字，门顶雕白虎，门环铸虎头等等，都是虎崇拜
的体现。其价值取向亦是驱恶镇邪，猎获吉祥，显示虎裔雄风。

从以上传说和相关习俗可以看出，土家族与白虎之间总体上表现为
一种和谐关系，但是，实现这种关系过程却体现了两种模式：一是从冲
突走向和谐，一是从和谐走向冲突再走向和谐。前者主要通过以下情节
展开：一只老虎抢走一个新娘，这是矛盾的开始；虎与新娘结合，生下
一个孩子，即虎儿娃。具有人虎双重性的虎儿娃，表明了他的渊源和身
份——虎与人的结晶，这正是虎与人的关系改善的重要基础；虎儿娃揭
榜斩魔救公主、娶公主为妻，繁衍后代，即后来的土家族，虎与人的关
系走向和谐。从一定程度上讲，这一"虎—半人半虎—人"的演变过
程，表达了土家族与虎的血缘关系，进一步看，这一过程显然还表明了

人与虎这一生态关系从冲突走向和谐的过程，而这一目标的实现仰赖于具有人虎双重性的虎儿娃这一中介者的作用。后者的情节与前者不同的是，首先白虎神化成人到人间帮助牧羊老人，由于白虎已经人化，故人与虎之间的相遇并不存在任何冲突，相反，牧羊老人因为白虎的帮忙而心存感激，并因此许诺将孙女芭莓嫁与白虎作为回报。然而，当芭莓为丈夫送饭时不见人而见白虎乃至被吓晕这一情节却成了人与虎之间的冲突的根源。如果我们忽略白虎化人的情节而仅就这一情节进行分析，那么，我们完全有理由认为是白虎吃掉了芭莓的丈夫，白虎给芭莓带来的灾难成为人虎之间关系冲突肇因也就变得理所当然。不过，既然有了白虎化人的情节在先，那么，我们认为这里的白虎乃是白虎神从"人"变为原形的可能性更大，这样理解的结果就是，白虎与人之间的冲突更多地表现为一种心理上的失衡。事实上，从白虎绕芭莓三圈后化为白光升天的后续性情节来看，芭莓苏醒之后可能对白虎丈夫的情感更多的是一种不舍和怀念。后来她生下七个儿女并繁衍土家族七姓亦可以视为土家先民对于白虎神的报答，而这种报答又是更高意义上的人虎关系之和谐范例。如此看来，土家族把白虎视为图腾加以崇拜也是一种当然的文化行为。而这种文化行为本身却生动地反映了土家族与白虎的关系，更进一步讲，它反映了人与生物乃至自然的生态关系。

白虎与土家族的关系，无论是和谐的还是冲突的，均体现为互惠性的。从以上表述可以看出，土家族的虎崇拜方式主要有三种：一是供虎祭祀，二是避讳，三是虎形符号祭。毫无疑问，三种崇拜方式都体现了白虎在土家族社会生活中的重要性和广泛性。这种崇拜一方面表达了土家族对族源的历史性记忆，另一方面也表达了土家族与白虎的友好关系。因为，土家族把白虎图腾化的过程即可视为他们对生物情感价值化的社会过程。因此，土家族与白虎的关系，从广义来说就是人类与自然的关系，这种关系是通过互酬和某种媒介得以实现的。很显然，这种人对自然的崇拜观念某种程度上已经成为土家族对于生态保护策略的行为基础。

佘氏婆婆的神话传说在土家族地区也颇具影响。据传，古时候，两个部落大拼杀，某一个部落失败了，只逃出一位姑娘，名叫佘香香。佘香香躲进岩洞，被神鹰救出，并在神鹰的陪伴下开山种地。一天，佘香香梦见两只小鹰投入怀中而致孕，生下一男一女。姐姐取名芝兰，弟弟取名天飞。因他们居住在一个绿莹潭边，故改姓谭。佘香香叫姐弟俩不要忘记鹰公公的恩情。佘香香死后，两人尊天意成了亲，其后代便是土家族中庞大的谭姓家族。这个家族尊天飞为谭氏始祖，尊香香为"佘氏婆婆"，尊救命的鹰为"鹰氏公公"，并规定世世代代不准打鹰。① 该传说的另一个版本则说，很早以前，谭氏的最早祖先佘氏婆婆避难逃到一个悬崖山洞，上不着天，下不着地，正在绝望之时，飞来一只大鹰把她驮到地上。第二年，佘婆婆生了一个儿子，取名天飞。天飞养了八子八女，这样才繁衍了谭氏家族。因此他们认为，谭氏是鹰公佘婆的后人，鹰是他们的祖公，直到现在，他们都严格信守不准伤害鹰的规矩。

两则传说尽管叙述方式不尽相同，但都表达了谭姓族人与鹰的渊源关系，无论是佘香香梦鹰投怀而生天飞、芝兰，还是佘婆婆生育天飞——尽管这里没有明显地提及佘婆婆的生育与鹰的关系，但从情节上和时间上依然暗示了二者共同完成生育行为的关系。正是基于这种渊源关系的朴素认知，谭姓族人都严格遵守不伤害鹰的规制，而这种规制无疑会使鹰类得到良好的保护。这同样表明了信仰对于生态保护的重要意义。

如果说白虎崇拜和鹰崇拜表达的是土家族与鸟兽等动物的共生关系，那么《水杉的传说》则表达了土家族与植物的共生关系。据传，古时候，出现了大冰冻，天地都成了冰山雪海，而水杉却青枝绿叶，直插天庭。覃阿土希和覃阿土贞兄妹俩在山上沿着水杉往上爬，越爬越暖和，二人得救了。解冻之后，万物皆僵，仅水杉还活着，观音菩萨叫兄妹二人成了亲。成亲后，妹妹生下一个红球。那红球霍地飞到天上，炸开来，化成无数小块，落到地上就变成了人。这就是后来的土家人。虽然水杉与覃阿土希、覃阿土贞兄妹俩育人并无直接关联，但这则传说内含着深刻的意义，那就是人类与自然万物的依存关系。这反映了土家族对人与自然共生关系的深刻认知。直到今天，土家族新婚青年仍有植

---

① 巴东县民族事务局编：《巴东土家族》，内部资料，1985年，第28—29页。

"夫妻杉"的习俗①，似是这种认知的反映。

四 隐喻型生态知识

隐喻关注能指与所指的内在关系。隐喻型生态知识是指人们对诸如方位、空间等宇宙事物的态度或行为所指涉的意义体系。

土家族普遍认为，家道兴旺与否与住宅吉祥与否密切相关。正如俗谚所云："地善即苗壮，宅吉即人荣。"正是基于这样一种认知，土家族建房之前都要先卜宅或卜居，即请风水先生看风水，考询吉凶，选定房屋地基。风水先生为主人卜居的基本原则是"宅以形势为骨体，以泉水为血脉，以土地为皮肉，以草木为毛发，以屋舍为衣服，以门户为衬带，若得如斯是俨雅，乃为上吉"。在测定住宅方位时，又常以"左青龙，右白虎，前朱雀，后玄武"为基本条件。总之，坐北朝南、坐西向东、背风向阳、交通便利、山清水秀，是土家族选择宅基的总体取向。土家族不仅对宅基方位的选定有着习俗性的规制，而且对构筑房屋的树木生长的场域和砍伐时的倒向也有着习惯性的偏好。比如，湘西土家族村落"苏竹"村民在选择房屋大梁时，东方山上生长的杉树通常被列为首选，除非万不得已，他们是决不会到西山上砍杉木做大梁的。如果只能上西山砍大梁，其倒向也只能向着东方，决不会用倒向西方的杉树做大梁。当然，东山上的杉木倒向也必须是东方。按苏竹土家人的说法，用东山上的树木和倒向东方的树木做梁，主人发展得快，人发财也快，反之，主人就不发。既然方位在土家族的认知体系中占有如此重要的地位，它到底有着什么样的价值取向？或者说，方位在土家族的文化体系中到底有着什么样的深层意义？对此，我们以东西两个方位隐喻进行阐释。

关于东西方的象征意义古籍多有论述。如《尚书大传》曰："东方

---

① 生长在武陵山区的水杉，为冰川时期遗存，被称为"生物活化石"，神话保留了植物崇拜的遗迹。咸丰唐崖土司皇城遗址的玄武山上并排生长两株大古杉。相传系土司王覃鼎之夫人田氏于明天启年间亲手栽植，距今 360 余年。当地土家人呼之为"夫妻杉"。"夫妻杉"已成为土家族人民爱情的象征，至今土家青年结婚，仍沿袭栽植"夫妻杉"的风俗。参见恩施州志编纂委员会编《恩施州志》，湖北人民出版社 1998 年版，第 186 页。

者，动方也，物之动也，何以谓之春？春，出物也，物之出，故谓东方春也。"《易纬通卦验》也言："震，东方也，主春分。日出青气……"叶舒宪先生在《中国神话哲学》一书中也对东南西北四个方位的空间隐喻进行了分析。他认为，春天的太阳与初升的旭日相应，成为东方的象征，配以新生命之色"青"，称为"青阳"；秋天的太阳与傍晚的夕阳相应，成为西方的象征，配以素色"白"，称之"西颢"或"西皞"。① 东方代表旭日初升的情景，其具有阳刚、生长、光明、健康等性质，与代表太阳下坠的西方的幽冥、衰败、黑暗、疾病性质形成鲜明的对照。由此可以看出，对东方的偏好正好表达了土家族对于兴旺发达、蒸蒸日上的美好生活的追求和向往。方位符号"除了它们实际的定位功用之外，更主要的是因为它们是在形而上的意义中作为事理的表征而诉诸的话语"。② 从生态人类学的视角看，土家族对于方位的偏好和选择也在一定程度上调节着人们对于生态的利用，既然人偏好东山的树木，那么西山上的树木自然会得到相对保护，相应地也就为地方性的动植物预留了一个相对安全的生存空间，从而为区域性生态平衡提供了一个习俗性的保障。

对古树的崇拜也隐喻着土家族对于健康、长寿、兴旺、发达的朴素认知。据《恩施州志》载：宣恩晓关高桥野椒园马桑河海拔 750 米处有一棵红豆树，树高 31 米，胸径 158.5 厘米，冠幅 24 米，枝下高 7.5 米，树龄 631 年，为全省之冠。此树原有一粗藤缠绕，状如盘龙。当地人视此树为"风水树"，并以树上枝叶枯荣预测年景好坏。咸丰唐崖司镇南河村邬杨树海拔 550 米处小河边有一棵重阳木，高 23 米，胸径 204 厘米，枝下高 3 米，冠幅 19.3 米，树龄 700 年。树上附生与寄生有桑树、苦桃、三角枫、泡花树、岩姜、吊兰、金银花、还阳草等。其中桑和苦桃与重阳木愈合成一体，当地群众视为"神树"。③ 从方志的描述可以看出，这两棵古树之所以被文化人所重视，原因至少有二：一是

---

① 叶舒宪：《中国神话哲学》，中国社会科学出版社 1992 年版，第 14 页。

② 梁正海：《傩文化的象征人类学阐释》，硕士学位论文，中南民族大学，2006 年，第 41 页。

③ 恩施州志编纂委员会编：《恩施州志》，湖北人民出版社 1998 年版，第 182、185 页。

树龄长，都在 600 年以上；二是与其他树种共生或有其他树种附生。也就是说，这两个特征形塑了古树的人文意义。追求长寿是人类的本性，而土家族这种美好的向往正是通过对古树的崇拜得以表达的。土家族除了通过对古树的崇拜来隐喻健康长寿和兴旺发达的理想外，也通过古树成精的传说来实现同样的目的。我们在湘西龙山县苏竹村从事田野调查时，一个彭姓老人给我们讲述了一则古树成精的传说。据传，过去村里有一棵大枹树。有一户人家因为贫穷，不管三七二十一，把它砍倒用来烧炭。从那天晚上开始，这家人就睡不好了，古树每晚都来找他们惹事。据说，他们砍树的时候，树在流血。土家族向来重视风水树的栽培和管理。苏竹人砍大枹树惹怒树神的传说显然也从一个侧面隐喻了土家族对于人与自然和谐共生的理想和追求。

土家族还将果树的崇拜演绎成了果树节。在鄂西地区，人们就将象征着万物开始复苏的惊蛰节视为果树的节日。据说，在这一天，人们都要对房前屋后的果树款待一番，首先是放水灌汤，即用刀自下而上将树砍七刀，再将腊肠肉汤浇在刀口处，砍的时候念道："惊蛰节，惊蛰节，年年砍，年年结。虫砍死，风砍绝，花果树，树不歇。"然后在树枝上挂一个破罐子和一条红布，有的把腊月三十烧的"火主"（大树）余下来的柴头挂在果树上。这一隐喻性的行为表达了土家族与果树的互惠关系。果树结果当为常识性的认知，但是通过人为的劳动除去果树虫害，保证果树丰收却形象而又生动地再现了人与自然的生态关系：如果过度地向自然获取而没有实际的行动回馈自然界，人与自然的生态链条就会失去平衡。

第二节　传统生态知识的特点

土家族传统生态知识体系与土家族的生产生活实际紧密关联，是土家族对生产生活经验的积累，它尽管是多元的，但四种主要类型的生态知识仍然存在着共同的特点。概括而言，其共同特点主要表现为活动的时间性、劳动对象的选择性以及时空上的间歇性。

一　时间性

毫无疑问，生产型生态知识、规约型生态知识、宗教型生态知识、隐喻型生态知识都是人类发展到一定阶段的产物，虽然我们无法从整体上按照文化进化的序列对四种类型的生态知识进行由低级到高级的排列，但是，其中某些带有典型性的文化事象却从一个侧面反映了土家族对于生态的认知从简单到复杂的过程。比如赶肉与白虎崇拜、砍火砂、护林封山及古树崇拜和与生产劳动相应的习俗性规约就大体上反映了高山丘陵地区的土家族从几乎完全受制于自然，到依靠智慧征服自然，再到主动与自然寻求协调共存这样一个人与自然互动的进程。基于这样的认识，我们完全有理由把赶肉、白虎崇拜和砍火砂分别视为土家族游猎生活和游耕生活认知方式的遗存，而护林封山及古树崇拜和与生产劳动相应的习俗性规约视为定居式农耕文化的产物。也就是说，各种类型的生态知识都是土家族对于生态适应的经验积累。定耕农业是生产力发展到一定阶段的产物，亦是人口增殖和生态变迁的产物。但是，传统的定耕农业方式下土地产出十分有限，人类生活仍然部分依赖于直接从自然界获取食物能量，这就为各种类型的生态知识提供了并存的基础。从所调查的苏竹村土家族 300 余年的生活史来看，四种类型的生态知识之所以能够并行不悖，除了它们能够满足人们从自然界获取足够的生活能量外，生活习惯和生产劳动规律的时间性也是一个决定性的因素。

时间性是人类从事任何活动都必须遵循的规律，遵循程度的高低则与人类对于相关事项的认知水平密切相关。无论生产型生态知识，还是规约型生态知识，也无论宗教型生态知识，还是隐喻型生态知识，它们都是土家族生产劳动和生活习俗的文化表达方式，当然，这种文化表达方式并非武陵山区土家族所独有。事实上，这是南方山地民族共同拥有的一种带有普遍性的文化现象，只不过由于各地人们的认知方式、分类原则以及命名制度不同而对各种文化事象有着不同的称谓罢了，但时间性却是一个共同的特征。从我们对土家族四种类型的生态知识的描述可以清楚地看出，其中的赶肉活动不是一件随心所欲的事，这一活动除了有着习惯性的严密组织和分配原则外，活动的季节几乎固定在每年的农历正月和二月，而具体时间必须由老角色根据一定的带有几分神秘性的规则①进行推定，只有在推定的吉日赶肉才能得到梅山神的帮助而劳有所获，否则，赶肉就会遭到猎而无获的惩罚。赶肉时间的选择事实上与所猎动物的大量繁殖并对农作物造成伤害有关。某些动物的过渡繁殖打破了生态平衡，而狩猎会使之重新趋于平衡。砍火砂也受到生产节令的时间限制。在土家族的农耕文化体系中，砍火砂不是农忙季节从事的活动，只有在农忙过后男人们闲在家里又无赶肉活动的时候，他们才衔着土烟扛着砍刀到除了柴林之外的山坡从事砍火砂作业，换句话说，砍火砂只是一种农闲时的辅助性农事活动，一旦备耕活动开始，一年的砍火砂活动就基本结束。护林封山由于具有临时性和短暂性的特点，其时间性的选择可能更自由，范围也更大，但护林封山行为一旦在特定的日期付诸实践后，这个日子即具有神圣性，如果无人违背规约，那么，这个时间所实践的规约将长期有效，直到护林封山秩序遭到破坏而不得不重建秩序为止。相比之下，护秋规约的时间更为直截了当，很显然，这种规约的效用仅仅局限于秋收时节，随着秋收的结束，相应的规约也就失去其原有作用。不过，这种规约又具有明显的周期性，只要秋收的内容没有发生实质性的变化，当又一轮秋收到来之时，这类规约又会再次发挥其应有的效用，维护着人与自然、人与人之间的特殊关系。

二　选择性

选择性是人类活动及其文化认知的又一个特点。不同生境的人们总会通过不同文化方式去适应所处的环境，以保持人与自然的协调。

作为山地耕猎型经济文化类型民族之一的土家族所从事的赶肉、砍火砂和护林封山及白虎崇拜、卜宅基、对于东方树木的偏好等文化事象显然是他们对所处生境进行选择性调适和认知的结果。从单个文化事象看，这种选择性在赶肉活动中的表达一方面体现在赶肉地点上。正如前文所述，土家族的赶肉地点不可能在坟山和风景林进行，因为坟山是祖先灵魂休息之所，不能轻易打扰，而风景林是护寨的神林，这样的圣域

---

①　土家族人通常根据维、成、修、开、敝、进、出、满、平、定、直、破 12 个字为一个周期来推定吉日。其中的敝日和破日是办理红白喜事的忌日，而这两个忌日正好是赶肉的吉日，因此，每个月进山赶肉的时间大约是 5 次。

一旦受到干扰，整个村寨都将受到灾难性的惩罚。另一方面是赶肉对象的选择。根据土家族对动物的分类标准，五爪之类的动物被严格地排除在猎物对象范围之外。在土家族的观念体系中，五爪动物虽然不是怪物，但土家人却坚定地把它们视为厌物，如果无意中将之杀死，补救方法将是唯一的，那就是虔诚地向梅山神认罪，请求梅山神宽恕，以保证下次赶肉实现预期的收获。这种信仰本身就为动物的生长繁育提供了一个有利的空间。

"刀子再快，不砍后山。"这是我们在湘西苏竹村从事田野调查时，一位80岁高龄的老人在接受我们采访时脱口而出的一句话。这位老人的话无疑从一个侧面反映了土家族对砍火砂地点的选择性认知。虽然在他的话语中听不到保护生态、维护生态安全之类的现代性词汇，但他们在回答你"为什么不砍后山"的问题时会说，"砍了就没有水喝了"。选择砍火砂地点的另一个决定性因素就是杂草和茨茨要多，因为炭烬太少不能完全满足小米生长对于营养的需要，这是由土家族耕种火砂地的习惯——不培土不施肥——所决定的。但是，这种选择性并不是完全自由的，它必须限制在不损害他人利益的基础之上。苏竹村的老人们常说，以往"上湖南"的人在河岸挖深土，"下湖南"的人就会对上湖南的人说："上湖南的人莫挖深土，下湖南的人要淹死啊"①，"上面的人刮死，下面的人涝死"。正是出于这样一种认知，"上下湖南"的人们能够将心比心，共同协商解决大家担心的生存危机。

护林封山的选择性与土家族对山林的认知和分类密切相关。土家族主要根据山林所处的地理位置及其与村落的关系对山林进行分类，凡是房前屋后、村落和水井四周的山林都是护寨护水的风景林，风景林与土家族的生存紧密关联，因此，土家族将风景林仪式性地加以严格保护，如果有人胆敢违反规约，那他除了采取相同的仪式进行补救，还可能自取其辱地敲着铜锣游村示众，以儆效尤。

无论是白虎崇拜，还是鹰崇拜，抑或是杉树崇拜，就其崇拜的对象而言，本身就表明了一种选择性。从前述可以看出，这种选择性与土家族对于自身起源的认识有着密切的关系，相关传说所要强化的无非是白

---

① 上下湖南是苏竹土家人对村前河流上下游的概称。

虎、鹰对于繁衍土家族的历史记忆，而这种强化的结果就是白虎、鹰等在土家族地区得到相应的保护。土家族青年男女以栽夫妻杉的文化表达方式强化的是土家族与杉树之间的依存关系。对于东方树木的偏好是土家族传统生态认知的又一个特点。从生态人类学的视角解读，这一文化行为本身有利于区域性的生态平衡，因为它更多地为西山上的生长树木和生活的动物提供了一个相对平静的生息空间。

三　间歇性

间歇性是人类生产劳动规律性的又一个重要组成元素。就土家族四种类型生态知识而言，其中相关文化事象的间歇性是显而易见的。这种间歇性往往以时间性和选择性为基础。从赶肉活动来看，这种文化实践的宏观性周期大约为一年，具体到一年内的活动周期或为五天或为七天，这决定于赶肉吉日的推算规则。赶肉活动地点轮换选择的周期为一个月或两个月或一年甚至几年，这得根据赶肉活动场所的多寡而定，若赶肉地点多，在同一地点赶肉的周期则长，反之则短。这种时空上的间歇性显然在客观上有利于动物种群的繁殖和恢复。土家族从事火砂作业的地点绝大部分在 25 度以上的坡度，且土质瘦，岩石多，因此重复耕作的价值很低，他们往往种植一年后便将其抛荒，五六年或七八年后再行耕种。湘西苏竹村就流行这样一句俗语：人不团结家不富，火不烧山地不肥。这从一个侧面表达了土家族对火砂地作业的经验性总结。按照这样的观点，火砂地尽管土质相对较薄，但抛荒后很快又芭毛遍地，荆棘丛生，五六年后就又是砍火砂的理想地点。这种对土地的轮息休耕制度不但有利于土地肥力的恢复，而且极大地减少了水土流失的可能性，客观上在一个相对较大的空间范围内确保了生态的总体平衡。对于东山生长树木的偏爱本身与土家族的信仰有关，但是，这种有偏好的信仰以及在这种信仰指导下的活动又为西山生长的动植物提供了一个空间。事实上，在一个相对连续的生态空间内，东西方位总是相对而言，对西边村落而言是东方的地域，对于东边村落而言却变成了西方的地域。也许，正是这种认知方位上的间隔性使得在一个相对较大生态空间形成一片一片列岛式的森林分布格局。这种分布格局既为武陵山区世居民众提供了一个典范的平衡生态空间，又为护林封山文化活动提供了一个实践的平台，从而在客观上维护了人与自然的协调发展。

第三节　传统生态知识的现代利用

　　土家族各种类型的生态知识都是他们在长期的历史进程中对其所处境境的适应性产物，换句话说，它们是土家族实现自身与生态之间平衡关系的策略和智慧。土家族生态知识以其独特的话语系统合理地解释着宇宙与自然，表达着历史与社会，它以生产与生活的实践构建和维系着土家村落及土家族与自然界的均衡关系。对于土家族传统生态知识的有效利用，其前提是充分认识传统生态知识的利用价值，途径是因地制宜，实现传统生态知识与现代科技知识的协调互补，这样才能充分发挥传统生态知识在维护地区性生态平衡和区域性生态安全中的重要作用。

一　充分认识土家族传统生态知识的价值

　　土家族各种生态知识都内含着许多传统规则，这些规则在土家族的生产和生活实践中被无保留和不加甄别地服从。"这些规则得以服从的主要原因，还在于它们具有为理性所承认和为经验所验证的实际效果。"[1] 我们之所以在此引用马林诺夫斯基分析特罗布里安德岛民遵循贸易规则的原因而得出的结论，是因为这一结论正好满足了我们对土家族遵守传统生态规则的分析。的确，我们在前面的描述和分析展示了这样一幅图景：土家族在风景林边界挂上的带血的草纸成了一种禁忌的标识，它表明这一界域内的一草一木及各类大小动物正获得一种仪式性的保护，违禁入内拾柴伐木或捕猎，情节轻微者将被给予警告，如果无视警告而再犯者，那他就只能自取其辱，除了到土王庙杀牛或杀羊请村民一起哒，对护林封山这一策略进行仪式性补救外，还可能敲着铜锣游村示众。这种破坏护林封山秩序的行为就算万幸逃过村民和看山员视线而免遭世俗性的惩罚，但来自那无时不在监视着人们行为的土王神的惩罚

---

　　[1]　[英] 马林诺夫斯基：《原始社会的犯罪与习俗》，原江译，法律出版社 2007 年版，第 34 页。

自会加诸违禁者之身。同样，如果违背了赶肉活动规则，赶肉者也难逃梅山神的惩罚。如果违反秋收规约，哪怕是收获自己家的桐棬也会受到相应的处罚。随意破坏砍火砂的规则到河岸边进行火砂作业或对火砂地进行无间歇的重复深耕，水土流失就会给人类带来毁灭性的灾难："上面的人刮死，下面的人涝死。"

当从生态人类学的视角来考量土家族相关生态知识时，我们发现，其中的文化事象处处充满了土家族对生态环境的理性认知。他们已然认识到火砂地有利于飞籽林的成长。长期积累的经验告诉他们，随风飘落的马尾松、柏木、杉木等树种在杂草丛生的荒山很难生长，因为树种接触不了土地，要么自己烂掉，要么被鸟鹊吃掉，火砂地土壤相对蓬松，树种易于落地生根发芽，成林也很快。他们将火砂地点选择在25度以上的山坡地带，这一行为本身也表达了土家族对山地生态结构的认知，因为相关研究表明：25°—35°坡度地带，是人类农业活动最活跃的地带，灌木、草地主要分布在该地带。[①] 他们还通过土王信仰、杀牲制作禁标、集体分享圣餐等一系列文化行为将护林封山活动纳入仪式化的文化范畴，从而使被封的风景林神圣化，让人不敢轻易去冒犯。毫无疑问，神圣化的风景林客观上起到了优化居住环境和维护生态安全的作用，在土家族居住区塑造了一个人与自然协调共生的传统范例。他们还禁止在林中投放毒药和炸弹，从而有效避免了那些在习俗中受到保护的动物遭到无辜的伤害。直到现在，为了预防可能破坏庄稼的野生动物，他们要么在耕地边上生起熊熊大火，要么干脆点燃一串鞭炮让动物们受惊而逃。同样，没有树就没有水，没有水就没有村寨，这种对树—水—村落关系的朴素认知早已在土家族的观念体系中形成，因此，他们"刀子再快，不砍后山"。土家族这些朴素的认知对保护地区性生态平衡和维护区域性生态安全发挥了积极的作用。比如，即使在森林遭到前所未有的乱砍滥伐的年代，湘西龙山县原苏竹和卡柯两村仍然保住了三片林地。

土家族传统生态知识蕴含着巨大的利用价值，但这并不意味着它就

---

① 尹绍亭、[日] 秋道智弥主编：《人类学生态环境史研究》，中国社会科学出版社2006年版，第486页。

必然能够获得与现代科学知识同等重要的地位，"事实上，在现代科学知识面前，乡土知识已屈身于边缘"①，而且一度被迫淡出土家族民众的生产和生活。虽然乡土知识与现代知识一样具有合理性，"但由于其与宗教、信仰的互渗，又表现了一种'去理性'。后者在唯物论的哲学语境和'破四旧'的文化革命语境中被夸大，成为'封建迷信'的一部分。因而，在建国后数十年间，以'萨满'、仪式专家为代表的乡土'知识分子'失去了宣讲与传播知识的舞台，致使大量的乡土知识散佚"②。在面对南方民族刀耕火种的农耕方式时，部分学者不也因为这种生产方式以局部伐木烧畬为代价，而将之和与之相适应的土地轮歇休耕制度简单地与破坏生态环境画等号吗？③ 平心而论，砍火砂这种刀耕火种文化实践不可避免地会在习俗规定的时间内改变局部生态结构，但土家族长期实行的与之相适应的土地轮歇休耕制度又给予了生态自然修复所需的必要时间，相较于现代长期无休耕的靠无限度地施加化学肥料恢复地力的土地定耕农业文化自有其优越性，最起码，这种耕作方式保住食物的生态性，而减少了现代农业的生化污染。任何变化都不是孤立的，而是整个系统的一部分。这表明有两种适应：外部适应和内部适应。外部适应是对环境做有利调节的过程，而内部适应则是生物体或其他系统内部对调节做有利补偿的过程。④ 哈迪斯蒂在这里告诉我们这样一个道理：任何行为都有其两面性。当我们看到土家族砍火砂和相应的土地休耕轮作制度这类文化行为引起局部环境变化时，也完全有理由把它视为土家族对环境所做的有利的外部调节。由此看来，那些武断地或片面地将砍火砂之类的刀耕火种文化行为简单地归结为生态破坏的行为，显然是因为观察者将砍火砂行为本身与特定的自然、人文背景完全割裂开来，只看到了其对局部生态结构的短时期改变，而将与之相适应的土地轮歇休耕制度视而不见，以至于无法给予砍火砂这类文化事象一

---

① 柏贵喜：《乡土知识及其利用与保护》，《中南民族大学学报》2006 年第 1 期。

② 同上。

③ 参见尹绍亭、[日] 秋道智弥主编《人类学生态环境史研究》，中国社会科学出版社 2006 年版，第 339 页。

④ [美] 唐纳德·L. 哈迪斯蒂：《生态人类学》，郭凡、邹和译，文物出版社 2002 年版，第 17 页。

个相对公平的评价。

二 传统生态知识与现代科技知识的协调互补

环境问题现已被看作是当今世界需要面对的重大问题之一。1993—1994 年出版的《地球白皮书》用一整章来论述这个问题。该章介绍了作为"神圣土地"受到保护的原生林和以迁移的方式达到分散利用牧草场的方法及避开过度放牧的非洲牧民等实例。也就是说，作为以传统习俗保护自然的守护者，地域住民的作用受到了正面评价。[①]"虽然乡土知识在生态保护上不是全能的，但它可以弥补在生态环境保护过程中现代技术、法律、经济或行政等手段的不足。"[②] 诚然，我们无意夸大传统生态知识在现代社会中的显在或潜在的利用价值，但面对"一刀切"的行政政策及一向被视为普适性的现代技术在实践中遇到的重重困难和收效甚微的尴尬局面，关注并充分利用地方性传统知识，因地制宜，实现传统知识与现代科技知识的协调互补，以促进相关问题的有效解决，确是一个值得深入思考的课题。

对于生长于不同地区的民族来说，留存在其土地上的丰富的自然是他们获得各种生活必需品的场所，亦是具有各种文化内涵的对象，可以说，当地的自然是他们生产生活和文化创造的源泉。因此，对于各族群社会或乡土社区来说，自然界所拥有的重要性，会因不同文化而有所不同。我们在处理生态问题时，最为重要的就是必须根据当地情况，结合具体实例，把握人与自然应保持的内在关系，并在此基础上，从族群社会或乡土社区的日常生产生活行为中，找出对生态保护与可持续利用有利的因素并加以有效利用，改变所谓现代科技普适性的生态治理单一模式，实现多元生态治理模式并存，这或许是生态治理工程取得实质性效果的有效途径。

历史和现实都已证明，传统生态知识和生态智慧在区域性生态保护和生态安全维护上具有实际的应用价值。但是，如何充分考虑生态结构的多样性、民族文化的多元性和自然资源利用方式的多重可能性，并将

---

① ［日］秋道智弥、市川光雄、大塚柳太郎：《生态人类学的视野》，尹绍亭等译，云南教育出版社 2006 年版，第 106 页。

② 柏贵喜：《乡土知识及其利用与保护》，《中南民族大学学报》2006 年第 1 期。

三者有机结合起来，挖掘各民族长期积累的生态知识和生态智慧，使之与现代科技协调并用，则是当今生态治理和生态安全维护的一个重要而又紧迫的课题。我们认为，只有充分考虑生态结构的多样性、民族文化的多元性和自然资源利用方式的多重可能性，生态环境的治理和生态安全的维护才会获得更为广泛的群众基础，这也是实现生态环境治理和生态安全维护既定目标的最为基本的前提。

第五章

土家族传统农业知识及其现代利用

  传统农业知识一直以来都是民族学、人类学等学科关注的重要问题之一。20 世纪 50 年代以来，越来越多的人类学家、民族学家开始以传统农业为研究对象。随着学科的不断发展，到 20 世纪 60 年代，美国人类学会正式将农业人类学设置为人类学的分支学科。[①] 农业人类学的形成，标志着以农业为主体的人类学、民族学的应用研究正式登上了科学研究的历史舞台。有学者将世界农业人类学的研究大致分为三个发展阶段，即第一阶段（1960—1970 年），后殖民时代背景下第三世界农业研究；第二阶段（1970—1990 年），农业技术推广评估与研究；第三阶段（1990 年至今），可持续农业和生态保护研究。[②] 在当前，随着现代农业技术的不断发展和推广，挖掘、利用和保护传统的农业生产经验与智慧、农业知识、地方性农业遗产资源与生计模式、农业可持续发展等已成为农业人类学研究的重要内容之一。生活在武陵地区的土家族是一个历史悠久的民族，在社会发展的进程中，他们根据本民族独特的技艺和智慧，经过长期的生产、生活积累与实践，结合特殊的地理环境，创造出了民族特色浓郁、内容丰富的传统农业知识。本章主要就土家族传统农业知识的内涵、内容及分类，以及在现代社会中的利用价值进行具体阐述。

[①] 马威、杜智佳：《农业人类学发展五十年》，《华中农业大学学报》2010 年第 4 期。
[②] 同上。

第一节　传统农业知识的内容

一　何谓传统农业知识

什么是传统农业知识？查阅相关研究论著发现，学术界对此并没有一个确切的定义。因此，要对土家族传统农业知识进行全面的论述，就必须弄清"传统农业知识"的内涵，而要厘清这方面的内涵又涉及对传统农业的理解。

人们普遍认为，要是从起源于新石器时代的原始农业算起，农业的产生距今已有一万多年的历史。[1]　什么是农业？经过上万年的历史演变，农业的定义也在不断地发生着变化，不同时期的人们对农业有着不同的理解。农业最早是指狭义的种植业。在我国甲骨文里就有"农（農）"字的记载。[2]（汉）班固《汉书·食货志》曰："辟土殖谷曰农。""辟"意为"耕作"；"殖"通"植"，意"种植"。说明农业即种植业。

英语中的农业——Agriculture，原出自拉丁文。在拉丁文中，Agri是土地，Culture是耕作栽培的意思，Agriculture即为耕作土地栽培作物，其意义与我国古代农业意义相同。[3]　进入近代后，随着经济的不断发展，社会分工的不断扩大，农业的范畴也发生了巨大变化，已不再是仅限于种植的行业，而是一个包括种植业、畜牧业、渔业、林业以及与之相关的副业在内的复合行业。可以说，现阶段的农业指的是依靠植物、动物、微生物的机能，通过人的劳动去控制、强化生物的生长发育过程，来取得社会所需要的产品的生产部门。[4]　它有广义与狭义之分，广义的农业"包括农、林、牧、渔等各个物质生产部门"[5]；狭义的农

---

① 参见黄勇等《新编中国大百科全书（B卷）——环境农业（图文版）》，延边大学出版社2005年版，第221页。

② 参见官春云主编《农业概论》，中国农业出版社2000年版，第1页。

③ 同上书，第1页。

④ 邹德秀：《绿色的哲理》，中国农业出版社1990年版，第77页。

⑤ 王林贺：《现代农业的理论与实践》，河南科学技术出版社2006年版，第2页。

业则主要是指种植业。

　　传统农业是农业的重要组成部分。在农学等自然学科中，传统农业的研究通常被置于农业发展史的研究范畴，也就是说研究传统农业往往是从历时性视角去进行的。人们对农业演进阶段的划分通常是以一定的经济和生产力发展水平为参照标准，将其划分为三个阶段，即原始农业—传统农业—现代农业。一般认为，以使用石器、木器为劳动工具，以采集、狩猎、简单的饲养及刀耕火种等原始手段为生产方式所进行生产的农业被称为原始农业，它产生于新石器时代，止于铁器时代；以铁制农具为主要生产工具，通过人力、畜力牵引锄耕、犁耕等一系列传统的耕种技术，以自给自足为主要目的所进行生产的农业称被为传统农业，它产生于新石器时代末期并一直持续到当代；以广泛运用现代科技（包括生物技术、耕作技术、灌溉技术、节水技术）、科学管理方法及产品加工模式所进行的，以社会化大生产倡导的规模化、集约化、产业化为导向所进行生产的农业则为现代农业，它产生于 19 世纪产业革命之后。①

　　从以上三种农业的定义中我们可以看出，农业科学当中所划分的农业标准除了以历史的演进时段去衡量外，最为重要的还以特殊的生产工具和生产技术作为参照。例如，传统农业与原始农业相比，最显著的标志是铁制农具的应用和以畜力（通常是牛）牵引犁耕技术的出现。传统农业与现代农业间虽无明显的界限，但我们也可以看出，传统农业的技术比较单一，在农业生产中主要是靠资源的不断投入；而现代农业的技术则多样化，在生产中主要是依靠新技术的不断投入。换言之，传统农业属于劳动密集型的粗放型农业，而现代农业则属于技术（特别是新技术）密集型的集约型农业。

　　也就是说，在自然科学的视野中，"传统"是可以用一定的"生产力、经济发展水平和相关的物化技术标准"去衡量的。然而，在人类学和民族学等人文社会科学的视野中，"传统"的含义远不是如此。它指的是事物以世代相传、不断承续的方式所形成、演进和发展至今的一种特定模式。由此，我们认为在民族学、人类学中的"土家族传统农

---

　　①　王林贺：《现代农业的理论与实践》，河南科学技术出版社 2006 年版，第 8 页。

业"有其独特的学科含义。它指的是土家族人民在农业生产中所创造的世代相传、不断承续和发展至今的一种特殊的与农业相关的文化模式，可以说是一种"活态"的"文化模式"。它所包括的范围不仅仅单指现代农学当中的"传统农业"，还应包括存续至今的"原始农业"在内的更为宽泛的内涵。

因此，如从语义学的角度去理解的话，土家族传统农业知识即为"土家族传统农业"与"知识"两个概念的结合，其含义是指土家族在长期农业生产实践中所创造的与之相关且世代承续的一整套由技术、智慧、诀窍和方法等知识所构成的复合体。

二　传统农业知识的主要内容

武陵地区有其独特的自然与人文环境，这些特殊的自然与人文环境造就了世代生活于此的土家族对传统农业的特殊认知方式。这种认知方式主要表现在他们所创造的丰富的传统农业知识内容当中。土家族传统农业知识大致可以分为传统农业生产知识、农家肥知识、传统施肥技术、传统养殖知识等几大类。

（一）传统农业生产知识

改土归流前，土家族在农业生产中普遍采用的耕作方式是刀耕火种，即砍火砂（畲）。《永顺府志》谓："水耕火耨者，多方春砍杂树燔之，名刹畲，火熄，乃播种……即种三、四年，则弃地而别垦，以垦熟者烧瘠故也，弃之数年，地力即复，则仍垦之。"[1] 湘西永顺《彭氏族谱》亦记："山多田少，刀耕火种。方春，斫木薙草，举火燔之，名曰刹畲。"[2] 土家族"砍火砂"颇有技术要求，《摆手歌》记之甚详："过了正月元宵节，跳跳唱唱要停歇。十五吃了爬坡肉[3]，各自上山找门路；柴刀磨得锋快，草鞋穿得扎实。打猎要个好山场，养牛要个好草场。好的廊场找到了，烂叶成泥遍地宝。身上脱去棉袄，挥动长刀砍草。砍草手有劲，一砍半日过。……晒了三天大太阳，干草叶干好烧

---

[1]　乾隆《永顺府志》卷10《风俗》，第4页a。

[2]　转引自王承尧、罗午《土家族土司史录》，岳麓书社1991年版，第151页。

[3]　正月十五元宵节吃的肉叫爬坡肉，意思是吃了这顿肉后，就要上山做阳春（从事农业生产）了。

山；落叶草地都晒干，烧山先把火路拦。放火烧山放倒火①，火顺风势烟腾空。大火熊熊火焰高，地皮烧得煳焦焦。地皮一烧开了脸，多年陈土亮光光。放火烧山山要挖……"②

这则农事生产歌反映了土家族先民进行"砍火砂"的劳动场景，对砍火砂场地的选择、砍草的方式、点烧砂田的技术要求都做了明确的阐述。尤其是"烧山先把火路拦"、"放火烧山放倒火"等点火"烧山"的技术规则，有效避免了在"烧砂"的过程中因过失而导致森林火灾，潜在性地保护了森林植被与生态环境。

改土归流后，武陵土家族地区废除了"汉不入境，蛮不出峒"的禁令。伴随着汉族的迁入，汉族地区各种先进的生产技术和方法不断传入土家族地区，勤劳智慧的土家族人民结合特殊实际对之进行合理采借与吸纳，经过代代人的不断实践、传承与发展，改变了过去不事耕耨，"农不知粪，圃亦不知粪"，"刀耕火种，不用灰粪"的粗放耕作方式，创造了颇具地方性和应用性特征的传统农业生产知识，主要包括传统生产经验与智慧、耕作模式、种植技术、农业灌溉技术、施肥技术、认识与利用方式、管理措施等一系列与农业生产相关的地方性知识内容，其中比较典型的主要有以下几种。

1. 传统农业的生产经验与智慧

土家族进行农业生产的全过程主要包括耕地、育种、移栽、锄草、施肥、施药、收割、储藏等多个步骤。在农作物选种与耕种方面，强调社前下种种荞，谷雨下秧，植白露芽，八月蒜，九月麦，桐树开花下谷种等。在取种育苗和插秧过程中，强调要不违农时，如《来凤县志》云："春社浸种者，名社秧；清明浸种者，名清明秧。栽插不避风雨，恐违节气。谚曰：'三月清明迟下种，二月清明早种秧。'农家以此为占验。"③ 通常而言，大季作物的种植一般是在农历三月至九月，正如谚语所云："三月清明迟下种，二月清明早种秧，农家经此占验。"

土家族在做秧田时，对选择秧田的时间、雨水和用肥方面都有着具

---

① 放火烧地，火从上面放起，免得大火蔓延，故曰放倒火。
② 彭勃、彭继宽整理译释：《摆手歌》，岳麓书社1989年版，第208—210页。
③ 同治《来凤县志》卷28《风俗志·农事》，第5页 b。

体的要求。如《摆手歌》之《做秧田》唱道："三月桐树开了花，打雷闪电雨哗哗。雨落了，水涨了，丘丘田水落满了。阳雀声声催得急，做好秧田莫大意。秧田要做好，田里粪要浇。"[1] 在进行耕作时讲究"七犁七耙耕"的技术规则："秧田耕得好哇，七犁七耙耕的哟，七犁七耙耕的哟，水好座来谷子好哟，水好座来谷子好哟。"[2]

　　土家族在水稻种植过程中，对谷种的选择、浸泡与播撒方面也积累了丰富的经验。据农事生产歌《泡谷种》[3]，选种的时间为"叶子发新芽，柳枝垂下了。天热地热，竹木都醒"的春季。选谷种时要求"颗颗粒粒像黄金，颗颗粒粒都饱满"。其中黏谷要选丘丘，糯谷选线线（穗）[4]。泡制谷种时，需将之装在木桶里，"上面盖起稻草。温水洒得细又匀，一天几次定时辰。热气腾腾，种子苏醒"。种子浸泡的时间一般为四天，当谷种长出像"羊角崽"的嫩芽时，即达到浸泡的要求了，然后择时将之撒下秧田。如"头个早上看一看，眼屎白在眼角边[5]；二个早上看一看，张开嘴巴露笑脸[6]；三个早上看一看，头上插根针尖尖[7]；四个早上看一看，头上长出羊角崽。生得齐，长得壮，边看边笑心欢喜。早上大雾白茫茫，泡好的谷种撒下田，谷种装在撮箕里，撒得要均匀。"由此，可以看出土家族的《泡谷种》歌详细地记载了土家族先民们对谷种的选择、浸泡时间、浸泡的方法、谷种的播撒等育种、撒种技术，这对今天的自然科学实验和研究都具有重要的启示意义。

　　土家族对作物的播种也有特殊要求。例如《摆手歌》唱道："坚硬似铁的地皮，把它刨松了。挖一个凼，生九兜；挖十个凼，生九十兜。种子背在背上，用刀子截一个兜，种子落在兜里，青青的芽儿长起。种子撒在高山上，一把种子四处生；种子撒在荒山上，一把种子遍地长。"[8] 土家族习惯"插灰秧"，即将草木灰拌和人畜粪和枯饼肥运到田

①　彭勃、彭继宽整理译释：《摆手歌》，岳麓书社 1989 年版，第 208—213 页。
②　彭继宽、姚纪彭：《土家族文学史》，湖南文艺出版社 1989 年版，第 40—41 页。
③　彭勃、彭继宽整理译释：《摆手歌》，岳麓书社 1989 年版，第 218—220 页。
④　田荆贵主编：《中国土家族习俗》，中国文史出版社 1990 年版，第 43 页。
⑤　眼角屎，指浸泡的谷种开始露出白的小点。
⑥　露笑脸，指浸泡的谷种开始涨开。
⑦　针尖尖，指浸泡的谷种开始露芽。
⑧　彭继宽、姚纪彭：《土家族文学史》，湖南文艺出版社 1989 年版，第 40—41 页。

边，用脚踩练成"粑粑肥"，每插秧者取一只盆（有的有专用小木船）分装此肥料，每插一株苗，将根须往盆里粘带一把肥插入田间，土家族人称之为"安蔸肥"①。如一些农事歌唱道："吃过早饭忙又忙，挑起秧苗走忙忙。一个盆子一撮灰，送了一回又一回。田边挑来秧苗苗，'乒乓乓乓'田里抛。"在插秧的规则上，要求"一人插秧四行。边插边后退，我赶你也追。大田插秧先插角，棵对棵来行对行"。② 在一些地区，人们还创造和推广了独特的耕种技术，如"区田法"谓："每田一亩，广十五步，每步五尺，计七十五尺，每行占地一尺五寸，计分五十行。其长一十六步，每步五尺，计八十尺。每行占地一尺五寸，计分五十三行。长广相乘，得二千六百五十区，空一行，种一行，隔一行，种一区。除隔空，可种六百六十二区。区深一尺，用熟粪二什，与区土相和，布种匀复，以手按实，令土种相着。苗出时，每一寸留一根，每一行十株，每区十行，留百株。别制广一寸长柄小锄头，锄多则糠薄，若锄之八遍，每谷一斗，得米八升。如雨泽时降，则可坐享其成。旱则浇灌，不过五六次，即可收成。结实时，锄四旁土，深壅其根。其为区，当于闲时，旋旋据下，春种大麦、豌豆，夏种粟米、高粱、糜、黍，秋种小麦……"③

土家族对田间管理也有技术要求。例如在种植水稻过程中，插秧之后，中耕时要踩田两次，俗称"薅秧"，踩田第一次目的是翻泥透气，踩第二次则是为了扯草除稗。对于旱地上种植的各种作物，也要适时薅草锄草，精心护理。一些护秧薅田的生产谚语就是其真实的写照。如有谚云："苗里一根草，犹如毒蛇咬"；"头道不薅要丢，二道不薅要歉收"；"要想虫害少，除尽田边草"；"苞谷苞，三月下种四月薅"；"田踩三道猪无糠，棉薅三道白如霜"；等等。

秋收时，在打谷的过程中，要注重其收割技术："割稻脸朝地，屁股翘上天。会打谷的人，打出野鸡拍翅，打出喜鹊花开，取时轻轻地取，打时重重地打，打谷要成一把扇，免得谷子撒满天。"④ 作物收获

① 田荆贵主编：《中国土家族习俗》，中国文史出版社1990年版，第43页。
② 彭勃、彭继宽整理译释：《摆手歌》，岳麓书社1989年版，第236页。
③ 同治《来凤县志》卷30《艺文志》，第51页ab、第52页a。
④ 彭勃、彭继宽整理译释：《摆手歌》，岳麓书社1989年版，第218—260页。

之后，土家族也有其有效的储存方式。每家都有贮藏农作物的小仓库，或修置在楼上，或装置在偏房，离地数尺，装得十分结实，可避免潮湿和鼠噬之害。如存储红苕，先找一块干燥之地，挖一个深数丈、内宽数尺的土洞，洞口要小，仅容人身出入即可，红苕即藏此洞中，可放半年以上仍保持新鲜。如是苞谷或其他杂粮，则连穗带壳高悬屋角，或在门外编竹为捆，上覆以草，或把苞谷壳剥去，倒在火坑的篾楼上用烟烘干。这样，作物的籽粒便不会被虫蛀坏。正所谓："收藏甘薯必穿土窖，欲其不露风也。收藏苞谷及杂粮，或连穗高悬屋角，或予门外编竹为捆，上复以草，欲其露风也。"①另外，对于作物的种子，要单收单打，单晒单藏，不准一杂一稗掺入，而且每种两三年就要换种一次，有"浓田不如换种"之说。②

农作物秋收之后，土家族还有将水田冬泡和翻板田的习惯。除一些日照和水源丰富的坪坝之田，在收割后冬种油菜、萝卜等作物外，其余有水的稻田，都会将之冬泡；对其他旁山干田，秋收之后都要翻犁，做到板田不过冬。有古歌唱道："农家无冬闲，天天都要忙，天晴种冬粮，落雨翻板田。冬草沤下深深犁，趁冬整好冬水田；要得明年吃饱饭，隔年功夫做一半。"③

此外，土家族还有许多反映农业生产经验和智慧的农事谚语，如：

立春雨水早，早起晚睡觉。清明要明，谷雨要淋。有雨山戴帽，无雨下河罩。正月雷打雪，二月雨不歇，三月差秧水，四月秧上节。正月初一打一霜，一把谷子一把糠。正月闻雷人堆堆，二月闻雷麦堆堆，三月闻雷谷堆堆。四月初一好晴天，高山平地好种田。雨水有雨庄稼好，大春小春一片宝。惊蛰不动风，冷到五月中。有钱难买五月干，六月连阴吃饱饭。立夏不下（雨），犁耙高挂（旱）。六月初六阴，稻草贵如金；六月初六晴，稻草白如银。八月初一下阵雨，旱到明年五月底。立冬出日头，来春冻死牛。冬有三尺雪，来年万担粮。十月蛤蟆叫，干得犁头跳。春耕扯断犁，秋收不愁吃。种田不听别人哄，桐子开花才下

---

① 同治《来凤县志》卷28《风俗志·农事》，第6页a。
② 田荆贵主编：《中国土家族习俗》，中国文史出版社1990年版，第43页。
③ 同上书，第42页。

种。夏至无雨碓里无米。①

也有根据动物行为判断天气状况的物候谚语，如：

塘水翻底，三天有雨；灶灰结块，必有雨来；盐缸还潮，阴雨难逃；水缸穿裙，大雨淋淋；死水鼓泡，大风就到；粪池起泡，必有雨到；枕头回潮，雨在明朝；牛蝇扑脸，有雨不远；汗咬眼睛，不会天晴；灶烟笔直，天气必晴；地起潮，风雨号；石头发汗必有雨，石头收汗就天晴；盐出水，铁出汗，雨水不久就出现；烟囱不出烟，必定雨连天。②

2. 传统套种技术

"套种"是指利用作物生长周期的差异性，在同一块土地上种植两种及两种以上不同作物的传统农业生产技术。早在西汉时期，我国传统农业的间作套种就开始萌芽了。③ 到了明清时期，间作套种已经十分盛行。当时有"稻豆间作套种"、"麦豆间套和混播"、"棉麦套种"、"粮肥套种"、"林、粮、豆、蔬、草的间作套种"。④ 传统套种技术在土家族地区兴起的时间现还无法得知，但可以明确的是，在古代土家族人民就已懂利用作物生长周期的差异性进行间作套种。土家族地区多山地，玉米和杂粮是主要的农作物，且习惯间作套种。有的是将玉米、杂粮同时播种，分期收获；有的则是在玉米地首次锄草时再播种其他杂粮。武陵地区的土家族习惯称杂粮为玉米的"下脚粮"，可作"下脚粮"的豆类就有黄豆、绿豆、豇豆、滚豆、饭豆、四季豆、赤豆、蚕豆等。

随着社会的不断发展和土家族人民农业生产实践经验的积累，如今的他们已经探索出了种类更为丰富的套种技术，如烟叶套种红薯、烟叶套种土豆、烟叶套种黄豆、烟叶套种蔬菜；玉米套种土豆、玉米套种黄豆、玉米套种红薯、玉米套种魔芋、玉米套种白菜、玉米套种向日葵、玉米套种四季豆；辣椒套种茄子、辣椒套种黄豆、辣椒套种番茄、辣椒

---

① 刘芝凤：《中国土家民俗与稻作文化》，人民出版社 2001 年版，第 262 页。

② 艾训儒：《湖北清江流域土家族生态学研究》，中国农业科学技术出版社 2006 年版，第 131 页。

③ 郭文韬等编著：《中国农业科技发展史略》，中国科学技术出版社 1988 年版，第 104 页。

④ 徐旺生：《从间作套种到稻田养鱼、养鸭——中国环境历史演变过程中两个不计成本下的生态应对》，《农业考古》2007 年第 4 期。

套种白菜等。

在这众多套种技术当中，烟叶套种红薯最具代表性。这种套种技术，主要是有效利用烟叶与红薯两种作物生长周期的差异性进行种植实践的。下面就以我们 2008 年 7 月在五峰土家族自治县湾潭镇红烈村调查到的烟叶套种红薯技术进行阐述。据报道人、红烈村村民 PQY（女，51 岁，土家族）介绍，以前，按照镇里烟草部门推广的技术要求，烟叶地里一般是不能套种任何作物的。技术人员说烟地里要是套种了其他作物的话，那些作物不但会吸取烟叶的肥力，同时对烟叶的生长也会造成很大的负面影响，其表现就是烟叶走症，叶子会出现各种斑点和败枯。但是后来，他们试着在烟地里种植红薯，发现烟叶也没出现病状。连续经过几年种植后，他们得出一个经验，原来烟叶里也是可以套种红薯的。现在红烈村的大部分人家都知道这种套种技术，很多人家的烟地里都套种了红薯。

"烟叶套种红薯"的具体操作过程为：每年农历的正、二月份，土家族农民将农家肥运到已经翻耕过的地里。等到三、四月份，就开始在地里下底肥、起垄子，土垄之间的间沟一般是 30—40 厘米宽。土垄起好后，盖上塑料薄膜，然后从温棚里将烟苗移栽其上。大约到了五月下旬，烟叶长到五六十厘米高时，即可在烟地里套种红薯苗了。红薯有红、白两个品种。以前是自己窖种育苗进行种植，其方法为："每于春月挖开山地，用种横下，粪土壅之，根生萌芽，八九日即渐长长藤，其色紫。白者绿叶，红者叶亦稍紫，即取其藤剪成三寸许，另栽于地，一二日即生根发芽长藤，藤长，雨后必由东翻其藤于西，越数日又由西翻其藤于东，其根始粗大可食，否则藤上生细根，即不成矣。"[1] 如今，红薯苗大多都是从市场上购买，因为当地冬季严寒，红薯种子极易腐烂，自家留种十分困难。在套种时，红薯苗一般是套种在烟地中的间沟里。当然，在其具体的操作中还有一定的技术讲究，不是所有间沟都可套种，而是间行种植。如下图所示：土垄 A1、A2 种植烟叶，间沟 B1 套种红薯，那么间沟 C1 就必须空行不套种任何作物；土垄 A3、A4 种植烟叶，间沟 B2 套种红薯，那么间沟 C2 也就必须留空不套种任何作物。

---

① 同治《长乐县志》卷 15《风俗》，第 7 页 a。

（土垄）A1	* * * * * * * * * * * * * * * *
（间沟）B1	###############################
（土垄）A2	* * * * * * * * * * * * * * * *
（间沟）C1	+++++++++++++++++++++++++++++++
（土垄）A3	* * * * * * * * * * * * * * * *
（间沟）B2	###############################
（土垄）A4	* * * * * * * * * * * * * * * *
（间沟）C2	+++++++++++++++++++++++++++++++
（土垄）A5	* * * * * * * * * * * * * * * *

图 5—1 "烟叶套种红薯"示意图

（＊＊＊＊：表示种植在土垄上的烟叶；####：表示套种在间沟里的红薯；++++：表示未种任何作物的间沟）

间行套种原因有二：其一，为了防止所种植的红薯苗过多吸收烟叶的肥力，影响烟叶的生长；其二，留空的间沟是为人们打收烟叶时提供便利的，如果每行都套种红薯，那么在打收烟叶时就很容易践踏到红薯苗，不利其生长。农历六月下旬地里的烟叶就开始陆续打收，最迟的烟叶到七月底也都会全部收割完毕。那时，刚好是红薯生长最旺的时节，收割完烟叶的空地正好为红薯提供了地势环境，使之继续生长有了空间的保障。同时，烟叶收获完后，套种在地里的红薯还可以充分吸收烟叶所剩下的肥力，以利其更好地生长。

3. 换行种植的地方性知识

在武陵地区，由于受特殊自然环境的影响，土家族农民以烟叶为主要经济作物。因此，烟叶种植得好坏，直接影响到他们的经济收入。对此，许多地区的土家族农民根据种植实践和经验总结，探索出一套颇具地方特色的种烟技术。我们在红烈村调查时，该村一些土家族老农告诉了我们这种换行种植烟叶的地方性技术。按照烟草部门技术人员的要求，烟叶一般不能连续多年在同一块地上重复种植，最好是两年一换，否则，烟叶种重（即"重复种植"）很容易走症或得各种怪病。但是当地有些农户的烟叶却在一块地上种了快十年了，烟叶未得任何病症。原因是他们根据多年的种植经验，总结了一套有效的方法。报道人FMG[①]叙述道：

> 这种方法说来也很简单。你们也知道，我们这里烟叶一般是种植在地里所起的垄子上的，在两垄烟叶之间一般留有间沟，间沟里常常隔行套种如红薯、蔬菜这样的作物。[②] 因此，在同一块地里的土垄上连续种植烟叶两年后，第三年就可以将原来种植烟叶的土垄做成间沟套种其他作物，再将原来套种其他作物的间沟做成土垄种植烟叶。这样每两年一换，反复换垄换行种植，就可以使得烟叶在同一块土地上连续多年种植了。每两年换一次垄子种烟，也就相当于每两年换一块土一样，效果都是相同的。

该报道人还介绍道：

> 运用这种"换行种植"方法连续种烟时，一定不要将原来种植作物的"间沟"与"土垄"搞错，否则将白忙活一场。在耕地时要注意，要顺着"土垄"和"间沟"的走向耕，不能将之横着耕。顺着耕后，才能很清楚地发现哪行曾经是种植烟叶，哪行是套种其他作物的。种植烟叶的行距很好发现，因为地翻耕后，顺着原来种植烟叶的垄子方向看去，翻好的土垄上会露出许多距离不等的废烟茬（烟桩）；而种植红薯或其他作物的行距翻耕好后，则没有如"烟茬"这样明显的标志出现。因此，在来年起垄子换行种植烟叶时，有废"烟茬"标志的"行"就做成"间沟"种红薯或其他作物；标志不明显的"行"便做成"土垄"种植烟叶。这样，每两年换一次，反复种植即可。按照这种办法做，一般是不会搞错的，耕地时只要注意一下，也不麻烦。

---

① FMG，男，54岁，土家族。
② 如"烟叶套种红薯"示意图。

　　为了弄清其原委，我们就关于"烟叶是否能在同一块地上连续种植"的问题咨询了当地烟草办的相关技术人员。咨询后得知，在同一块地上持续种植烟叶多年的确会对其有很大的影响，主要是易使烟叶产生一种抗土壤与抗肥性，这种"抗性"会降低烟叶的免疫力，很容易使烟叶在成长过程中产生各种病症，尤其是遇到持续几天的大暴雨或干旱等反常天气，烟叶走症的现象就更明显了。

　　然而，要是运用"换行种植"技术进行耕种，如以"烟叶与红薯"互换行种植为例，原来种植烟叶的地方改种了红薯，红薯可以充分吸收土壤中未被烟叶吸收完的肥料，并得以有效地生长；而烟叶也换种到以前种植红薯的地方，得到一个新的土壤环境，对其生长也十分有利。两种作物不但起到"互补"作用，避免了烟叶因为种重而得各种病症，同时也大大提高了土地的重复利用率。

　　在土家族的传统农业种植中，除了套种、换行种植技术之外，还有轮种技术。轮种是指在同一块地上，收获了一季作物后不用翻耕土地，继续种植其他作物的种植技术。轮种的作物搭配主要有：油菜轮种玉米、烟叶轮种油菜、烟叶轮种萝卜、玉米轮种土豆等。以油菜轮种玉米为例，油菜一般在头年的冬季播种，播种时底肥要下足，以满足第一季收获后轮种的其他作物的肥力所需。到来年的三四月份，油菜收割完毕后，不用翻耕原来的地垄，在油菜残蔸的间隙中直接点种玉米。此举的目的是为了充分利用土地，以及原有的地膜和肥力，以此节省劳动时间和提高农业生产效率。

　　4. 传统农业灌溉技术

　　土家族十分重视农田的灌溉，为了更好地蓄水和引水，土家族在农业生产实践中创造出了"砌岩墙"、开渠开沟引水、工具提水等各种砌石技术和农业灌溉技术。武陵地区多山地，许多土坎田坎，前坎后坎，都用块石砌成护墙，土家族叫"砌岩墙"。砌的方法是用"蓑衣岩"打基础（即底层宽大，然后逐层靠坎收缩，像蓑衣一样），用"插片岩"砌墙身，碎石填心。墙坎高在 1—3 米之间，少数高达 5 米以上。不用石灰、水泥就能使墙体结构紧密牢固，历千百年一般不崩垮。[①] 通过

---

　　①　田荆贵主编：《中国土家族习俗》，中国文史出版社 1990 年版，第 40 页。

"砌岩墙"，使得各种土坎田坎得以稳固，便于向田间引水和蓄水。

早在清代，土家族就会灵活运用各种引水技术进行农业灌溉了，其典型工具是木笕、竹筒等。木笕是在圆木上凿出槽道，将木槽连接水源，使其水从木槽上流入。[①] 如《恩施县志》云："农器，诸类悉具。而筒车转水溉田，尤为事半功倍。其制，于溪流近岸处，竖木为架，缚竹为大轮，以竹筒周缚轮外，口皆向上，置流水中，水激轮行，筒载其水，转旋而上，注入木笕，由以递引入田。大约一具可灌田数十亩，较桔槔之制，尤为不劳人力。"[②]

土家族在造田时，除修建各种坝、沟、笕、井等蓄水引水设施外，还会因地制宜备置水车、筒车、戽斗、蜈蚣车（又叫龙骨车）、竹筒之类的抗旱提水工具。对于水车和筒车，相关史料均有详细载述："水车，形如车厢。长丈余或八九尺，高尺许，以短木片连贯其中，头横圆木，两端车轮状，别置一架，人坐架上，以足转轮，取水甚速；筒车，就溪河低洼处塞坝，以竹为广轮，准溪为度，钳空两重如车制外壳。匝置竹筒，两木夹持，侧没水中，水冲轮转，筒水倒流，周回不息。"[③]《来凤县志》又载："来凤土田，均在山坡，长川之水下，就溪壑近水平衍之处，间用水车、筒车吸引，以资灌溉。稍高则不能引之使上也。惟岩谷之间，随地生泉，筑坝挖梁，上承下接，亦可灌田数亩及数十亩不等。"[④] 此外，在一些地势特殊或无水的地方，土家族还开土设坝，筑建堰塘蓄水，并用戽斗提水灌溉。对一些靠天水的"雷公田"，也开有"露水沟"和"牛滚塘"，用以引水蓄水。例如，在湘鄂渝三省市交界的来凤县兴安村，许多水田和旱地边上开挖有蓄水池，尤其是处于高山高坡之上的田地，设置蓄水池、蓄水凼的情况更为常见，有的蓄水池是用水泥浇砌而成，有的则是就地开挖不加任何修饰。这些蓄水池不大，但数量却不少，一些田地的边上，多的则修建有三四个。我们在兴安村调查时，据当地土家族农民介绍，修建这些蓄水池的主要目的就是

---

① 柏贵喜：《转型与发展——当代土家族社会文化变迁研究》，民族出版社 2001 年版，第 73 页。

② 同治《恩施县志》卷 7《风俗志·地情》，第 2 页 a。

③ 同治《来凤县志》卷 15《食货志·水利》，第 1 页 b、第 2 页 a。

④ 同上书，第 1 页 a。

为了农业抗旱和灌溉。

5. 对现代农药的认知与利用

随着现代科技的传播，现代农药在土家族地区也得到较广泛的使用。但在实践中，土家族对现代农药形成了自己独特的利用模式。在进行田野调查时，我们特意关注了这方面的内容。以下是在五峰红烈、龙桥两个土家族村落所调查的两位土家族农民的田野口述资料。红烈村一位叫 LLQ（男，60 岁，土家族）的老农在谈到对农药的认识时是这样叙述的："除草剂这样的农药一般要谨慎使用，你要知道当田地里的草被除草剂'除'得十分干净时，这时很可能你种的庄稼也不会长了。你想想看，草和庄稼都是植物，许多生命特性都相似，甚至许多时候很多杂草的生命力还超过庄稼作物。所以，当地里的草都被除草剂除干净的时候，庄稼作物也就处在很危险的地步了。"

龙桥村（红烈村邻村）四组的一位种植经验丰富的老农 WZS[①] 在回答"农业生产中是否对除草剂进行使用？"的问题时说："除草剂我们一般是很少用的，我认为啊，种庄稼还得靠人勤快，农民嘛，必须得勤劳才能有收获啊，要是整天懒惰或者投机就想收成，那到头来只有倒霉、遭殃的命。比如我们组上也有少数人（大多是一些较年轻的）用这种农药，在三四月份锄草的时节，他们为了偷懒节省时间，于是就背着喷雾器，灌上除草剂，直接到玉米地里喷洒除草，刚开始几天发现只是杂草死了，玉米没什么影响，等过一两个礼拜再看，许多玉米也枯死了。其实啊，除草剂这种农药毒性特别大，在用的时候如果你稀释过度又没有除草的效果，如只是适当地稀释对庄稼则又有很大的副作用，所以一点都不好用。"

停了一会后，WZS 继续说："喷洒到地里的除草剂，主要是烂杂草的根。所以我认为，要是实在要用的话也只有在秋收将土翻耕后，将之稀释后喷洒到地里，然后等到来年的二三月份再种庄稼，这样经过几个月的时间，不但杂草的根被腐烂了，同时除草剂的余毒也会消失了许多，从而达到除草的效果。当然，这种方法也不是最好的，因为也不能每年都用，要是用多了同样对庄稼是有害的。总的来讲，我认为最好是

---

① WZS，男，62 岁，土家族。

少用除草剂，在不需要用的情况下尽可能不要用，尤其是在农历三四月份，是绝不能直接用喷洒除草剂去代替人工薅草。要知道，作为农民要是不勤快、靠偷懒去种植庄稼，肯定是得不到好的收成的，很多时候只会适得其反。"

（二）农家肥知识与传统施肥技术

1. 农家肥知识

农家肥是土家族耕作时使用的十分重要的传统肥料，主要有如下几类：

（1）畜禽类粪。

畜禽类粪是土家族农家肥的重要组成部分，是指各类牲畜、家禽通过自身的粪便结合相关杂草、树叶、秸秆及炭灰等原料沤造而成的一种传统肥料。

畜类粪。畜类粪又细分为猪粪、牛粪和羊粪等。土家族的畜类粪在改土归流后得到广泛应用。清朝地方政府出台一系列政策大力倡导土家族"开池蓄粪"。如《鹤峰州志》载："民间住宅，未有不于宅后宅旁，开挖粪池，以为蓄粪之所。若农家则不仅一处，必于田旁或离宅稍远空地，开一大池，捡拾人、畜之粪，并烂草火灰匀拌，以备沃土之用"[1]，"粪池一件事虽细微，然利用厚生之本，必先变贫瘠土为沃土，求土之沃，莫先蓄粪"[2]。在沤造畜类粪时，主要涉及三方面内容：一要有沤粪主动源——牲畜；二要有一个能沤（当地人亦称"造"）粪的场所——畜圈；三要有沤粪的材料与方法。关于土家族的沤粪场所，主要分为两类：第一类是在吊脚楼下开挖粪池，并架上木板，木板之间隔有空隙，畜圈建成后，将牲畜赶到木板上，进行喂养蓄粪。有关粪池的建造，方志云："远近居民，无论宅之旁后，家家开一蓄粪之池，擸以棘木。若户大人多者，另于空地开纵横各一丈，深一尺，人少者开纵横各五尺，深一尺之池。"[3] 第二类是在吊脚楼下或侧楼之中挖坑建造畜圈，不架木板，将猪、牛、羊等牲畜赶入圈中，投入各种材料进行蓄粪。

在沤粪的材料与方法方面，在第一类畜圈中，除适时加水外，不投放其他蓄粪材料；在第二类畜圈中，其方式正好相反，即适时投放材料

---

① 乾隆《鹤峰州志》卷12《劝民蓄粪》，第56页b。

② 同上书，第57页a。

③ 同上。

而不加水。其蓄粪的材料主要有稻草、玉米秆、油菜秆、青草和各类嫩树叶等。在农历三至九月，沤粪的材料主要以各种青草和嫩树叶为主；从九月至次年的三月，则以秋收后干枯的玉米秆、稻草和油菜秆为主。在沤粪的方法上，有一定的讲究。以玉米秆为例，若是用牛造粪，直接将其投入牛圈即可；若是用猪造粪，则需对玉米秆进行处理，如将其铡成十厘米左右的短节后，方能投入圈中沤粪。因为猪的践踏能力不如牛强，秆若太长则不易被踩碎踏烂，不利于沤粪。另外，在丢放玉米秆时也应注意，投放的量既不能太多也不能太少，若丢放太多，玉米秆不容易腐烂，所造的粪肥肥力将受影响；若太少，猪容易将玉米秆踩烂而致使猪圈变稀，将不利于猪的成长。一般来说，一个猪圈若喂养两头猪，一个星期丢放两次玉米秆即可。

禽类粪。土家族地区喂养的家禽主要有鸡、鸭、鹅等几类，因此沤出的禽类农家肥主要为鸡、鸭、鹅几类粪。禽类粪指的是以木材燃烧后所剩的炭灰倒入关养家禽的圈内，与各种家禽粪便混合沤造而成。基于每家农户喂养家禽数量不多、所造禽类粪有限的实际，武陵地区的土家族农民通常是将禽类粪只用于种植姜、葱、大蒜等蔬菜类作物。

（2）土粪。

土粪，又叫"草木土杂肥"或"土灰"，是土家族一种特殊的农家肥，主要以焚烧各种杂草、树叶、草皮混合的泥土而成，因而烧制土粪亦被称为"烧土灰"。土家族烧制土粪的方法历史悠久，可以追溯到传统的"砍火砂（畲）"这一生产模式。"砍火砂（畲）"烧制土粪的制肥方法被沿袭至今。

烧土粪的时间通常是在农历二月，即春季作物播种之前。当然，如一些作物的种植季节不是在春季，但只要合理安排好时间，在下种之前将土粪烧制好也能用此肥进行耕种。例如在土家族的一些地区，土豆种植的时间不是在春季，而是农历十月左右。因此，若计划用土粪做底肥种植，则须在播种前的九至十月将土粪烧制好。其烧制方法是：找来一些杂草或铲一些草皮堆成一堆，并盖上适量泥土，然后点火烧。泥土一般不能盖得太多，多则不易燃烧；但也不能太少，太少则烧制不了更多量的"土粪"。烧土粪时火不能太旺，火太旺易将所盖的土烧成焦红色，使之肥效丧失。只有用小火慢慢地烧，使其所盖的泥土烧成灰黑色，这样的土粪才最具肥效。

（3）沤粪。

沤粪也是土家族一种独特的积肥方式，主要是用肥泥沤烂树叶、杂草而成。根据制肥方式的不同，沤粪有两种类型：其一是将树叶、杂草沤入水田使其腐烂获肥，此称水田沤粪。如《来凤县志·风俗志》记："农人入冬月，满田浸树叶，谓之压青。至春来，叶烂泥融，可以代粪。"[1] 水田沤粪方式主要盛行在低洼平坝、水田较多的地区，至今仍有许多土家族农民在农业生产中沿用此方法沤粪。在秋收之后，人们闲置的水田冬泡。冬泡时，将稻草、田边的杂草以及从山上打来的青草、树叶一并翻犁沤下，并保持田里蓄满水。越冬以后，各类杂草、树叶腐烂入泥，泥土肥力增强，田就越做越浓，越耕越肥。其二是将各种肥泥运到旱地里，将树叶、杂草夹杂当中使其沤烂，此名旱地沤粪。例如在旱地较多的鄂西五峰湾潭镇的红烈村，每年正月，当地土家族就用"篁背"[2]，将河里涨大水冲积来的肥泥背到已翻耕过的地里，再将一些杂草沤入肥泥之中，按照一层肥泥一层杂草的方式堆成高一米五左右的土垛，并盖上塑料膜使之发酵。等到播种庄稼时，将这些肥泥均匀抛撒在地，用铧犁翻耕，然后再播种。据说，用此方法种植出来的庄稼长势甚好。

据红烈村的 WCY（男，83 岁，土家族）介绍："这种积肥方法在'搞集体'[3] 的时候是经常用的，主要是因为那时化肥还没普及。刚刚包产到户那几年，大概是 1982—1986 年那段时间，人们到河里背泥沤粪的积极性也特别的高。那个时候，由于化肥少，很多人家在头一年庄稼刚收割后，就开始到河里背肥泥沤粪了，场面真是热火朝天，背泥忙碌的身影随处可见。用河泥沤的这种肥料种地，不用担心地里庄稼因肥过量而长不好，就怕用肥泥沤的粪不够多、不够肥。一般是肥泥越多，用杂草沤出来的粪就越肥，粪越肥庄稼自然长得就越好了。"

当问后来为什么少有人再去背肥泥沤粪时，WCY 回答："当化肥刚

---

① 同治《来凤县志》卷 28《风俗志·农事》，第 5 页 b、第 6 页 a。

② 篁背，当地土家族方言，即背篓的一种，用竹子编制而成，专门用以背运东西的一种劳动工具。

③ 指联产承包责任制前的人民公社集体生产。

刚普及那几年，价钱也还便宜，且用之种出的庄稼和用河泥沤粪所种出的效果差不多，加上用化肥不但能节约时间，同时在很大程度上还减轻了人们的劳苦①，所以好多人渐渐地就很少到河里背肥泥了。虽然现在大家也知道这种方法的价值，但是由于村里大部分青壮年都外出务工了，留下来种地的基本上是些上了年纪的老人，即便想背河泥沤粪也是力不从心呀！"

（4）人粪尿与饼肥。

"人粪尿"主要指人体排泄出的粪和尿，俗称"人大粪"。在使用过程中，主要以浇灌的方式进行施肥，适合种植各类农作物。人粪尿是一种优质的天然肥料，但由于数量有限，人们对之利用时，多用其浇灌菜园里所种植的各种蔬菜，很少用其浇灌其他作物。

饼肥也是一种较为特殊的农家肥，主要有油菜饼、茶油饼和桐油饼几类。油菜饼，顾名思义就是将油菜榨油后所剩下的饼，一般100斤晒干的油菜能榨油30余斤，菜饼70余斤。在施用饼肥种植庄稼时，得先将饼碾成细末，然后再在靠近作物的地上用工具戳一小洞，将饼肥细末灌入洞里，浇水使之溶化，最后盖土。饼肥的好处是肥力强、肥效时间长，即使用放上几年的陈枯饼来做肥料，与刚榨油所得的新饼相比，其肥力仍不相上下。

2. 对农家肥的认知与利用

土家族使用农家肥时，有其自己的一套认知与利用模式。许多土家族农民认为在猪粪、牛粪、羊粪这三种畜类农家肥中，肥力最强的是羊粪，其次是猪粪，最后是牛粪，如用">"表示，则肥力强度为：羊粪>猪粪>牛粪。当问到"为什么羊粪最肥"时，土家老农是这样回答的："具体也说不清楚，只知道凭多年的农业生产经验发现这类粪的肥力最强；猪粪之所以肥力高于牛粪，是因为人们经常给猪喂粮食，猪吃粮食后排便所造出的粪自然要比只吃草的牛造的粪肥了。"老农的这句话，从表象上看并没能给予我们科学的答复，但是从他的话语中所强调的"多年的种植经验"这一点，其实已经透露给我们答案了，或许这正好反映了当地土家族独特的认知模式。

---

① 劳苦，在文中指劳动强度，即辛劳之意。

基于以上各种畜类粪肥力的差异，土家族农民在对之进行利用时则颇有技术讲究。例如，在利用畜类粪种植烟叶和辣椒、茄子、番茄等蔬菜时，一定要在播种前一个月将粪淘运出圈，并露天堆放使其发酵降温。因为以上所述的这几种农作物对农家肥的抗温性较低，而刚刚出圈的畜类粪如不经过一段时间的发酵降肥降温处理，就直接运往地里下肥播种的话，作物的根或种子就很容易被肥料"烧坏"。当然也有例外的情形，例如种植玉米和红薯则没有以上的要求，这时直接从畜圈里将粪运到地里进行施用即可。只是在下种时，种子不要点播在农家肥上，也不能离肥太近即可。另外，当地土家族在利用猪、牛粪种植土豆的地方性施肥经验也有必要一提：在种植土豆时，人们通常是先放粪做底肥，再下土豆种子，这样做的好处是利于土豆整齐发芽破土生长；反之则可能会损坏种子，使破土而出的土豆苗参差不齐。

在利用禽类粪和土粪这种农家肥时，土家族农民认为鸡粪的肥力较强，对种植葱、蒜等蔬菜来说是一种优质肥料，但是在具体利用时为了安全起见，通常也要进行一定的技术处理，使其肥效降低。具体方法是将鸡粪除出圈后，混拌一定比例的炭灰释解其肥效，或者在施肥过程中注意保持与作物的距离及量的控制等。

关于土粪，许多土家族农民都认为，土粪里含有氮、磷、钾、锌等多种元素，是纯天然的农家肥，用之种植庄稼，庄稼会长得很好。例如，用土粪种植出来的蔬菜，比用一般的农家肥（畜禽类粪）和化肥种植的要好吃些。在具体施用土粪播种庄稼时，一般是先在地里点播种子，然后再在种子上盖上一定量的土粪，最后盖土。谈到烧制土粪，也许有人会问会不会破坏森林与植被？其实不然，如今许多土家族农民在寻找烧制土粪的杂草和铲草皮时，通常是就地取材，即在地里的土坎边上割杂草或铲草皮，有时也到树林里采拾一些干枯的树叶，或者到其他有枯草的地方割些杂草来烧制，一般是不会为了烧土粪而随意砍伐树林或破坏植被的。

3. 地方性施肥技术

我们在五峰红烈村调查时发现当地农民根据自己的农业生产经验，在利用现代化肥时，创制了具有地方性特点的施肥技术，主要有：

（1）冒雨叶面施肥技术。

冒雨叶面施肥技术，是指在下雨的时候冒雨在烟叶叶面上施撒肥料的一种施肥方法。该方法是一种很有特色的地方性叶面施肥技术，但由于要求必须在雨天进行，所以对天气的把握是用此法施肥成功与否的关键所在。每年当种植的烟叶长到七八十厘米高的时候，就可以用此方法施肥了。施肥前，首先要对天气有一个准确的判断，即判断以后的几天会不会下雨。对于天气的观察，一是通过天气预报，看未来两天是否有雨；二是通过自己长期积累的经验判断。当对下雨和雨水持续的时间有了明确的判断后，雨只要一下，人们就打一把雨伞，提着（或者用盆端着）肥料（主要是尿素），冒雨进入烟叶地里，对烟叶进行施肥。施肥的方法和技术是很有讲究的，所施的肥料不能太多，也不能太少，一般是用拇指、食指、中指和无名指合在一起抓一小撮尿素的量。在具体操作时肥料不是施到烟叶的底部和根部，而是从烟叶顶部施下，这时所施的肥料正好被雨水冲下，顺水流到烟地里，从而使烟叶得以有效吸收。用此方法给烟叶施肥时，雨下得越大效果就越好。

这种方法施肥，一般一季烟①只能用一次，且最好的时间段是在农历五月底至六月初。当然，该方法也有一定的风险，要是对天气把握不好，如刚施好肥料就遇天忽然转晴，那么就会导致被施过肥料的烟叶全部败枯，也就是人为的坏死。

（2）稀释浇灌施肥技术。

我们在调查中发现，红烈村第二种比较有特色的施肥技术是"稀释浇灌施肥技术"。此方法主要是先用水稀释肥料——碳酸氢铵，然后浇灌稀释的肥料。为了论述方便，特将其命名为"稀释浇灌施肥技术"。该方法施肥的程序是：取一定量的碳酸氢铵，用适量的水将之稀释溶化，溶化好了的碳酸水用桶装好并运到烟地里，然后在每两株烟叶之间戳一个小洞（穴孔），洞戳好后就用一个小缸装一定量的肥料水（碳酸水）倒入洞中，随后顺手打（拷）一些废弃的脚叶烟（每株烟叶底部最差的那层叶子）盖上，再盖压少许细泥土，其程序就算结束。

在长期的烟叶种植过程中，一些土家族农民经过经验总结，对烟叶

---

① 指烟叶成熟的周期，一年一个周期称为一季。

的习性有了很深刻的认识。在他们看来，在种植烟叶过程中，烟叶走症主要是与肥料有关，而与土壤的关系不大，因此施肥的方法很关键。碳酸氢铵这种肥料挥发性和刺激性都特别强，如果不经过一定的"方法"处理（即进行稀释并浇灌），而是直接将之运到烟地里按照常用的施肥方法（也就是技术员正规推广的"科学"施肥方法），即"在两株烟叶之间土垄上打个小洞，再将一定量的肥料丢入洞中，并盖上少许泥土（有人甚至连泥土都不盖）"，那么，施到烟地里的碳酸氢铵就很容易挥发出刺激性的气体，这种刺激性气体分子只要一冲到烟叶上，烟叶就会受到一定的损害，刚开始还看不出什么不适，但只要一遇到持续一两天的大雨或者一个星期左右的干旱，烟叶叶面则很快就会起斑点、走症。而用"稀释浇灌施肥技术"则避免了这方面的缺点。

（3）喷洒叶面施肥技术。

"喷洒叶面施肥技术"也是土家族地区一种颇具特色的地方性施肥技术。由于该施肥方法主要是在晴天的傍晚操作，所以一些土家族农民形象地称之为"天晴傍晚施肥法"。

"喷洒叶面施肥技术"有一定的时间和规则要求。就时间而言；要在天连续晴几天后，并通过观察天气断定还将继续晴朗，就选择在某一天的傍晚进行。其操作方法就是将尿素和一定量的水稀释溶化成尿素水，然后将之倒入桶式喷雾器中，傍晚时分，将之喷洒到烟叶的叶面上。之所以选择在这样的时间段给烟叶喷洒施肥，是因为晴朗的夜晚烟叶容易起露水，露水会稀释刚喷洒到烟叶上的肥料水（尿素水），达到烟叶所需肥料的中和度，从而利于烟叶的生长。

（三）传统养殖知识

1. 传统养猪方式

（1）选猪经验。

土家族十分重视对猪的挑选，并且积累了许多丰富的经验。选择猪崽时，从外形上爱选架子大、毛色粗而亮，即"鲤鱼头"、"黄牛尾"、"大象体型"的大种猪，不喜欢小样猪。买猪时，如何识别猪有无病症？肯不肯长？善不善吃？对于这些，土家族也有经验：他们只要用手抓住猪背上的毛轻轻往上一提，如果满手猪毛，说明这样的猪有病，他们就会放弃对这只猪的购买而另作他选。另外，他们还会通过观察猪皮松紧和肤色来判断猪的长势。如果某猪皮松且白，肯定易长，即便贵一点，也会买下；如果某猪皮紧且黑，用他们的话说，就是"一抹光的"，绝对不肯长，也长不大，就算便宜一点，也会弃之。

（2）放养模式。

土家族历来有"放猪"的传统。放猪一般选择远离庄稼、地势宽平、水草丰美的地方。这种养猪的方式在五峰湾潭镇的红烈村颇为流行。尤其是在改革开放以前，这里的土家族农民都按照这种方式养猪。红烈村的乌磴坪、小汩湾、猪草坪等地，都是当时人们赶猪放养的场地。

在红烈村，放猪有敞放和套放两种。传统放猪方式是敞放，现在改为套放了。套放是用绳子将猪的前肩胛骨套住，用人牵着放或将绳子的另一头拴在树上套放。放猪季节一般在农历九月到下一年的三月这段时间，每天上午八九点赶出去，下午五六点收回来。放猪之所以有季节选择，据当地土家族村民说，主要有两个原因：其一，因为草场被不断开垦，三月后到处都种上了庄稼，放猪会祸害庄稼。有俗谚云："农历过了三月三，自家牲口自家关；农历过了九月九，自家庄稼自家守。"其二，每年夏季不宜放猪。每年夏季，流经村子里的湾潭河经常涨水，水很容易将放猪的场地淹没，从上游冲刷下来的各种垃圾堆积于此，常带有潜在的传染病菌，如在此时此地放猪，猪很容易染病。

（3）圈养模式。

相对放养来说，圈养要复杂得多。圈养主要包括猪圈的建造、饲料的投放和粪便的处理三个方面内容。

其一，猪圈的建造。过去土家族由于多住吊脚楼，所以猪圈一般修在吊脚楼之下，圈坑是按照长5米、宽4米、深1.5米左右的标准，以石块或混凝土为料浇砌而成。近年来，随着社会变迁的加剧，许多土家族村民盖起了砖瓦结构的住房，传统吊脚楼式建筑逐渐消失，猪圈也被独立出来，建在院落的一角。

其二，饲料的投放。土家族养猪的最大特点是以青草和粮食喂养为主，且肥猪和母猪的喂料稍有不同。肥猪在满月前主要吃猪奶，快到满月时则被喂煮熟的粮食和各种菜叶及少量的饲料。满月后的小猪，在喂食时要掺和少许饲料，使之长架子，当猪长到四五十斤后，即开始喂猪草和少量的粮食。每天清早人们便上山割猪草投入猪圈，并放充足的水，所谓"水饱草足，膘肥肉满"，傍晚适当加喂一些粮食，主要是玉米粉、红薯、土豆。这种喂法一直要持续到农历的八九月份（对正、二月产的猪崽而言）。到秋收后，就多喂粮食，对猪进行催肥，以备腊月宰杀年猪。正如土家族的俗谚云："会喂的喂八月，不会喂的喂腊月。"

其三，猪粪的处理。人们每天往猪圈里投放猪草，一部分草料被猪吃掉，一部分则被猪踩烂。被踩烂的猪草拌着猪粪堆在猪圈里，经过一段时间的腐烂便成为农家肥。每年秋冬和开春，土家族农民就把圈里的农家肥淘出来，堆成一个长方体的肥堆，用塑料薄膜罩住，经过一段时间的发酵便可运到农田里进行耕种。因而，圈养的一个最大好处就是可以积肥。土家族有俗谚云："养猪赚大钱，又肥一坝田"；"种田不喂猪，好比秀才不读书"；"喂猪得两利，吃肉又肥地"；"猪多肥多，肥多粮多"。养猪积肥正是传统养猪方式在土家族地区得以传承的重要原因。

2. 传统养牛知识

牛在土家族社会生活中占有十分重要的地位，可以说耕牛是土家族民众的"命根子"。俗谚云："阳春一把抓，全靠牛当家。"因而，土家族爱牛、养牛，将耕牛称为"当家牛"、"富家牛"或"家栏牛"，并总结出了许多关于养牛的知识。

（1）土家族对牛的认识。

牛是土家族的传统养殖畜种。改土归流以来，耕牛就成了土家族农民种地的主要"生产工具"。一到开春农耕时节，耕牛就在农业生产中扮演着重要的角色。牛有黄牛、水牛之分。生活在山地中的土家族喜养黄牛，因为黄牛耐热，且个头较小，适合于山区牧放；居住在平坝、沿河地带的土家族则爱养水牛，因为水牛力大耐劳，善于耕地。对牛的饲养，主要是要保证充足的水草，冬天除了喂足草料外还煮玉米稀饭喂养。

小牛满三岁就要开教（学耕地）。届时，前面由人牵着牛鼻子，后面由人扶犁沿耕地的行、垄反复训练，经过连续三早上的操练，小牛就可以单独耕地了。用牛耕地时不能打牛，打牛容易将牛打出毛病。俗话说："牛打生，马打熟，羊子打了不归屋"、"不怕千日用，就怕一时催"。

土家族称公牛为牯牛。牯牛的性子猛烈，两头牯牛碰面经常会打架。牯牛到一定岁数后，人们要将牯牛的睾丸捆死，土家族称之为"骟牛"。牯牛被骟以后就温顺多了。当然牯牛被骟后就不能配种繁殖小牛，因此，人们一般会留少数的公牛不骟，以备配种繁殖之需。

（2）相牛与买牛经验。

土家族不仅善于养牛护牛，而且还善于相牛。有经验者从牛的长相、毛色、牙口、毛旋都可以看出牛的优劣。看牛的方法是："一看遍身，二看口，三看身着①，四看牵着走。"

首先是看牛是否肥壮、长相和四肢是否有力。"上看一张皮，下看四只蹄。"角像钻子、眼睛像镜子、四肢像柱子、尾巴像刷子、肚大肋稀的牛为良种牛。毛发粗糙的牛力气大，一般适于耕田；毛发细的牛力气小，则不善耕田。如用手在牛身上一抹，满手沾着油，这样的牛缺乏硬性，不善犁田；手上不沾油，这种牛有硬性，力气大，能犁田。

其次是看牛的牙口。俗话说："先买一张嘴，再看四只腿。"通过看牛的牙齿，能判断牛的年龄和好坏。判断牛岁数的口诀是："一岁对齿白，二岁对齿黑，望三择二齿，四岁四个牙，五岁六个齿，六岁八个牙，七岁牙变黄，八岁牙变黑，九岁牙下陷，十岁对齿缺，十七、十八上平下塌。"当然，黄牛和水牛略有区别，即"黄牛对齿加一，水牛对齿加二"。根据牙齿来审视牛的优良，有口诀为："八齿平平富，九齿买田庄，十齿是牛王"，因为一般的牛只长八颗或更少的牙齿，若长九、十颗牙，则为良种了。

第三是看旋。打鼓旋、扯皮旋、空仓旋、叹气旋、前后三眼旋的牛喂不得，不是招凶就是遭灾；晒谷旋、丁字旋、望山旋、锁富旋的牛是好牛，买来喂养"兴旺发达，清泰生财"；襄衣旋、落百旋，"不好也不坏，平安度日月"；穿棕旋的牛也可以，"牛婆穿棕，十栏九空"；"牯牛穿棕，到老英雄"。

第四是看眼和脚。土家族认为眼睛圆而红，全身较短的牛爱撞人。即"头顶一片瓦，必定遭棒打"。判断牛是否有伤病，通常是看牛的脚和腿。脚敢抬不敢踏，则说明牛的脚有伤痛；脚敢踏不敢抬，必定在上怀，则说明牛的上身有伤痛；牵着走的牛腿打弓，伤痛在当中，则说明牛身的中间部位有伤痛。

最后，土家族还认为善耕地的牛前身要高，后身要低，且肚子要

---

① 湘西、鄂西方言，意指体相、长相、身材。

小，即"前高后塌，拉断犁耙"、"前低后重（高），打死不动"、"浪皮（前胸处的皮）起口，打死不走"。另外，人们还通过看牛嘴的天平上的轮线来判断牛的寿命长短。轮线全且多的，寿命就长，轮线少的，寿命就短，在哪一轮线上断了，这牛就会在哪一年死掉。牛一般活 18年，多的可活 20 余年。

第二节　传统农业知识的现代利用

以上从三个方面对土家族传统农业知识的相关内容进行了阐述。下面从三个方面对土家族传统农业知识的现代利用价值进行分析。

一　显性的经济价值

经济收入是衡量社会发展的一个显性指标，收入的高低直接影响到农民的生活水平，同时也是国家小康社会和社会主义新农村建设成败的关键。在传统社会中，土家族农民常常依靠自己长期摸索出的生产经验进行农业生产，虽然人们利用这种传统农业知识在成效上表面上并不如现代科技的突出，但实际上，在很多时候这种传统农业知识对降低农业生产成本、提高他们的经济效益却有着重要影响。

（一）传统农业生产知识的经济价值

一定程度上讲，武陵地区的土家族所创造出的各种传统农业知识，为其提高经济收入起到了很大的作用。例如，红烈村土家族总结出的"套种、轮种、间种"等内涵丰富的传统种植技术就说明了这一点。如以"烟叶套种红薯"这样套种技术为例，这种有效的"搭配"模式，使烟叶与红薯获得双丰收，实现了"双赢"的经济价值。可以说，他们创造的这些种植技术，不但提高了土地的利用率，在很大程度上还增加了作物的产量，扩大了收入，具有十分显性的经济价值。

同样，针对烟叶不能在同一块土地上连续多年种植的情况，红烈村土家族创造的"换行种植"技术，不但使烟叶能连续多年在同一块地上种植，同时也免去人们另寻他地来换种烟叶之苦。特别是对缺土少地的山地农民来说，运用这种方法操作就显得更为重要了。

　　（二）农家肥知识的现代利用与经济价值

　　论述农家肥在现代利用中的经济价值，就不得不将其与代表现代科学知识的化肥进行比较了。使用化肥比使用农家肥成本高，这是大多数土家族农民的切身感受。在红烈村调查时，一位颇有农业生产经验的老农为我们比较了应用化肥种植玉米的收入与成本。按照种植经验，当地一亩地一般能产八九百斤玉米。按照亩产 900 斤的标准和 2007 年的最高市场价 0.90 元/斤计算，那么一亩地所得的收入为：900 斤×0.90 元/斤＝810 元。种植一亩玉米所需成本：购买化肥为 300 元，请人用牛耕地的劳务费为 120 元（2 天×60 元/天），自己一年种植玉米所折算的劳务费 200 元（4 天×50 元/天），买种子、农药费用约 50 元。种植一亩玉米的纯收入为：810－（300+120+200+50）＝140 元。

　　从这个例子，我们能清晰地看到施用化肥种植庄稼的高昂成本。事实上，单位面积的土地施用化肥的量每年都在增加，加上化肥价格的增长因素，施用化肥的成本每年也在增加。若用农家肥做底肥种植，则可降低成本。值得庆幸的是，土家族农民业已看到了农家肥成本低这一优点，因而在农业生产中所施的底肥多为农家肥，这大概也是他们常讲的"用化肥种不起庄稼"而使用农家肥的主要因素吧。红烈村农民喜用农家肥的行为正是其降低成本的经济理性体现。

　　我们在红烈村调查了过度使用化肥对农作物的影响等问题。该村四组有一位名叫 WDJ（男，56 岁，土家族）的村民，从 2005 起连续承包了本组 FYC（男，58 岁，土家族）家一块地种植农作物。该地在 2002 年之前由于多年过度使用化肥，从而造成 WDJ 自承包以来，每年种植的庄稼都会得各类病症①，严重歉收。例如 WDJ 家 2008 年在此块地里

---

　　① 在调查中，为了解其具体原因，我们特地咨询了五峰湾潭镇烟草站的技术员 WYK（男，47 岁，土家族）。WYK 是这样解释的："那块烟地我知道，去年他还请我们烟草站的几个工作人员到地里调查原因呢。我们对土质检测后，发现土壤的酸性特别高；加上那块地在未承包过来之前，连续多年都是完全用化肥进行种植的，所以我们认为这种情况是过量使用化肥导致的，因此也建议他用碱性改良。前两天，我也路过那块烟地，发现烟叶也走症得很厉害（但要比去年的情况好些）。我问 WDJ 有没有进行改良，他只是说今年多下了些猪粪和牛粪。后来我给他说，农家肥虽然有改良功效，但效果较慢，建议他明年最好到市场上买点如生石灰类的碱性物质，耕地时施到地里，之后再施农家肥种植庄稼，这样效果可能会好一些。"

种植的烟叶，出现了大面积的走症和枯死现象。[①] 由此可见，过度使用现代化肥不仅增加了成本，而且降低了收益。

值得补充的是，土家族农民自己总结的施肥技术，对提高他们的收入也有重要的作用。如前文所述的"冒雨叶面施肥技术"，由于它具有使烟叶生长快、效果明显等特点，只要把握好天气，用这种技术进行烟叶生产，无疑会提高作物的产量。同样"稀释浇灌施肥技术"在防止烟叶走症、烟叶起斑方面也具有很好的效用，如果将之进行有效利用，同样可以提高烟叶质量与产量，扩大农民的经济收入。

（三）传统养猪方式的经济价值

土家族传统养猪方式也有较高的经济价值。其一，给猪喂生食，不但节约了劳动时间，而且降低了成本。煮熟食喂猪，要经过砍柴、打猪草、剁草、煮猪食、喂食等多种程序，每天要投入大量的劳力和时间。据一些土家村民的估算，要是煮食喂猪平均每户一年要烧柴 1 万斤左右，按 100 斤/10 元计，一年用于烧柴就得花 1000 多元。如果用煤来煮猪食的话成本就更高了。这对村民来说是一个不小的开支。可是，如用生食喂猪，则可大大降低成本，其喂养的效果相差无几。当然在喂养过程中会对饲料做一定的改变，但其传统的喂养模式始终未变。因此，"喂生食"这种传统养猪方式，具有节省劳动时间、降低喂养成本和提高经济效益等多种价值。

其二，土家族传统圈养模式，不仅利于猪的成长，重要的是可以积肥，扩大了农家肥的产量，降低了对化肥的需求度，也具有降低成本和扩大经济收入的价值。农家肥是土家族农民喜欢施用的天然、高效、无污染的有机肥料。农家肥对于改良土壤也具有十分重要的作用，而农家肥的来源主要有赖于传统养猪业。按照土家族农民的认知，多喂猪可以多积肥，多积肥可以多产粮，部分粮食可以喂猪，收获粮食的秸秆也可以沤粪，有了粪就可以再次进行农业生产，由此形成了"猪—肥—粮—猪"有效循环模式。这种模式是一条通过"养猪→获得农家肥→用肥去进行农业生产获得粮食→再用部分粮食和秸秆进行喂猪或积肥"

---

① 当时我们正在该村做调查，为了弄清具体情况，我们还特意咨询了当事人和相关技术人员，并到文章所述的这块烟地里进行实地观察。

的良性循环的"生产链"。

因此，土家族经过长期实践所创造出来的各类传统农业知识，如果对之进行有效利用，无疑在很大程度上对土家族农民的增产增收具有重要的作用，其凸显出来的显性经济价值也是有目共睹的。

二　现代科学知识的本土化与两种知识的互补

传统知识对现代科学、技术的作用和贡献是不容低估的。例如，现代疫苗的产生，正是源自牧人的经验，他们用带病牲畜的唾液泡沫给健康的牲畜接种，以其获得主动的免疫能力，巴斯德（Pasteur）据此获得了灵感和启示。弗莱明（Fleming）发现盘尼西林（Penicillin）的过程同样基于本土经验，这样的例子不胜枚举。[①] 我们深信"科学技术是第一生产力"，使用现代的农业科学技术，无疑对农民的农业生产有着重要影响。但是，我们也不能不指出，在过去的100多年时间里，现代科学技术的发展无疑产生了一种明显的偏见，"即把源自于本土知识的科技贡献和发明归功于受过规范教育的研究者和工程师，把未经过科学实验程序验证的本土实践排除在科学殿堂之外，导致大量本土知识被遮蔽"[②]。同样在土家族地区的农业生产中，很多时候人们在"正确地"运用现代农业技术进行农业生产时，往往取得的效果是负面的；相反一些农民根据自身的生产实践经验，按照传统的技术或地方性的本土技能进行生产操作却取得了正面的成效，只是这种成效常常被现代科学知识的"偏见"所遮蔽。

我们从土家族传统农业知识的表述中可以看出，现代科学知识在传播的过程中出现本土化的现象。本土化是现代科学知识的修正和地方性知识建构的过程。烟草部门推广的种烟技术，其要求之一是不能在烟叶的叶面上进行施肥。烟草技术部门认为在烟叶的叶面上施肥对烟叶危害极大。然而，土家族农民反其道而行之，多年来雨天在烟叶的叶面上进行施肥。这种施肥方法是现代科学技术本土化的体现，其虽有一定的规则要求，如"要求在雨天进行，一季烟叶只能施一次，所施的肥料一

---

① 参见张永宏《非洲发展视域中的本土知识》，中国社会科学出版社2010年版，第134页。

② 同上书，第135页。

定是尿素等"，但实践证明了其可行性。更有价值的是，用这一方法施肥所产生的效果要比烟草技术部门传授的施肥方法好得多。在调查期间，我们还特意到用"冒雨叶面施肥技术"施过肥料的烟地里对烟叶进行观察，并与其他烟地的烟叶比较，发现前者有"秆高、叶子又长又宽、张数多、颜色正、无病症、长势正常"等特点。

"稀释浇灌施肥技术"具有同样的价值。通常，土家族农民在给烟叶施肥时，大多是按照烟草部门推广的施肥技术进行的，即在给烟叶追施肥料——"碳酸氢铵"时，一般是在两株烟叶中间的土垄上戳个小洞，然后将肥料施入洞内并盖上少许泥土，施肥就算完成。然而这种方法的弊端是，只要一遇到持续一两天的大雨或者一星期左右的干旱，烟叶很快就会起斑、走症。例如，2008年7月24日至28日，鄂西五峰湾潭镇大部分地区连续下了四天的大雨。等雨停以后没几天，许多原来长势正常的烟叶都走症了，这使得县、镇烟草部门来检查灾情的技术员都感到困惑。他们认为是土质与气候的影响所致。后来，我们到龙桥村调查时发现，运用"稀释浇灌施肥技术"的老农所种植出来的烟叶，不但长势良好、颜色正常，且没有出现任何走症、起斑的病状。我们对老农进行访谈后才明白，起斑、走症是在施肥技术上出现了问题。

如果将"稀释浇灌施肥技术"与"科学"的施肥技术进行比较，那么前者主要通过三个步骤对碳酸氢铵进行了处理：一是溶水稀释肥料，降低其浓度；二是将肥料水取量倒入洞中后盖上废烟叶；三是废烟叶盖好后再盖上泥土。经过三道程序的处理，使施在烟地里的碳酸氢铵所挥发出来的刺激性气体得到了有效控制，这样一来对烟叶的伤害自然就小了很多。而烟草部门推广的"科学"施肥技术则正好缺少此过程。

传统知识与现代知识的互补在肥料的使用上得到了充分的表现。土家族对农家肥和化肥有着不同的认知。他们认为，施用农家肥对土壤的副作用小，使地越施越肥，土越种越抛松，是一种天然的绿色肥料；而化肥对农作物虽有催长的作用，但长期使用地就会越种越瘦，土也会板结成块，土壤性质与结构受到破坏。在红烈村调查时，访谈人YMG（男，56岁，土家族）的认知颇具代表性："长期使用化肥种植庄稼，很容易造成庄稼对化肥的依赖性，即抗肥性。对地施用化肥，就像给人吸鸦片一样，越用越上瘾。只要用上一次，以后的量每次只能增加不能减少，少一点庄稼的收成都会受影响。例如一亩玉米地，今年用200斤化肥作物就获得丰收了，到来年就绝对不能少于200斤，要是少于这个量的话，庄稼很可能就会歉收；相反如使用农家肥种地，庄稼则不会出现这种情况。另外，长期使用化肥会使土壤板结，土壤只要一板结以后改良就很麻烦了……"这位访谈人在谈到对化肥的利用时，进一步说明："种植庄稼对化肥的使用要适量，最好和农家肥一起使用，不要只用化肥。如经常使用化肥，对土地最直接的影响就是造成土壤板结硬化和庄稼产生'抗肥性'。诚如使用除草剂给地里除草一样，时不时使用一次倒可以，要是经常使用的话，就会使得土壤产生药性，连庄稼都不长了。所以啊，长期使用化肥也是同样的道理。"

在湘西土家族地区也有类似的农业施肥技术。苏竹村的一位访谈人PJL（男，50岁，土家族）说："我们这里过去种水稻就用农家肥料，人粪、牛粪、猪粪、鸡粪都用。用牛粪呢，就是把田打好了，把牛粪挑到田里，一堆一堆地堆着，再撒开，做底肥；也有的把牛粪挑到田里用泥盖起来发酵做底肥，这种效果也不错。插秧的时候，也有的用盆子装猪牛粪，把秧蔸沾一下再插，也是很好的底肥。那时也没有追肥，到追秧苗的时候就用油枯、茶枯，效果很好。现在，就是用磷肥做底肥，尿素做追肥，这尿素虽然肥效快但效期短。相比之下，油枯、茶枯虽然肥效来得慢，但效期长，一般能管一季，还能让田土疏松。"因此，为了解决使用化肥导致土壤板结和使用农家肥而肥效慢的矛盾，许多土家族农民通常将农家肥和化肥互补使用；为了防止土壤因长期使用化肥"板结化"，土家族农民常常使用农家肥做底肥；为了使庄稼苗壮成长，弥补农家肥催长慢的弊端，他们又常常在庄稼长出土后施用少量化肥进行催苗、催长。

最近几年来，随着化肥价格飙升，农民种田成本日益增大，而收入日渐减少。基于经济理性，武陵地区的土家族普遍喜用农家肥以减少生产成本，扩大收益。此外，土家族的农民认为，用化肥种出来的农产品味道比用农家肥种出来的要差。因此，他们自食用农家肥种植的蔬菜、瓜果等，而将用化肥种植的作物卖到市场上。以白菜为例，用农家肥种植的白菜生长期稍长，菜叶较柔嫩、水分轻、味道好、营养价值高，用于自家食用；而用化肥种植出来的则生长期短，菜叶脆嫩、水分重、味道淡、营养价值较低，用于市场销售。同样，用农家肥做底肥种植出来的西瓜，要比用化肥种出来的沙甜得多。

可以说，土家族对农家肥知识和现代化肥知识有其独特的认知与理解。他们认为，在农业生产中施用肥料要坚持"农家肥做底肥，化肥做辅助肥"的利用原则，形成了诸如"玉米、马铃薯用肥常以'牛粪垫底，火土盖皮'，小麦、油菜则讲究'三追不如一底，年外不如年里'的经验，要求早施苗肥，重施腊肥"[①]。土家族施肥经验的合理性并不是孤例，相关研究表明"大量施用化肥，造成土壤板结，盐类蓄积，酸性增加，透气性下降"[②]，以"畜禽粪便为主的农家肥中含有大量有机质和作物生长必需的营养元素，是优质的有机肥源"，"在农业生产中利用，不仅可提高作物产量和品质，而且可以增加土壤肥力，改善土壤理化性状"[③]。

有学者认为"化肥是养分，不是农药，不论是农家肥还是化肥，只要对其进行科学管理和合理施用，就一定能够扬长避短"[④]，土家族农民正是科学管理与合理施用的实践者，他们将两种知识进行"互补"与"对接"，正如在进行农作物种植时，他们灵活运用农家肥做底肥，化肥做辅助肥一样，使其传统农家肥知识与现代化肥知识达到了一种"合理化"的"互补"。由此可知，在日益发展的现代社会，科学技术无疑对各行各业做出了巨大贡献，但是我们也应当看到它不足的一面。在土家族聚居的这样一个民族性和地域性都十分明显的地方社会，许多现代的农业技术在当地的农业生产过程中往往是爱莫能助，相反传统的、本土的地方性农业技术却能很好地发挥作用。这种现象与人类学家莱廷（R. Netting）教授所分析的来自非洲、亚洲、欧洲和美洲等各地的小农文化具有一定的相似性。莱廷在其著作《小农：农业家庭和可持续农业》一书中的民族志案例，证明了存在于小农文化中的共性与今天

①　柏贵喜：《转型与发展——当代土家族社会文化变迁研究》，民族出版社 2001 年版，第 85 页。

②　徐龙飞：《农家肥的处理及应用》，《六盘水师范高等专科学校学报》2006 年第 3 期。

③　中国农业科学院土壤肥料研究所：《中国肥料》，上海科学技术出版社 1994 年版，第 114—129 页。

④　王兴仁、江荣风、刘全清等：《施肥与环境的关系》，《磷肥与复肥》2007 年第 5 期。

主流价值观所倡导的集约化、工业化农业完全不同，后者的发展依赖于机械化作业，并使用化学杀虫剂、化肥和除草剂等化学物质，占有大量土地，造成水土资源的大量破坏和浪费，而前者则能够运用畜耕、粪肥以及手工作业等低能耗、低投入的方式，拥有了更好的适应性，实现节约能源的"可持续性"生产。莱廷用事实论证，在同一区域，生产能力上小农并不逊于集约化农业，更重要的是，小农会有效地节约能源，减少对自然的破坏。① 因此，我们认为，在许多地方社会中，传统的农业生产技术所带来的效果并不亚于现代的农业技术。在一些边缘的生产区域和农村社区，乡土知识的重要性并不低于正规推广体系提供的现代技术，在一定程度上我们应该认真考虑乡土知识的潜在作用，② 思考这些知识在弥补现代科学技术的缺憾与不足方面的科学价值。

三　为现代自然科学研究提供知识标本

土家族对农药的认知与利用的地方性经验，长期在农业生产实践中培育的独特作物品种和总结出来的各种农事谚语和生产智慧以及传统的养殖知识等具有丰富的自然科学的素材，可以为现代自然科学的许多领域提供"知识标本"。

武陵地区的土家族对农药的认知与有效利用的地方性经验，无疑对农学、化学等相关学科的研究和利用有着很好的启示和借鉴价值。在土家族农民看来，除草剂这种农药的毒性特别强，虽其除草效果十分明显，但副作用大和毒性在土壤里潜伏期长等弱点也不容小视，要是经常使用则会使土壤产生药性与毒性，影响农作物的生长。土家族农民所发明的三种地方性施肥技术对自然科学中的农学和化学的研究也有启示。"冒雨叶面施肥技术"、"喷洒叶面施肥技术"、"稀释浇灌施肥技术"具有一个共同的特点，这就是所施用的肥料都是现代化肥，然而所进行的施肥技术完全是土家族自己摸索出的地方性经验，与所谓的"现代

---

① Netting R. M. , *Smallholders, Householders: Farm Families and the Ecology of Intensive, Sustainable Agriculture* , Calif ornia: Standford University Press, 1993, pp. 28-29. 转引自马威、杜智佳《农业人类学发展五十年》，《华中农业大学学报》2010 年第 4 期。

② 安迪：《乡土知识与生产力：滇西北农牧区社区的养牛知识与养牛业发展》，《中国农业大学学报》2006 年第 2 期。

科学施肥技术"不同。值得我们深思的是，运用这种地方性的经验施肥反而取得了现代科技方法所达不到的效果。

土家族在长期的生产实践中培养了多种独特的作物品种。仅水稻而言，清初湘西龙山县就有数十种水稻品种，并分早中晚熟。粳稻有洗粑黏、黄瓜黏、京黏、麻黏、金黏、银茎黏、大谷黏、油黏、马南黏、云南黏、青蒿黏、冷水黏、佛子黏；糯稻有百日糯、陈阳糯、矮糯、九除糯、扫帚糯、油糯、桂阳糯、麻糯、早禾糯、银茎糯、丝矛糯、猪油糯、马尾糯、岩子糯、粒糯、飞蛾糯、山阴糯、花糯、柳条糯、红糯。永顺县则有红脚黏、桂阳黏、马尾黏、龙须黏、青黏、麻黏，百日早、黄瓜早；糯米有柳条糯、高脚糯、短脚糯、九月糯诸名。在鄂西五峰土家族地区，其稻谷种类也有十数种，如白溢稻谷、黏稻谷、麻稻谷、冰水稻谷、糯稻谷、早稻谷、郧阳黏、半黏糯、黏粟谷、红糯谷、白糯谷、老娃谷、旱稻谷、观音谷等。在这众多品种中，以白溢稻谷最为著名。白溢稻谷产于五峰县城西北 20 公里、海拔 1200 米左右的白溢寨湖坪的千亩水田中。在白溢寨的湖坪，有一块面积约 0.5 亩的稻田，不论春夏秋冬，脚踏跺这块田的任何一处整块田地就会摇动，当地人称"地动山摇"。然而就在这块"高山冷水溶泥"的"奇田"上，土家族培育了著名的"冷水谷"。"冷水谷"蒸熟粒粒挺立、色白油润、性软，香甜爽口。其为何熟后自立？至今无从道清。可以说，土家族培育的传统作物品种，为今天农业科学的研究提供了很好的标本与素材。

土家族一些传统的农业生产技术也具有知识标本价值。如在水稻育秧过程中，讲究"放五养五"："要养一点皮皮水哟！要放一点皮皮水哟！放了一天养一天啰！放了两天养两天啰！放了三天养三天啰！放了四天养四天啰！放了五天养五天啰！六天上面放到了哟！秧苗就有一寸长了哟！"[1] 在种植红、乌二色的马铃薯时，讲究季节性的选择。马铃薯有乌、红二种，红宜高荒，乌宜下湿。高荒二月种，六月收；下湿腊月种，四月收。这些传统的农业生产经验与生产技术，对我们今天自然科学中的农业生产等方面仍有其重要的研究和利用价值。

土家族人民在农业生产中通过对动植物变化规律的长期认真观察，

---

[1] 彭英明主编：《土家族文化通志新编》，民族出版社 2001 年版，第 87 页。

总结出了许多物候知识，并通过谚语等形式进行表达。在这些物候谚语中，有判断农作物种植时节的，如"阳雀叫在清明前，热气腾腾好种田"；"布谷，布谷（候鸟叫），日夜种谷"；"穷人莫听富人哄，桐子开花就出种"；"石榴开花小麦黄，收了小麦种高粱"；等等。也有预兆天气变化规律的，如"鸡鸭迟入笼，不是大雨就是风"；"燕子低飞山戴帽，瓢泼大雨即将到"；"斑鸠唤雨，麻雀唤晴"；"飞蚂蚁成群，大雨必来淋"；"蚂蚁搬家，大雨到家"；"猫舔毛，雨如瓢"；"鱼儿上下游，大雨在后头"；"水底翻青苔，必有大雨来"；"杨柳树弯腰，必有雨来到"；等等。这些通过实践与经验总结得出的物候谚语，无疑为现代物候学提供了很好的知识标本，对观察和研究土家族地区独特的自然气候，及其物候的变化规律具有重要的学科意义。

土家族还有一套根据自然现象与传统节气的变化，来判断天气、雨水及其来年收成的方法，这些方法也体现在谚语中。其中，有判断晴雨天气的，如"云朝东，亮通通；云朝西，披蓑衣；云朝南，要翻船；云往北，雨不落"。又如"早晨无雾罩，晴天不可靠；早晨雾满罩，必是晴天到"。有通过节气时令来判断天气变化的，如"立春雨淋淋，阴阴湿湿到清明"；"雨水落雨三大碗，大河小沟都要满"；"清明要明，谷雨要淋"；"立夏不下（下雨），干断塘坝"；"立冬有雨一春晴，立冬无雨一春淋"；"霜降若有霜，大雪满山冈"。也有征兆来年天气与收成的，如"冬至一日晴，来年雨均匀"；"冬月三日晴，明年好收成"；"腊月下雪少，来年雨水多"；"小雪雪满天，来年是丰年"；"大雪满山冈，来年谷满仓"等。总之，经过当地土家族千百年来所积累的这些传统谚语，一直以来不但在指导他们"把握季节"、"不违农时"进行农业生产方面发挥了重要的作用，同时这些农事、生产谚语中所包含的气象学知识，也为现代气象学等自然科学的研究提供了很好的标本和素材，具有典型的科学利用价值。从这个意义上说，传统农业知识是基于社会生产的地方性知识，生产和维系这种知识体系的农民和乡土社区都扮演着科学家和科技创新人才的重要角色，因此，这些传统的知识和知识持有者对现代自然科学的贡献值得我们尊重。

第六章

土家族传统医药知识
及其现代利用

　　土家族传统医药知识是指在传统背景下，土家族关于人体健康与生活场域关系及动、植、矿药物相互关系的认知经验和信仰而形成的一整套知识、技能与疗法。土家族聚居在具有"华中天然药库"美誉的武陵地区，多元化的药物资源在土家族日常生活中得到广泛的运用，传统医药简、便、廉、验的特点得到发扬。下面，我们将从几个方面对土家族传统医药知识及其现代利用价值进行论述。

第一节　传统药物知识

　　土家族聚居于湘鄂渝黔四省市相邻的武陵地区。这一地区地处亚热带，相对优越的自然气候，加上海拔相对高差明显的山地环境，促进了各种不同气候需求的药用植物生长，各种动、植、矿药材资源极为丰富，全国药用植物 12807 种中，该地区拥有 3000 多种，将近占 1/4。[①] 1978 年全国民族药调查，对土家族地区的"民族常用，来源清楚，确有疗效，比较成熟"的药物进行收集整理。仅湘西州就先后收集标本近 1000 种，其中 8 种植物药作为土家族药载入《中国民族药志》第一卷，253 种载入《湖南民族药名录》。[②] 土家族地区因此被誉为"中国植物区系的精华之乡"、"中国植物用药资源的富集之乡"、"天然民族

---

　　① 汪鋆植：《土家族药物研究与开发探讨》，《中国民族民间医药杂志》2003 年第63 期。
　　② 陈梅等：《土家族药物资源的开发与利用》，《中国民族民间医药杂志》2008 年第 1 期。

中草药生态园"。① 丰富的药物资源满足了土家族及当地世居民族维系健康的需求，长期对药物的临床运用又使土家族人民进一步丰富和发展着传统药物知识。从文化调适的角度看，这也是土家族民众对于特定生境感知而做出的反应。这种调适既反映于药物命名的规则，又反映于药物的分类，还反映于相应认知的文化内涵。

一　药用植物命名规则

与许多其他民族一样，土家族对药用植物的命名完全出于一种生产实践和日常生活需要，给人们利用这些植物资源带来了极大的便利。虽然这种命名并不必然带有现代医学意义上的命名规则，但是就土家族传统文化而言，这种命名本身自有其依据。无论根据植物的使用部位进行的命名，还是根据它们的用途进行的命名，无论根据植物的形态特征进行的命名，还是根据它们的生长环境进行的命名，都反映了土家族对于药用植物命名规律性的认知。土家族对药用植物命名的规则，主要体现于下列几种：

一是象形夺名，即以药物的外部形态特征进行命名。比如用于治疗毒蛇配方的常用成分天青地白，因其状细叶，先端钝圆，基部渐狭，全缘，上面青色，有疏绵毛，下面白色，密被白色绒毛而得名。又如土家人用来毒杀蚂蟥的植物药"红藤"，显然因其为藤状显血色而得名，土家语谓之"米额拿"。再如四棱草，藤本植物，茎呈四个棱角。土家族常用其茎和叶与金银花茎和叶、九年光的茎和叶一起浸水洗痱子，临床运用有奇效，尤其适用于小孩。与"江边一碗水"一起被称为土家药"四宝"的"七叶一枝花"、"头顶一颗珠"和"文王一支笔"，以及白三七、扣子七、山天梯、三叉红、四块瓦、狗牙齿、香鸡尾、红蒿、凤尾草、钓鱼钩等药用植物名无一不与其形态特征相关。

二是根据药用植物的药用部位命名。如红苕叶、白菜根、韭菜花、拆疴皮（土家语，音译，即皂角树皮）、马桑叶、雷公叶（又名色通）、刺花等等。

三是根据药用植物的生境命名。如"江边一碗水"、生长在悬崖上

---

① 朱国豪等：《土家族医药》，中国古籍出版社 2006 年版，第 129 页。

的木本植物岩老虎叶（又称九八虎）、岩白菜、泥巴草、野棉花等即是如此。

四是根据药用植物性状和味觉命名。前者如一口血、乳汁草、黄药子、白龙须等，后者如地苦胆、蛇苦胆等。

五是根据药用植物的功用命名。不同的植物往往具有不同的用途，在土家族所利用的药用植物中，许多植物的名称都与它们的用途有关，也就是说，这些植物的命名是以它们的用途为依据的。在这种情况下，通常可以从药用植物的名称上了解其用途，如用于活血的散血草，用于消炎去肿的见肿消，具有镇痛麻醉作用的八厘麻，与地苦胆配方可治肚胀、腹泻，尤其是痢疾的隔山消等。

此外，直接应用植物名命名的药名也不少，如云实、野田菜、野竹根、山漆等。当然，有的药用植物名与其治疗症状也有着明显的关联，如"太伤脑筋"，其属性为草本，常生长于山路旁，土家族用茎、叶、花截成三段，用布包好，做成三角形，吊在小孩衣服角上，可治疗小孩受惊；"白虎草"，土家族将白虎草存放在枕头里或戴在帽子里，以治疗不满12岁小孩的发烧。据说，小孩发烧时的症状是，高烧，眼里像看到白虎一样，很害怕。

以上诸种药物命名方式并未穷尽土家族传统药物的命名规则。事实上，要穷尽一个民族的传统药物命名规则是很难或者根本无法做到的。不过，运用上述几种方式命名的药用植物在土家族植物药材中所占的比例的确较大。这些规则总体上体现了土家族对药用植物的命名与药物利用的密切关系。在长期的生产生活实践中，土家族注意到同一植物的不同部位具有不同的用途，尤其是草医师，他们对不同植物的不同部位具有不同的功效有更为深刻的认知。在他们的观念中，掌握一个植物的使用部位比掌握这种植物叫什么更为重要，因此，以该植物的使用部位代表整个植物自然是可以理解的。就一些药物的形态特征来说，这些特征往往构成该药物与其他药物的本质区别，因此在采集时凭借这些形态特征可以很快辨认出该药，同样以药物的生态环境命名，就大大方便了采集。从进一步的分析可以看出，土家族对药物进行命名的主要目的之一就是使使用和辨认更加方便。

总体上看，土家族对药物的认知具有直观性的特点。不过，如果我们进一步透视他们对药物的命名与治疗病症的关联性又可窥见象征的影子。前述"白虎草"、"太伤脑筋"这种命名与其治疗病症的能指、所指的关系也十分明显。此外，土家族还时常将药物命名与自然界的相似物对应，以至于我们从药物名就能直接感受到土家族的想象空间。如商陆，其根形体肥大，如猪头，土家草医称之为肥猪头；骨碎补，形如猴子巴掌，称之为猴巴掌。其他如飞落伞（蒲公英）、剪刀草（水慈姑）、儿多母苦（麦冬）、九龙杯（黄精）、鸳鸯花（金银花）、血蜈蚣、血三七、牛血连、一点血等都具有这种命名特征。象征性在药物命名中应用，使得药物名变得形象，且通俗易懂。更进一步讲，这种命名制度还在很大程度上缓解了土家族无文字记忆的尴尬，对于土家族传统文化的传承也具有重要的意义。

二　传统药物的分类体系

所谓分类，从字面上理解，就是区分类群的意思。分类被划分为两大类：一是科学分类，一是民间分类。通常人们把自林奈以来的所谓系统的生物分类简称为科学分类；存在于科学分类之外的分类系统即为民间分类。形态特征既是民间分类的基础，又是科学分类重要的着眼点之一，因为归根到底，二者都是人类认知模式的整合，这使得两种分类在感觉类别的水平上具有相同的平台。然而，民间分类和科学分类两者的整体结构又有着很大的不同。科学分类的整体结构从种开始，其上分别是属、科、目、纲、门、界，其下是亚种，为金字塔形系统。民间分类则从科学分类借用属和种的用语，在种的下面有变种，在种的上面设生活型的范畴，使之对应于科学分类的科。[①]

在认知人类学中，学者们对民间分类研究得最透彻，在民间生物分类学上所取得的成果也最为丰富。这是因为，民族科学开始于人们对文化内涵事物的分类，而生物界作为人类生存的基础，很自然地成为了人们的分类对象，又由于生物界种类的多样性，因此生物的民间分类在认知人类学的形成初期就成为民族科学研究者的主要研究对象。认知人类

---

① ［日］秋道智弥等编著：《生态人类学》，范广融、尹绍亭译，云南大学出版社 2007年版，第 64—65 页。

学又称为"民间分类学"（folk taxonomy），深受萨皮尔—沃尔夫假设，即文化模塑民族思维的假设的影响，并采用雅各布森的结构语言学的方法，试图探究每个民族的分类体系。认知人类学通过对民间动植物分类的研究来揭示其分类方法、命名原理及其分类系统，从而把握分类的认知意义。

　　毫无疑问，土家族传统药物分类属于认知人类学的范畴。因此，我们通过对土家族药物分类的研究可以揭示其中的分类方法，从而把握这种分类的认知意义。大量文献和实地调查资料表明，土家族传统药物最初主要以药物功能为基础被分成若干大类，并分别用"三十六"、"七十二"序数与七、参、莲、还阳、蜈蚣、血表示类别的符号结合进行表述。如将具有赶火败毒、活血化瘀、消肿止痛、除风湿等功效的药物统称为"七十二七"，具有通筋舒脉、消肿祛瘀、活血止血、赶火败毒、祛风祛湿等药物统称为"七十二还阳"，具有止血止痛、活血散瘀、消肿等功能的一类药物统称为"三十六血"，具有补益功效的药物统称为"七十二参"，具有活血去瘀收敛解毒散结的药物统称为"七十二莲"，具有祛风除湿止痛的药物统称为"三十六蜈蚣"等等。① 随着社会的进步，文化交流日益频繁，这既推动了民族文化的调适速度，又促进了民族文化的扩张广度。土家族传统药物认知自然也随着文化的吸收或涵化而不断向前发展。由于对药物认知领域的不断扩大和深化，土家草医认识到以往主要按药物功能为基础的分类难以表达全部土家族药物。更为重要的是他们已然认识到过去的分类过于笼统，不能直接反映药物与疗效、病症之间的关系。也许正是出于这样的认知，土家族药物分类慢慢地直指疗效和病症，药物分类与疗效、病症关系变得一目了然。如表药、下药、打药、赶气药、解毒药、祛风药、止痛药、杀虫药、消食药、蛇伤药，这种分类不仅易懂，而且也更为细化。

三　传统药物认知的特点

　　药物命名和分类知识是土家族在长期的生产生活实践中积累起来的

---

　　① 各类别包含的具体药物详见田华咏等编著《土家族医药学》，中医古籍出版社 1994 年版，第 40—46 页。

价值、信念和世界观，这种药物知识是土家族在满足健康需要时行为的理由，同时也反映在他们的行为之中。土家族传统药物认知，不仅蕴含着浓烈的原生态民族特色和原生态地域特色，而且反映了他们的生活方式。它既是人对于自然适当利用的成果，又隐喻着人神之间的关系。

首先，土家族传统药物认知蕴含着人与自然的紧密关系。土家族认为，植物之所以具有治疗疾病的作用，是因为人和植物在同一个生态系统中生存。人的生存离不开环境，环境可以导致人体不适。但是，由于生长在这种环境中的植物具有适应这种环境的能力，所以利用这些植物可以医治因环境因素而引起的人类疾病，植物药的作用是起到补偿因环境变化而带来的人体的不适等。① 正是这种认知基础决定了土家族药用植物的选择不仅与药物的灵验有关，而且还与生态环境密切相关，进而导致了土家族对药用植物与疾病的关系的两种认知取向。一种取向是植物生境与治病疗效息息相关。生长在某一环境中的植物在药性上必然有其独特性，同时生长在同一环境中的植物在药性上也必然具有相似性。在大量的实践中，土家族逐步总结出这些植物的功能，也就是说，在他们的头脑中，存在这样一种知识链，即生长地→药性→功能，这体现了土家族对植物认识的层层深入，从而为治病提供了便利。比如，土家族草医师认为，生长在沟塘水边、田间地头等阴湿环境中的药用植物大多具有清热解毒、消炎利尿的功效，如鱼腥草。生长在岩石或树干上的药用植物可用于治疗骨折、跌打损伤。他们还认为，越是那些生长条件恶劣、需要花很大工夫才能采到的药，其生命力越强，其药性就越毒，其治疗效果就越佳。比如，双肾参，对治疗毒蛇咬伤很有效，而这种植物生长在海拔2850—4200米的山坡灌木丛下，要想找到它需要花费很大的精力。往往那些生长在悬崖峭壁、崖缝中的植物对某一种疾病有特效。生长环境越是接近自然，融于自然而远离人为活动区域的药用植物治疗效果也就越好。这种认识无不渗透着土家族民众对大自然的崇拜与信仰。另一种取向是外形与人体组织器官相似的植物具有治疗该组织器官的功效。例如铁马鞭的花冠如唇形，上唇两裂，下唇三裂，喉部有

---

① 淮虎银：《者米拉祜族药用民族植物学研究》，中国医药科技出版社2005年版，第185页。

毛，故可以用它来镇咳。又如鸡毛狗，其叶子呈尖头，边缘有浅锯齿，故被用来治疗拔牙创面出血。那些体内有红色汁液的植物通常具有活血或止血的功效，例如红根七。正是基于对药物疗病功效与其性味、形状相关性的认知，土家族草医师总结出了药物疗效的规律性歌诀：苦凉辣打麻赶气，刺舌镇咳疗伤急；香药走窜祛风湿，酸糙治疳甜补益；藤木空心定消风，对枝对叶可止红；叶上有刺则消肿，温辛定痛有奇功。

其次，土家族传统药物认知体现了"现采现用"规则。土家族草医师在采集药用植物时表现出一定的独特性。采药一般亲自去采，且多数情况是"现采现用"，即在需要用于治病时才会有意识地采集所需的药用植物。他们这种采集药用植物的方式有其客观的可能性。其一，土家族聚居区地处亚热带，绝大部分植物为常绿阔叶植物，一年四季均易辨认和采集；其二，土家族草医师所使用的大部分植物其药用部位为叶子、根等营养器官，因此土家族草医师在任何时候都可以很容易地采集到这些药材，而不像花、果等繁殖器官只有在特定的季节或时间段才能采集到。

土家族草医师采集药用植物时的"现采现用"，是他们传统利用药用植物的一大特点，直到目前这种现象依然存在。我们在湘西苏竹村调查时，就曾目睹过这种现象。一次，草医师 TDM 带我们去采集药用植物标本。回来的路上，他看到邻家母狗刚生了几只小狗，于是想抱一只回家。在征得主人同意后，又怕被母狗盯上，于是他很迅速地抓住了一只小狗的后腿，拎起来就走。不料一个手指还是被挣扎的小狗咬了一口，顿时鲜血直流。他便顺手在路边掐了几棵青蒿，放到嘴里嚼烂后，直接将其敷在伤口上，一会儿血就止住了。可见，土家族草医师对药用植物的"现采现用"实践是基于他们对周围自然环境的深刻了解。

土家族草医师这种采集和利用药用植物的方式是他们长期在生产生活实践中逐渐形成的。不过，有些年龄较大的草医师会在平时采集一些难以采到的药材以备急用，也有的按季节采集，粗加工后存放备用，少数人还将草药烧灰存放或泡酒备用。如果在行医过程中，当需要不太常见的药物时，他们会先用其他药物控制病情，然后再设法寻找采集该药。他们还将季节性强的药用植物晒干，但晒干的药一般都是内服，熬水喝，不能外治，因为根、叶里的汁没有了。在采集时，如采集的药用部位是植物的根，一般不会在同一个地方将其采完，以备将来之需；茎尖一般不采，以利于其继续生长。这种采集方式通常不会危及药用植物资源的再生和繁殖，客观上也起到了保护药源的作用。土家族传统药物认知中的"现采现用"特点对药用植物的可持续利用无疑具有非常重要的意义。

最后，土家族传统药物认知体现着知识与宗教信仰的互渗。中华五千年的文明史和世界文化史表明，传统药物认知与宗教信仰总是有着千丝万缕的联系。这种药物知识与宗教信仰互渗的认知模式总是与人们对疾病的认知相联系。

土家族跟大多数民族一样，通常将疾病分为两类：一类是由自然因素引起的疾病；另一类则是由超自然因素引起的疾病。这种二元结构的认知模式，我们将在疾病认知一节中做进一步的阐述。土家族认为，祖灵以其神秘的特征和奇异的超自然力量，深深支配着世间。祖先的灵魂是导致其后代生疾得病的一个很常见的原因。所以，土家族对家先①的祭祀尤勤，特别是把血缘关系很近的上辈尊长当作家先神，更是常年供奉，香火不息。这种认知基础支配着土家族的疗病行为，他们在患病时，一方面用西药，或请草医师治疗，另一方面又请梯玛沟通鬼神、驱鬼逐病，特别是患疑难病症，以及现代医学难以诊断治疗的一些疾病，找梯玛来治病的行为更常见。事实上，土家族草医师在利用药用植物治疗疾病的同时，也掺杂着禳解、求神念咒、送鬼等宗教活动，以期达到"神药两解"之功效。因为他们相信，用草药时念口诀，草药的药性要狠些。这种带有明显的宗教性质的疗病行为虽然在现代生物医学看来也许毫无意义，但是，其民族学意义却是不容忽视的。

当人们无法摆脱疾病所致的痛苦时，求助于宗教或巫术，以解脱身心的痛苦，这也是宗教和巫术的一个重要功能。人类借助宗教和巫术治疗疾病的文化现象，早在20世纪初期，民族学大师马林诺夫斯基②就做过精辟的阐述："无论有多少知识和科学能帮助人满足他的需要，它们总是有限的。人世中有一片广大领域，非科学所能用武之地。它不能

---

① 家先即家庭祖先，也就是本姓本支的亡故的列祖列宗。

② Malinowski，法律出版社出版《原始社会的犯罪与习俗》时译作马林诺夫斯基，而华夏出版社出版《文化论》时译作马凌诺夫斯基。

消除疾病和腐朽，它不能抵抗死亡，它不能有效地增加人和环境间的和谐，它更不能确立人和人之间良好的关系。这领域永久是在科学支配之外，它属于宗教的范围。"[①]

虽然宗教信仰式的疗病行为，从现代生物医学的角度看，可能毫无功效，甚至是极其荒谬的，但在土家族民众看来，却是不容置疑的。如果从心理学的角度看土家族草医师"神药两解"的治疗行为，那我们完全有理由把它看成是医生对病人实施的一种心理暗示。而正是这种暗示使病人得到一种身心方面的积极感应，减轻对疾病的恐惧，从而调动人体内的免疫功能，起到一定的抗病疗病作用。也就是说，宗教性疗病行为的心理暗示功能是不可视而不见的。当然，这种认知也是与土家族的神灵崇拜观念分不开的，正是因为有着深厚的观念基础，这种认知才会延绵不绝。

第二节　传统疾病知识

人们对疾病的认知与其所处的社会、文化背景和生活场域密切相关。生活在不同地区、有着不同社会文化背景的人们对疾病有着不同的认知，即便生活在同一地区而有着不尽相同的文化背景的人们对疾病的认知也不尽相同。不同的疾病认知方式和认知水平往往决定对不同的疾病防治原则和措施的取舍，因此，同一种疾病在不同地区或对于不同文化背景的人们可能会有截然不同的防治方法。土家族长期生活在武陵地区，特定的生活场域、特定的生活方式、特定的社会文化背景模塑了他们的疾病认知模式。从医学人类学的角度看，土家族对疾病的认知更多地关注了病患的文化结构，这不仅体现于土家族民众的病因观，也体现于他们的疾病分类和治疗方案多元化取向。

一　传统病因观

病因观是指在人们头脑中形成的有关疾病发生原因和条件的看法或

---

① ［英］马凌诺夫斯基：《文化论》，费孝通译，华夏出版社 2002 年版，第 53 页。

见解。病因就是指破坏人体相对平衡状态而导致疾病的因素，一种因素可能引起多种疾病，而一种疾病又可能是多种因素共同作用的结果。病患与文化密切关联，不同生活场域、不同文化背景下的不同族群有着不同的病患观和病因理论。① 我们通过对土家族民众对于致病因素认知的分析，发现土家族的病因观明显体现了二元认知模式。这种二元认知模式可以表述为自然病因观和象征病因观。

（一）自然病因观

自然病因观强调人体的平衡以及人与自然界的和谐是健康的重要因素。持自然病因观的人认为人体内的各种元素，诸如阴阳、五行、寒热、体液等若顺应自然变化，保持其动态平衡，人的健康状态就良好；如果体内诸元素的相对平衡受到干扰或破坏，人就会感觉不适，就会出现各种各样的病象。自然病因观具有悠久的历史，相关历史记录可以追溯到 2500 年以前。②

---

① 医学人类学的奠基人里弗斯，早在 1924 年的著作中就已根据他对人类世界观的分类而断言，每种世界观会衍生出一套相关的病因观念，从而也导致了不同的治疗方法。克莱门茨综观人类的病患观念，对病因分类的普遍原则进行了研究。福斯特和安德森的《医学人类学》（*Medical Anthropology*）在西方医学与非西方医学体系的划分基础上，将非西方的病痛观分为拟人论（personalistic）和自然论（naturalistic）两种［参见周光大主编《现代民族学》（上卷·第二册），云南人民出版社 2008 年版，第 619 页］。庄孔韶主编的《人类学通论》延续了福斯特和安德森的观点，将病因划分为人格化病患观和自然论病患观（参见庄孔韶主编《人类学通论》，山西教育出版社 2004 年版，第 497 页）。席焕久在《医学人类学》一书中列出了自然病因体系、非自然病因体系和情感因素三种病因理论（参见席焕久主编《医学人类学》，人民卫生出版社 2004 年版，第 35—37 页）。陈华在《医学人类学导论》中系统全面地论述了拟人论（personalitic）、自然论（naturalistic）、综合论三种。与之相应的医学体系也被分别称为拟人论医学体系、自然论医学体系和综合论医学体系（参见陈华《医学人类学导论》，中山大学出版社 1998 年版，第 12—35 页）。各种划分自有其标准，但就席焕久的三元病因理论而言，我们随处可以举出例子来证明这种划分的模棱两可，如墨西哥人认为断奶后的婴儿啼哭和消瘦是因为他嫉妒和怨恨兄弟姐妹所致，不相信西医关于婴儿断奶后蛋白质供应不足而哭泣的解释。再如地中海、拉丁美洲和其他一些地区的人们认为，恶毒的眼光可以使人生病。这种情感致病论显然可以归入非自然病因体系。而有些传统医学的情感致病理论又属于自然病因体系范畴，如中医的"七情六欲"病因论等等。鉴于这样一种理解，我们认为自然病因与非自然病因的二元划分对于我们描述和分析土家族的病因观更具有实际的应用价值。我们在借用二元病因论对土家族的病因观展开研究的过程中，结合他们对病因的认知模式，并考虑到疾病与致病元素的能指与所指关系，将土家族的病因观归纳为自然病因观和象征病因观。

② 席焕久主编：《医学人类学》，人民卫生出版社 2004 年版，第 35 页。

尽管土家族深受万物有灵观念的影响，将许多疾病归因于超自然的力量所致，但自然力量给人们带来不适的观念在他们的病因认知体系中仍然占有重要的地位。在他们看来，瘟气、饮食、情志、毒、痰、血、内虚等等，都是可能导致人们病痛的自然力量。

人们生活在自然界，依靠自然界的大气、谷气而生存，并循四时的气候变化而变化。长期生产生活的实践经验告诉他们，自然界的气候变化无常，自身必须通过相应的调节机制使人体机能的活动与变化的气候相适应，才能保持生理的正常功能。如果自然气候变化异常，产生过量的瘟气，人体生理不能抗御瘟气的时候，人体就会感觉不适。此外，由动植物死亡腐败后所产生的大量腐败晦气亦可能成为瘟气作用于人体而致人疾病。风、寒、暑、湿、火都是随着自然季节的变化而可能致人疾病的因子。风气致病在武陵地区有着广泛的影响，土家草医就有"72风"之说。[1] 他们将风分为热风、冷风、水风、内风四大类。热风往往能致人火风、漆风、热风、脐肚风、产后风、风痨、羊角风、破骨风等热风症；冷风能引起冷骨风、钻骨风、眉毛风、摆头风、赶脚风、节骨风、头骨风、蛇风、头痛风、蚯蚓风、秋鱼风等冷风症；水风能引起水滞风、水盏风等水风症；内风可引起内节风、歪嘴风、抽风等内风症。

在气温低或气温骤降的情况下，常易感寒致病。淋雨涉水、汗出当风或贪凉露宿，过饮寒凉食物，都可能使寒气侵身，致人疾病。因此，他们乘凉的时候，无论再热都不会光着身子躺在冰凉的地上。孕妇和产妇也因此得到特别的关怀，怀孕期间和坐月子期间都不能喝凉水，不能用凉水洗澡洗衣服，如果不注意这些禁忌，老了就会经常感觉全身疼痛。暑气也能伤人，常致人发病，让人感到发热、口渴、面红、多汗、呕吐，重者还可能突然昏倒，不省人事，手足发冷，这就是中暑。

武陵地区虽然峰峦叠翠，风光秀丽，但亦多雾湿重，生活在其中的人们常因居处潮湿，或雾露侵身，或汗出沾衣等因风湿或寒湿之侵而致多种疾病。如因风湿侵及皮肤而致风痨、风疹、癞痢等，伤及筋骨而致骨节疼痛甚至功能障碍等，被药匠称为风湿病者亦有之。如果肌肉和中下元受到寒湿侵犯，就会让人感到四肢酸痛，肢体无力，甚至会出现肢

---

[1]　赵敬华主编：《土家族医药学概论》，中医古籍出版社 2005 年版，第 22 页。

体水肿、腹痛吐泻等寒湿病理症状。

火是瘟气中致人疾病的又一因素。土家族通常将火分为外火、火毒、三元内火三种。外火常能致人得红痧症、白虎症、雷火症等等，病人高热不退，汗出不止，心烦意乱，口干舌燥，便结难排。火毒易伤及皮肉，导致筋脉阻滞，血瘀肉腐，致使人体局部焮红、肿胀、灼热、疼痛等，如疔疮、疱癀即由火毒而致。三元内火多由内脏功能失调而生。他们通常认为，上元之火，病在脑、心、肺。脑火主要表现为神躁、神乱、神糊、神昏、神闭等症状；心火主要表现为心烦、胸闷、心痛等症状；肺火主要表现为咳喘、咯血、咯吐脓痰等症状。中元之火，病在肚肠，临床上多见于肠燥或泻下稀便黄臭或脓血，如痢症、干霍乱、便结等肠火和口渴欲饮、饭劳（多食易饥）、大肚痛、烧心、牙肉溃烂出血等肚火。下元之火，病在尿脬，症状多表现为闭尿、摆红（尿血）、摆白（尿白）、尿痛、尿频等。

常言道："民以食为天。"正常的饮食，是人体维持生命活动之精、气、血的主要来源之一，是人体营养的源泉。食洁有度、饥饱相宜、无偏嗜，则身体健康，生活快乐；倘若食不洁而无度、过饥过饱而又极度偏嗜，则常常会导致许多疾病的发生，土家族谓之伤食症。"吃五谷，生百病"概此之谓矣。饮食合理则不病或病轻；反之，则多病或病重。过量饮食，超过中元内脏正常的消化能力，就容易引起中元功能紊乱或虚衰，人就会感到腹胀、厌食、呕吐等。相反，如果饮食不足，中元得不到足够的食物能量，精、气、血得不到足够的补充而衰少，人的面容就显得肌黄无华，或感到心悸气短、全身乏力。如果这种状况长期得不到改变，还可能导致身体抵抗力降低而引发其他病症。因此，养生之道，以食为本，食在药先。饮食不洁也可能致人病痛，常见的症状为肚子痛、呕吐、腹泻等。不过，偶尔也会听人们说出这样的话："不干不净，吃了不生病。"这似乎与饮食不洁致人疾病的观点互为矛盾。但通过田野调查，我们发现，人们这种观念往往是针对特定的环境而言的。比如，大人吃小孩吃剩的饭菜，旁边的人会说，小孩吃脏了，倒了算了，这时候吃的人通常会笑着说：不干不净，吃了不生病。再比如说，小孩夹一块肉，不小心掉在地上了，大人把肉捡起来，用嘴吹一吹，或用水冲一冲，再吃掉，如果有人说，掉在地上弄脏了，不吃了，吃的人也常会说：不干不净，吃了不生病。这种观念显然与他们认为口水是最好的消毒药有关。既然口水能消毒，掉在地上的肉就算是沾上了细菌也会被杀死的。饮食必须要注意品种多样化，才能满足人体对各种营养成分的需要。吃新鲜蔬菜有利于健康，所以，土家族在不同的季节总会在自家园子里种上各种蔬菜，为确保蔬菜新鲜，他们宁愿清早起床敲掉菜上的冰雪，也不轻易提前几日把蔬菜收进家里备用；吃不完的蔬菜他们常常倒了喂狗或猪。由于饮食能致人疾病，所以孕妇的饮食就少不了许多的禁忌。因为他们相信，如果怀孕时不忌口，就会把疾病带给胎儿。比如，如果孕妇吃了鸭肉，因为鸭子走路时头总是摆来摆去，孩子将来就可能会患摇头病；又因为鸭脚扁扁的，小孩将来就可能患鸭脚病，走路直不起来。如果犯忌吃了羊肉或者母猪肉，孩子出生后，母子可能得羊痫风或猪宝风，说不准什么时候就突然晕倒，口吐白沫，如果在安全的地方，一会儿便可醒来无事，如果在危险的地方，摔下悬崖就再也起不来了。如果犯忌吃了牛肉，因为牛肉烧心，所以，孩子说话就会受到影响，轻者说话说得迟，重者可能犯哑巴病。

中医学认为，喜、怒、忧、思、悲、恐、惊等情志的刺激是百病之源。因此，中医始终把心理调治作为防病健身、治病疗疾的第一步。土家人认识到，情志是人们面对外部环境各种刺激时所引起的不同心理状态，是一种正常的生理表现，一般不会使人致病。只有突然、强烈或持久的情志刺激，超过了人体本身的生理调节范围，引起人体机能失衡，才会导致疾病的发生。情志活动的产生与三元脏器的功能活动密切相关。土家草医提倡喜乐有度，悲哀有节，防惊克怒，除忧舒悔，从而保持人体的心脑舒畅。异常的情志变化常可致三元脏器功能失调，气血运行紊乱，伤脑损神，从而引起一系列病症。[①] 如人在突然遇到非常事变时，常可产生惊骇的心理，心慌气乱、腿脚发软。土家草医称之为"千斤顶"，惊骇有如千斤压顶，使脚不能支撑身体，从而引起许多全身性疾病。由于情志如此关乎人的健康，所以，土家人都不会在夜晚扮演恶作剧，突然从阴暗处跳出来吓唬人，使人失魂落魄，致人灾病。

---

① 赵敬华主编：《土家族医药学概论》，中医古籍出版社 2005 年版，第 24 页。

毒气侵身或毒蛇伤人，对于健康而言，都是灾难性的。武陵地区地处亚热带，雨量充沛，气候温和，地形复杂，林木繁茂，适宜蛇类生长繁殖和隐伏盘踞。五步蛇、土恶蛇、烙铁脑壳蛇、眼镜蛇、蝮蛇、金环蛇、银环蛇、青竹标蛇、眼镜王蛇等剧毒蛇常伏踞于山涧溪旁或田边土坎，人们上山劳作，难免为毒蛇所伤。一旦被毒蛇所伤，如果救治不及时，常常可能致残或致死。对于早晚生活于山间的土家族人，可谓尝尽了毒蛇的苦头。

此外，或先天不足，或后天失养，而致人精、气、血亏虚，三元脏器功能衰弱，肌体抗病能力不足的内虚，以及体内水津代谢障碍所形成的病理产物痰也都是致人疾病的因素，因此，当地人总是尽量避而免之。

（二）象征病因观

象征病因观是从超自然的层面理解健康与疾病，具有浓厚的宗教性和巫术性。这种病因观认为，病痛和不适是由超自然的神、鬼魂、祖灵附体，或者是具有超自然力量的巫觋有目的的干扰引起的。在这种观念体系中，总会有一些标志性的行为或实物，引导你去思考其隐含的意义。就像某人在长山列岛上看见某家门框一边悬挂着一副弓箭就知道他家刚生了一个男孩一样[1]，当你在土家族村落里漫步，发现一个小孩脖子上用红毛线挂着一个三角形的符时，你就知道这个小孩这段时间兜了啰唛。[2] 同样的道理，当在路旁发现一个"挡箭碑"，你就自然会想到信士家里的小孩多病不乖。这些标志性的行为或标示物都暗示一种意义或一种观念。

土家族是一个相信万物有灵的民族。在他们看来，灵魂无处不在，万物皆具灵魂，都可能让人遭受病痛之苦。他们认为人有三魂七魄。一个人去世以后，其一魂仍留驻生前的家中，神龛就是其住所，所以，每至新年、七月半等传统节日，人们都会精心准备酒肉饭菜在神龛下祭祀已故祖宗，以免因得罪祖宗神灵而使家人遭受疾病等灾难的惩罚。另一魂随着尸体埋藏而住宿在墓地，所以，埋藏死者的时候都会请阴阳先生

---

[1]　刘锡诚：《象征：对一种民间文化模式的考察》，学苑出版社2002年版，第1页。

[2]　是土家族观念中的一种疾病，其症状表现为：不想吃饭、面色不好、精神不振等。

为死者选择墓地，焚烧买地的契文，划定阴宅地界，使死者灵魂居有定所。还有一魂则在阴阳二界自由飞翔，无拘无束。因此，逝者总会无时无刻监视和关照着其活着的子孙，子孙固然不敢怠慢了祖宗，总是千方百计讨好他们，以求得祖先的关照和荫庇。

由于灵魂能够暂时离开身体而致人疾病，所以，捉魂就成了部分土家族丧葬习俗中的一个重要的防病仪式。亡者下葬的第三日，孝家即要召集人们举行捉魂仪式。所谓捉魂，就是将坟墓上的任何小虫捉进纸筒，放在茶盆里喂养三日后放生。据说虫子就是活着的人的魂魄，活人都会失魂三日，在墓地陪伴死者，三日不捉魂，魂魄就会永远丢失，相关的人们就会生病，甚至死亡。在所有虫子之中，红蜘蛛是最好的。所以，捉魂者都会尽量捕捉红蜘蛛。捉进纸筒里的虫子，统一放进茶盆里，由孝子端回家中用大米供养，三日后再将其放生。据说，这样才能使活着人的魂魄不再停留于墓地而各归其位，才能身体健康，生活幸福。

如果脱离身体的发肤、指甲等被某种神秘的力量作用，也能致人疾病。所以人们总是对这样的身体之物小心处理，以免遭遇不必要的病痛。我们在湘鄂西调查时常常听说或亲眼见到当地老人们剃头时用扫帚接着头发，不让头发掉在地上，即使掉到地上，理发师也会马上从地上捡起来放到扫帚上。他们认为，头发被别人踩了就不吉利，就好像一个人一直被别人踩在脚下一样，不仅一生出不了头，而且还会经常生病。剃下的头发还要倒在高处，以免被老鼠拖去垫窝而使人身体不舒服。剪下的手指甲、脚趾甲也要细心处理，因为这些身体之物虽然脱离了身体，但不怀好意的人或仇恨你的人只要把你的手指甲或脚趾甲放在火里烧烤，你就会感觉全身焦痛，甚至恶毒的人还可能让你致病，将你置于死地。所以人们对诸如头发、指甲之类的脱离于身体的身体之物有许多禁忌，以避免给身体带来不必要的病痛和灾难。出于同样的考虑，人们对自身的行为也有许多禁忌，因为某些在特定场域被禁忌的行为可能给身体的局部带来病痛和灾难。在湘西苏竹村，无论大人或小孩，绝对禁止光着脚进入灵堂。当地土家人认为，光着脚踏进灵堂的行为被人们看成：一是对死者家属和死者的不礼貌，因为这种行为被认为是用脚把死者踩在脚下；二是对光着脚丫进入灵堂的本人不吉利。据说，光着脚丫进入灵堂的人脚底会自然开冰口，无故破裂，甚至还可能腐烂，难以治愈。

就像身体的每个部位都可能给人带来疾病一样，附加于一个人的名字也对他的健康潜伏着危险。如果某人在晚上大声呼叫他人的名字，一旦被野鬼听见了，那个人的灵魂就可能被野鬼带走而失去健康，所以大人们总是十分小心地叮嘱孩子晚上别随便叫人的名字。

无论是家神还是野鬼，对于新生儿的健康都具有极大的威胁性，所以，当地婴儿的手上或腹部常会拴着一根红毛线，小孩的背带上也总会拴上一把新买的剪刀。据说，红毛线和剪刀都是辟邪之物。既然邪气被辟，小孩的健康自然也就不用担心了。但是，红毛线也好，剪刀也罢，难免有失灵的时候，所以父母第一次带着小孩出门走亲访友，总会随身带着香和纸钱，每过桥梁或溪沟，都会烧下一炷香和几张纸，请求桥神和溪神保佑孩子健康；到了亲朋好友家里也要给祖灵们请安，否则祖灵就可能惩罚小孩，让小孩哭个不停；离开时，亲朋也不会忘记在孩子的帽子上别上针和红毛线，据说，不这样做，小孩回家后就会不乖，或者丢啰唆。如果小孩被吓怕了又没有及时治疗，时间长了就会走胎，或叫作落魂。如果走胎了八九个月，变成了猴胎——像猴子一样全身抓——那就只得用火烧或者用枪打了，其他办法都将无济于事。事实上，野鬼对成人的健康也充满了危险。如果一个人走夜路，精神恍惚，迷失方向，情不自禁地到处乱走，而且不知疲劳，那么，这个人便是撞了鬼，或者说被野鬼牵了，如果不请人打整，这人定会大病一场，或者可能魂不附体。

二　传统疾病分类体系

著名的医学人类学家乔治·福斯特和安德森对医疗体系有过深刻的分析，他们认为："疾病的理论体系关心因果关系，即人们对失去健康身体提出的解释，如违反禁忌、灵魂被窃、体内寒热平衡失调，或者由于人体免疫功能失调，而不能抵抗细菌和病毒等致病媒介的侵害等。疾病理论体系是概念化的体系，是智力结构，是群体成员认识倾向的组成部分。疾病理论体系讨论疾病的分类、解释方法和因果关系。一般来说，所有病因体系都是合理而符合逻辑的，因为各种医疗技术都是以独特的病因学体系为基础，而发挥作用的。"① 从以上分析可以看出，土家族的病因观本身已经包括了因果关系的解释，所以我们将在这里只对疾病的分类体系做进一步探讨。疾病分类体系自然与病因观紧密相关，可以说，病因观是疾病分类体系的基础，而疾病分类体系则是病因观内涵的拓展，或者说，疾病分类体系是由特定的病因观所引申的一系列认知模式，而这种认知模式在长期的文化实践中往往内化成群体成员的一种习惯。与土家族的病因观相对应，我们将土家族的疾病分类体系概括为自然疾病体系和象征疾病体系。

（一）自然疾病体系

从自然病因观可以看出，自然疾病体系从朴素唯物主义的层面，将健康、疾病与自然现象、人的心理活动等联系起来，认为当人体内的各种元素，诸如阴阳、五行、体液等顺应自然的变化，保持动态平衡时，人的健康状态良好，当这种动态平衡被打破或受到干扰时，人体就会感觉不适。这种疾病体系最明显的特点是疾病可以通过常规的看、问、听、拿脉、触摸进行诊断，通常能用药物治愈。

疱疮具有明显的病理特征，多属自然疾病，常因卫生不良或接触有毒过敏物质或因亲近传染疮病的人或因过度熬夜而起。我们在湘西调查时，报道人 PDY 说，他小的时候肯玩，常常玩到深夜，于是，眼睛遭罪，眼皮上长起了好红的疙瘩，里面很快就灌了脓。后来，他的父亲用干谷子的尖刺对着疮一捣，把脓和血挤出来，很快就没事了。如果用针挑，这疮不但不会很快好起来，而且还会发炎，让人肿痛难受。他还告诉我们，疱疮治疗的疗效与男女左右部位有关。长于男人左边的疱疮和长于女人右边的疱疮，治疗起来格外麻烦。为什么要麻烦一点呢？他也讲不清楚。但他告诉我们，这是他从祖孙三代的治病历史中总结出来的。他的爷爷差不多同时治疗过两个生了疱疮的女人，其中一个女人的疱疮长在左边，另一个长在右边，同样的药方，但长在右边的治疗效果就不一样。后来，他自己在给人治这种病的时候，也有同样的感觉。原本是同一种疱疮，以前也给别人治疗过，但是由于位置不一样，效果就

① ［美］乔治·福斯特、安德森：《医学人类学》，陈华、黄新美译，台湾桂冠图书股份有限公司 1992 年版，第 55 页。

不一样。总的感觉是：男的左边生疮难治些，女的右边生疮难治些。疱疮治疗效果跟人的性别和身体的左右部位有关，跟身体上下有没有关系呢？他说，一般农村有个谚语，即所谓上不生瘤，下不生癀。在他们的认知体系中，瘤和癀都是疱疮。比如牙根肿痛就叫牙癀。牙癀既可用毛草根放血治疗，也可用三种药物治愈：一是燕子窝泥，二是熟石灰，三是鸡蛋清。三种药物混在一起捣烂后敷，效果都不错。在他看来，治瘤是最简单的事，比如，大胯上长一个一个的硬袱袱，只要一味药就能治愈，即把油桐壳去掉，将油桐籽放在火里烧，烧到黄里带黑，取出来捣碎敷在患处就行了，疗效非常好。还有像烧伤或烫伤，用每年下的第一场雪化成的水治疗，效果也非常好。天色毒，用米烂起（俗称，这种植物茎和叶子上都长满了刺）和野麻兜兜捣烂了包到患处，很快就能治好；银色毒和流丘毒只要用茶枯一包就能治好。这三种毒疮分别长在手指的三节上（长于顶节为天色毒、中节为银色毒、下节为流丘毒），发病时感觉不到疼痛，摸起来有硬块，等到化脓了，不仅疼痛难忍，而且非常难治，多半手指都会烂掉。

　　女人所患的月经病也属于自然疾病的范畴。所谓月经病，就是性交时遇到女子月经而导致的一种病症。土家草医只需三种药就可以治好，而且不需要花什么钱。这种病医院也可以治，但打一针就要花 120 元。土家草医所用的三种药，一是红色河麻草；一是车前草，俗称蛤蟆草；一是山胡椒。将三种药切成细条条和酒一起喝，特灵。

　　小孩走胎，或曰"落魂"，我们在这里根据其诊断方法而将它归入自然疾病体系。如果以病因观为划分标准，这种疾病当属于象征疾病体系。土家族民间草医师诊断走胎是通过耳朵来看的。一般只要将小孩的耳朵翻过来，仔细查看耳背上的血管，如果血管变乌了，就只是吓怕了，只要念三遍口诀：天灵灵，地灵灵，土地公公莫讷尚，吾奉太山老君，句句如灵。再画个"#"样符，同时哈三口气就可以治好。无论是水里吓的，还是路上吓的，最严重的也只要三次就可以治好。如果血管里呈现出绿豆子那种颗粒，那就被吓怕几个月了，就走胎了。那就要烧灯火才能治好。走胎八九个月的，变成了猴胎，烧灯火也治不好了，那就只能用火烧用枪打。

（二）象征疾病体系

象征疾病体系与巫术和宗教信仰有着密切的关联性，这种疾病体系中的疾病常被认为是由于做了不道德的事，对祖宗的不敬，或者违背了祖训，或者违反了禁忌等，或者是因为灵魂暂时离开躯体，或是鬼魂尤其是坏死鬼魂作祟的结果。这种疾病的诊断方法最常见的有两种：一是占卜，二是口诀，治疗则多依靠巫术性或宗教性的仪式驱除鬼邪，从而使病人不再受恶灵的侵犯而达到健康的目的。

在这种疾病体系的治疗中，医生的重要职能就是沟通鬼神，驱邪治病。巫医或梯玛用法术治病的时候，得先问清楚病人生病的日子，再查清楚是什么人的阴魂在捣鬼，是撞上了自己家先的阴魂或是撞上了别人家的阴魂都得弄清楚。若治疗大疱疮，用药敷后变成了小包，但始终治不愈，出现这样的情况也要用法术，看看是什么人的阴魂缠住了病人。查清楚以后，就要准备一块刀头肉、一点酒、香纸、饭菜到一个十字路口施法。酒洒在十字路口，饭菜让病人吃一点，这样病人慢慢就好了。施法的时候要念口诀：弟子只会交钱不能分钱。总的原则是，法术在草药后面用，用法术治疗的病不需用草药。

按照土家医的理解，用法术治疗疾病的时候，阴魂的方向一定要查清楚。比如是东方所？或是南方所？或是西方所？或是北方所？或是东南的挂角？或是西南的挂角？或是西北的挂角？或是东北的挂角？都要查得清清楚楚。要先定准它的位数，才能把病治好；没有定到它的位数，那再怎么样也治不好。巫医或梯玛按照张天师传下来的手形确定阴魂的位置。配合手形还有个口诀：一家先、二土地、三堂神、四庙神、五先王、六令堂、七游神、八大圣。一指东方、三指西方、五指南方、七指北方。据说，牛羊跑掉了或被人偷了，亦可以用同样的方法推算，只要推算准了，一般都能把牲畜找回来。

无论是巫术还是宗教，它们对病人的行为的影响都是深刻的，这种影响"不仅仅是一般的巫术操作等表层内容的渗透，更主要的是观念层次中相信存在某种超自然的神秘力量，在治疗中发挥一定的作用"[1]。

---

[1]　瞿明安主编：《现代民族学》（下卷第二册），云南人民出版社2008年版，第774页。

第三节　传统医药知识的现代利用

土家族传统医药知识是土家族在特定生存环境中与环境进行调适的智慧结晶，它体现了土家族的传统认知模式和认知内涵。它作为一种地方性知识，虽然并不必然阐释一般性的普适原理，但却有其自身的合理性，因为它足以解释他们的体验，不管在任何客观含义上其真相如何。① 就此而言，土家族传统医药知识也是现代科技知识的一个重要补充，这种互补性决定了土家族传统医药知识在现代社会生活中的不可替代性。

一　传统医药知识的现代利用价值

传统医药知识是各族群众及其先民千百年来对生产劳动和生活经验进行总结提炼的集体智慧结晶，是有着丰富内涵和科学哲理并经过实践检验的地方性知识。它体现了人类感知和认知生存环境的精华，它可以而且已经在历史上为科学技术的发展做出了贡献。就此意义而言，在特定的历史条件下和地域环境中产生的土家族传统医药知识，是土家族传统文化的珍贵记忆，对于土家族的生存与发展具有独特的价值和意义。即使在科技高度发展的生物医学影响着最为偏僻的山村的今天，土家族传统医药知识对于土家族民众的健康维护仍然发挥着重要的不可替代的作用。其根本原因在于它源于土家族长期的生产和生活实践，虽然它并未形成完整的理论体系，但与现代生化医药相比，它具有许多现代生化医药所不具备的优点。

首先，土家族传统医药中所用配方的药物皆为采自自然环境中的动植物或其他天然资源（如矿物等），这些天然药物具有高效、低毒副作用的特点，相比之下，现代生化医药中的药品几乎全为工业化的产物，这些化学药物毒副作用相对较大，而且常常是治标不治本。就疗效而

---

① ［美］威廉·A. 哈维兰：《文化人类学》，瞿铁鹏等译，上海社会科学院出版社 2005年第 10 版，第 133 页。

言，土家族草医师认为，西药好是好，但有些病治好了会复发，而草药不会复发。另外，有些草药很及时，几分钟就好。正因为如此，土家族妇女得了妇科病，特别是慢性病时，也多采用草药治疗，认为利用草药治疗副作用小，并且有些病可以通过治疗达到除根的效果。由此可以看出，土家族传统药物防治的优势已得到民众的广泛认可。事实上，草药作为一种文化，它反映的是当地人的需求，必然深深地扎根于老百姓的日常生活当中，正是这种根基保证了土家族传统医药知识的持续发展。

其次，土家族传统医药形成于特定的自然环境，并受地域性的药物资源支配，具有明显的地域性，对于一些带有地域性特点的疑难症、慢性病的治疗具有明显效果。换句话说，土家族传统医药在治疗某些地方性疾病方面与现代生化医药具有互补性。众所周知，每一种医学体系的产生与本地区独特的文化背景、价值观念、世界观、宗教信仰、地域划分、哲学、天文、物候、民俗等具有密切的关联性，其诊断治疗也具有各自独特的方式方法。正是由于认知背景不同，因此一种生理表征对某个民族看来属于疾病范畴，而对于另一个民族看来却属于正常现象，这样的实例在民族学著作中并不少见。当然，不同的生存背景也使得人们对不同的疾病或同一种疾病有着不同的认知方式或认知深度，因此其治疗方法的取舍和疗效也自然不尽相同。土家族长期生活在八山一水一分田的武陵地区，进山务农难免受到蛇虫侵害，正是面对这样的生存环境，土家族草医在实践中总结出了治疗蛇虫咬伤的特效药方，治疗蛇伤草药多达数十种，如细叶荆芥（荆芥）、瓜子、犁头草、红蛇上树、车前草（提麻兜）、野花椒树皮（野花椒）、散血草或冷草、夏枯草、小满天星、大满天星、麝香、青蒿、竹叶青、鸭脚板、折耳根（鱼腥草）、竹叶细草、田基黄、地阴蛋、雄黄、大蒜、六神凡、人字草、小辣疗革、白芷、蜈蚣、蛇不拉、水芹菜等等，其中每一种药都有不同的配方，各种配方数十种。这些土药土法不仅可以应急而且十分灵验，一不肿，二止血，十之八九不会出问题。比如，在湘西土家族村落苏竹村，叶金桂老人就是治疗五步蛇咬伤的土专家，据说她利用祖传的治疗秘方成功治愈了数例，把病人从死亡的边缘上拉了回来，在当地拥有极高的声望。对于五步蛇的剧毒，虽然现代医学已很发达，但医院却常常无能为力。据说，龙山县医院有个医生曾经被五步蛇咬伤，他随即做了手术把患处切除了，但最终还是没有保住生命。相比之下，土家族传统医药知识中的疗伤秘方具有独特的现代医药不可替代的价值。

最后，土家族传统医药比现代医药更为经济实惠。一方面，土家族民众大多数都认识一些常用草药，生病时可随时采到，不花一分钱就能治疗一些常见病，这是现代医疗所不及的。另一方面，虽然随着现代医疗的发展，人民群众的就医渠道日益拓宽，但是与生化医疗的费用相比，民间草药的费用却低得多。比如，治疗毒蛇伤，在医院可能要花费数千上万元，而请土家族草医师用草药治疗只需花费三五百元。土家族传统医药正是凭借着简、便、廉、验的优点拥有着广泛的生存根基。

毫无疑问，土家族传统医药知识作为历史文化的产物，不仅是历史上不同时期生产力发展状况、科学技术发展程度、人类创造能力和认识水平的集中体现，而且是后人获取科技信息的重要源泉，对于研究人类科技文化史具有重要的参考价值。就这个层面而言，它也为后人从事科技创新奠定了坚实的实践基础。

二　传统医药知识的利用现状

土家族对医药知识的利用过程，是一个实践与认识相互作用、相互促进的过程。土家族先民在长期的生产生活实践上，逐步累积起防病治病的经验，并形成了关于医药的朴素认识，人们将这种认识逐步应用到治病疗伤的实践，在实践中，又进一步提高认识，不断推动土家族医药知识的丰富和发展。

想要看到土家族传统医药知识的利用现状，最富有成效的策略是考察在具体社会生活中土家族普通民众和民间草医师对药用植物的享用事实。土家族民间草医师之外的普通民众在与自然的长期斗争中，为了生存，逐步掌握了一些简单常用、行之有效的药物使用方法。这些药物的使用方法在土家族村落家喻户晓、人人皆知，而且几乎人人会用。土家族民间草医师是一类利用医药知识的特殊群体，他们掌握特殊技能和知识，懂医识药，不仅为自己及家人、亲友治病，而且还应人之请为亲属之外的患者治病。不过，他们所从事的治疗活动完全是业余的，并未职业化。因此，从非职业化的角度看，民间"草医师"也可视为普通民众群体，尽管二者在内涵上存在着差异。

（一）普遍民众对土家族传统医药知识的利用

从大众用药的层面看，土家族民众对药物的利用既受经济的制约，又受政治制度的推动。对于大多数民族来说，家庭是第一个寻求治病救伤的地方，也是第一个估计病情并对治疗方案做出初步取舍的场所，土家族也不例外。一个人得了病或受了伤，如果不是很严重，首先是通过自我救助来治疗，即在家庭内部或邻里的帮助下利用草药解决病痛。当然，这种取舍一方面出于习惯，另一方面也得益于民间草药取之便利，不花成本，此外，经济条件的制约也是一个不可忽视的因素。在旧社会，土家族民众生活贫困，食不果腹，衣不蔽体。那时，不仅村寨里缺医少药，就是县城，医疗条件也十分落后。县城里只有有钱有势的人生了病，才请医生或上医院去治病。广大农村的土家族民众有了病，就只好采草药熬煎或敷涂，全靠土方土法治病。①

土家族医药从民众识草辨药标志着医药知识的萌芽，到巫医或"梯玛"神药合一，从言传身教到记载医药文字资料的出现，经历了数千年的历史，尽管其起之何时无从考稽。正如《龙山县志》所载："民间草医，起之何时，溯源难明，搜集资料极为有限，故所载欲言不达，后人颇难稽考。"不过，近代考古发现却从一个侧面反映了土家族传统医药知识产生的社会文化背景。远古时期，土家族先民就在湘、鄂、渝、黔毗连的这片土地上，生息繁衍。勤劳勇敢的土家族在与大自然作斗争的漫长岁月中，在打猎捕鱼的时候，会遇到意外的伤害；在寻找食物的过程中，会偶尔误食中毒。有时吃了某种食物，又能使某种病痛得以缓解，于是他们把能够消除某些疾苦的植物，有意识地用于治疗各种疾病，有时确实能收到伤好痛止、毒解病愈之效。久而久之，他们便把这类植物专门用来解除疾病，这类植物便成为早期的药物。随着时间的推移，治病的方法逐渐增多，药物品种也由原来单一的植物药扩大到动物药和矿物药。土家族还通过五官直观的方法，有意识地观察药物的性状特点与气味，以期达到认识、掌握和区别药物功效的目的。②

"改土归流"对土家族医药的发展起到了推波助澜的作用。"改土

---

① 刘孝瑜：《土家族》，民族出版社1989年版，第88页。

② 杨德胜：《土家族药材鉴别研究的发展概况》，《中国民族医药杂志》2007年第2期。

归流前，土家族地区巫风很盛，人们'信巫鬼，重人祠。''信巫不信医'。改土归流后，此种浓郁的巫风已日渐淡薄。"① 龙山在土司统治时期，医疗卫生事业极为落后。人们受伤或生病，多数求助巫婆，敬奉鬼神，少数用草药和一些乡土疗法做简单处理，生命安全极无保障。"改土归流"以后，中医中药（民间称官医官药）开始在龙山传播使用。清乾隆年间，龙山县私人开设的中药店在县城和里耶等集镇出现，已有少数读书人专门从事中医活动。至清末，全县有中药店六家，中医数十人。刘之余、刘世杰祖孙及夏子鹤、向德清、黄绍清、晏雨林等均为地方名医。但是由于草药和乡土疗法流传已久，较中药得来易，花钱少，且治多奇效，民间用其治病伤者比官药多。②

新中国成立后特别是 20 世纪 80 年代中后期以来，随着群众生活的日益改善，人们生病多去医院治疗，但民间草药在土家族民众日常防病治病的过程中仍然占有相当大的比重。从我们在武陵地区部分土家族村落的调查来看，土家族民众家里大多存有自己采集的常用草药。他们依据草药的习性，或把它晒干放好，或把它泡在酒里以备不时之需。有些村民还在自家房子的周边或菜园里专门种植一些近边没有但又经常用到的草药。从访谈来看，大凡村里的人们似乎都懂得一点草药知识。即使是八九岁小孩也能知晓苦蒿子可以止痛，白蒿子能够止血，钓鱼钩也能够止血，并能随时从路边帮你采来这些药物样本。

土家族民众对传统医药知识的利用方式是多元化的。针对不同的疾病，利用药用植物的方式也会有所不同。土家族民众除了精通最为常用的煎服和外敷法外，还熟悉外洗法、泡酒服用及药物佩挂等方式。煎服，是将药物煎水内服，用于治疗多种疾病。外敷，是将鲜药捣烂直接外用，多用于跌打损伤、痈肿等。常用的药大多生长在房屋近旁，如夏枯草、无名草、四块瓦等。外洗法，是将药物煎水外洗患处，多用于皮肤病、冻疮、毒蛇及蜈蚣咬伤等。如用金银花、九灵罐和四棱草三种草药熬水外洗，可以治疗皮肤过敏。此外，土家族民众也喜欢将白三七、四两麻、雄黄连、杜仲等泡在黄酒或白酒里服用，以预防和治疗风湿痹

---

① 段超：《改土归流后汉文化在土家族地区的传播及其影响》，《中南民族大学学报》2004 年第 6 期。

② 龙山县志编撰委员会编：《龙山县志》资料本，1985 年印制，第 538 页。

痛、手足麻木以及劳伤等病。土家族民众还常将某些芳香药物缝包在一个三角形的布囊里，一般佩戴在小孩子的脖子上，用以"避邪驱瘟"。比如将白虎草缝包在三角形布囊里治疗白虎病等。总之，利用草药治病疗法简便，易懂易学，且疗效快，适应性强。"百草都是药"，不过，在众多的药物中，最受青睐的是艾叶，土家族于每年端午采集艾叶挂在门上，待它干燥后收藏。它是妇科、儿科良药。孕妇先兆流产，立即用艾叶煮鸡蛋，效果很好。婴儿腹痛发烧也可用艾叶治疗。姜也是最常用的药物。生姜煎汤或生姜摩擦太阳、印堂等穴位，可治感冒及风寒咳嗽。干姜是常用的药引子，还是推拿时不可少的药物。一抹光是人们喜欢的疮药，民间有"一人认得一抹光，一屋老少不生疮"的说法。①

　　土家族民众对传统医药知识的利用还体现在对疾病的预防上。土家族是一个智慧、文明、理性、健美的民族，非常注重强身健体、药物保健，以预防疾病。这一点在土家族的节日习俗上有深刻的体现。在土家族民间至今流行着端午节采草药，煎"百草汤"洗澡浴身，以健身除病的习俗。农历五月前后，是疾病多发季节，因此，端午节是民间医药卫生活动最多的一个传统节日。湘湖民谚说："端午节前都是草，到了端午都是药。""百草都是药，只要凡人认得着。"这天，人们都喜欢到田野山间采集药物，如金银花、车前草、夏枯草、青蒿、艾叶、菖蒲、葛藤之类，除了在端午这天将艾叶、菖蒲、葛藤等悬挂于门庭并熬水沐浴、烧熏除虫辟疫外，还留于家中常年备用应急。

　　土家族利用药物预防疾病，不仅仅局限在外用上，民间素有食疗习惯，根据不同时令，选用具有营养价值，又具有医疗作用的食物进行防病，起到食物防治疾病的作用。平时又经常配服一些确有防病作用的药物，起到有病早治、无病早防的目的。如侧儿根，又名鱼腥草，是民间常食的一种野菜，可炒或凉拌，是肺及肺结核患者常食药膳，对身体浮肿者，食之则有利于消肿。土家人把野菜融入了民俗。俗谓三月三，吃了地米菜煮鸡蛋，一年都不生疮。而地米菜的确实具有清热解毒之功效。

---

① 汪增阳：《重庆土家族巫文化初探》，《涪陵师范学院学报》2002年第6期。

（二）民间草医师对土家族传统医药知识的利用

从民间草医师对药用植物利用的层面看，土家族传统医药知识仍然有着广泛的群众基础。土家族民众在遇到自己解决不了的疾病问题时，便会求助于具有专门知识、技能的人。民间草医师是能够为民众提供医疗帮助的主要群体。同时，他们还是土家族传统医药知识的主要承继者。也可以说，正是这个群体的存在大大促进了土家族传统医药知识的利用与持续发展。土家族民间草医师大多怀有一技之长，一般不以技艺为主业，仍从事农耕，或半农半医。民间草医师的数量，各地不等。我们调查的龙山县苏竹村现存民间草医师主要有：

PDF：男，77岁，文盲。家里几代人都是药匠。

TDM：男，76岁，小学五年级文化程度。25岁开始学治病。先是跟外公学，然后龙山县有个姓彭的跟他一起采药，互相学习。目前有三四个徒弟。徒弟中有的是保靖县的。

YJG：女，69岁，她是苗市人，初中上了一年半，因胞弟同时上学，家里供不起两个，就没再上。年轻时，她家里伯伯懂医，偶尔让她去采点药用，慢慢地积累了一些医药知识。曾到洗车河接受过为期半年的接生方面的培训，任苏竹村的接生员。他擅长治疗毒蛇咬伤，尤其擅治五步蛇咬伤，远近闻名。

PDY：男，60岁，初中文化，苏竹村唯一的一名小学教师，2008年退休。他父亲在17岁时不幸被毒蛇咬伤，由于不懂医术，导致右臂被截，于是其父立志学医。PDY的医药知识大多是跟他父亲学的，他既懂草药，也略会西医治病。2002年，他被坡脚乡政府任命为苏竹村医疗卫生人员。

PSX：男，57岁，小学三年级文化。懂医识药，他的草药知识一部分是从他母亲那儿承继的，一部分属拜师学得的。

在苏竹村，过去懂医的女性占有很大的比重。通过对几个比较有名的草医师的调查得知，有些草医师的技术是从其母亲那儿习得的。据PSX讲他的草药知识一部分是从他母亲那祖传的，一部分属拜师学得的。

生存环境和生态结构决定了土家族草医师常用药用植物的主要生境类型。土家族传统医药中所使用的草药都采自野生状态，且用途主要集中在跌打损伤、毒蛇咬伤和由细菌感染造成的皮肤疾病等方面。就目前土家族民间草医师所使用的药用植物而言，在空间分布上表现出一定程度的复杂性。概括而言，土家族草医师常用药物生境类型主要有下列几种："近边"、"沙地"、"荒草坡"、"深山老林"、"沟渠边上"、"崖上"。其中"近边"主要指田间地头及村寨周围。从苏竹村的情况看，土家族草医师在年龄、文化程度和生活经历等方面都存在比较大的差异，对不同生境中药用植物的利用程度也存在比较大的差异，在采集药用植物的过程中，对生境的选择也有明显的不同。年长者更喜欢在森林植被中采集他们使用的药物，而年轻一代草医师，对一些次生植被中的药用植物的利用和采集强度远远超过了年长的草医师。这种对药物生境的不同选择，一方面与人类活动对不同生境类型的依赖强度有关。人类活动在生境中的强度依次为近边、村寨四周>沙地、荒草坡>深山老林>沟渠边上。[1] 另一方面与草医师对不同生境中药物的疗效认知有关。老龄草医师通常相信深山老林中的药效更好。当然，生态结构的变化也是不可忽视的重要因素。在定居之前，土家族以游猎采集的生产方式为主，原生森林植被是土家族的主要生存环境，土家族草医师也主要从原生森林植被中采集他们常用的药用植物。然而，随着定居定耕生活的开始和许多原生植被的破坏，伴随而来的是许多次生植被的出现。在这种情况下，土家族草医师采集药用植物的场所也就不仅仅限于原生森林植被了。

疾病的发生往往也与当地环境、气候和生产、生活方式密切相关。[2] 正是这种疾病与生境的密切关系决定了土家族草医师对于疾病种类的认知和对不同疾病认知的深度。从我们在武陵地区部分村落的调查来看，土家族草医师虽然在使用药用植物时并不限于某些植物类群，但他们治疗的疾病类型相对集中，尤以跌打损伤、毒蛇咬伤、风湿类疾病及皮肤病为主，这些也都是当地发病率较高的疾病。除此，土家族其他类型的疾病也有一定的治疗经验和实践。这些常见疾病显然与当地亚热带气候、潮湿森林环境和山地农耕狩猎生产方式等有关。（见表6—1）

---

[1]　张彦：《土家族药用植物民间利用研究：以苏竹村为个案》，硕士学位论文，中南民族大学，2009年，第19页。

[2]　淮虎银：《者米拉祜族药用民族植物学研究》，中国医药科技出版社2005年版，第130页。

表6—1　　　　　　　　　　湘西苏竹土家族常见疾病及所用药物

常见疾病	主要药用植物名称
跌打损伤	白蒿、菊三七、元宝草、小八角莲、猕猴桃、三裂蛇葡萄、乌敛莓、徐长卿、落地梅、杉木、朱砂根、白花蛇舌草、天葵、西南大戟、含羞草、叶黄檀、凹叶景天、垂盆草、牛尾菜、百合、荔枝草、山姜、唐菖蒲、射干、羊蹄、掌裂叶秋海棠
风湿类、腰腿疼痛	元宝草、小八角莲、猕猴桃、三裂蛇葡萄、垂柳、单芽狗脊、落地梅、小构树、棉毛马兜铃、蕨、杉木、尼泊尔老鹳草、朱砂根、鸡屎藤、猪殃殃、毛茛、马桑、珠芽艾麻、山姜、唐菖蒲、水蓼、中华赤胫散、川芎、掌裂叶秋海棠、接骨草
烫伤	紫草、夏枯草、贵州鼠尾草、费菜、野鸡尾、井栏边草、杉木、木贼、垂柳、三裂蛇葡萄、车前草、元宝草
高血压	刺儿菜、仙人掌、鱼腥草、蕨、杜仲、垂柳、车前草
泌尿系统疾病	破铜钱、茵陈蒿、刺儿菜、仙人掌、石松、卷柏、荔枝草、万年青、鸭趾草、柳叶牛藤、凹叶景天、鱼腥草、井栏边草、游路通、猪殃殃、白花蛇舌草、六月雪、金樱子、山莓、杉木、蕨、小构树、聚花过路黄、杜仲、木贼、贯仲、垂柳、乌敛莓、车前草、茅根
毒蛇咬伤	一年蓬、瓜子金、半夏、杠板归、水蓼、贵州鼠尾草、鸭趾草、鱼腥草、三白草、含羞草叶黄檀、天葵、元宝草、白花蛇舌草、杉木、落地梅、徐长卿、乌敛莓
月经不调	七叶一枝花、益母草、月月红、鲜大血藤根、红花、小锯锯藤全草、地黄瓜、野棉花、鸡血藤、红鸡冠花、贯仲

资料来源：根据苏竹村调查资料整理。

土家山寨，空气潮湿，特别是梅雨季节，阴雨绵绵，患风湿、风湿性关节炎、腰腿疼痛的人很多，所以治疗这类疾病的药用植物很多，且效果显著。湘西地区多山多林多虫蛇，勤劳的土家人上山进山，经常有被虫蛇咬伤的危险。所以，他们一般都懂一些较简单易行的治虫蛇咬伤的急救方法。例如，把伤口尽快洗净或吸出毒血，再采一些治虫蛇咬伤的草药（如瓜子药、掌裂叶秋海棠等），然后再找草医师治病，一般不用去医院也能很快治好伤。土家族治疗黄疸肝炎、急性肝炎等肝炎的方法很多，所用的药用植物也很多，这些治疗肝炎的药物通常要多种搭配，用量适当，常可起到比西药更显著的效果。这些方子多为祖传秘方，较少在民间流传。土家人多喜欢喝山泉，饮生水，因此易患尿路结石或泌尿系统疾病，故治疗这方面疾病的药材很多，且疗效显著。

土家族草医师在治疗一些常见病、易发病时，常常会出现"一病多药"的现象。"一病多药"不仅反映了这些疾病在当地的发病率比较高，同时在客观上也使土家族草医师在行医过程中，选择药物的余地增大，从而使医疗实践更为有效，而且也不会造成某些植物类群因过度使用而耗竭。从他们所利用的药用植物种类及这些药用植物所治疗的疾病来看，土家族的药用植物利用实际上是一种对植物资源的可持续利用实践。

综上所述，土家族传统医药知识的利用很大程度上仍局限于村落民众，对之进一步的开发既十分重要又十分迫切，因为这种开发既是维护人民群众身体健康的需要，也是现代科学技术与传统技术协调互补的需要。

第七章

土家族民间文艺及其现代利用

土家族民间文艺是传统知识的重要组成部分，它以独特的体裁形式和作品风格表达了悠久的民族文化传统，反映了土家族民众的思维方式、情感方式和心理素质。土家族的民间文艺主要包括民间口头文学、民间行为艺术、民间音乐戏曲艺术和民间物态艺术四个方面。这些知识具有久远的生命力，它好似一座积累深厚、开挖不尽的宝山，有着丰富的文化内涵和特殊的利用价值。

"民间文艺"，是"民间文学艺术"的简称，亦为民间文学和民间艺术的统称。"民间文艺"的概念极其宽泛，在构词上为"民间"与"文艺"的组合。单就"民间"一词而言，其涉及面就十分宽广，可以说凡有人类生活与存在的地方皆有"民间"，正所谓"舍民间而无他物"。"文艺"是文学与艺术的总称，在日常生活中，我们通常将之并列起来称呼，其内容也十分广泛，涉及人类物质生产活动和精神活动的诸多方面。那么，作为知识形态的民间文艺如何界定？

在知识产权领域，早在 1976 年，世界知识产权组织（WIPO）和联合国教科文组织（UNESCO）共同制定的《发展中国家突尼斯版权示范法》即将"民间文艺"界定为："在某一国家领土范围内可认定由该国国民或者种族群落创造的、代代相传并构成其传统文化遗产之基本组成部分的全部文学、艺术和科学作品。"① 具体包括：①口头表达，如民间故事、民间诗歌和谜语等；②音乐表达，如民间歌曲、民间乐曲；③动作表达，如民间舞蹈、民间杂耍（plays）和精神信仰仪式上的动

---

① ［俄］E. P. 加佛里洛夫：《民间文学艺术作品的法律保护》，《版权法参考资料》1984 年第 7 期。

作艺术形式（artistic forms of rituals）；④有形表达，如制图、绘画、雕刻、陶艺、镶嵌艺术、木制品、金属制品、珠宝、编篮、针织品、地毯、服饰、乐器、建筑等。①

在安哥拉《作者权法》（1990 年 3 月）第 4 条中，"民间文艺"被定义该国地域内的、可推定为某地区或某部族共同体之"不知姓名作者所创作或集体创作的、代代相传的艺术及科学作品，其构成传统文化遗产的基本要素"。多哥的《民间文艺及邻接权保护法》（1991 年 6 月）第 66 条称："民间文艺，包括一切多哥人或多哥部族共同的匿名、不知名或姓名被遗忘之作者，在我国地域内所创作的、代代相传的、构成我国文化遗产的基本内容之一的那些文学与艺术产品。"突尼斯的《文学艺术产权法》（1994 年 2 月）第 7 条将"民间文艺"定义为："系指代代流传的、与习惯、传统及诸如民间故事、民间书法、民间音乐及民间舞蹈的任何方面相关联的艺术遗产。"巴拿马在 1994 年 8 月制订的《版权与邻接权法及其他规定》第 2 条也对"民间文艺表达"做了界定，认为其"系指具有传统文化遗产特点的产物，其系由不知姓名的、但确定系我国国民的作者，在我国地域内创作的全部文学艺术作品中的内容，该不知姓名作者也可能属于我国某部族共同体；该产物是代代相传的，并影响着该部族共同的传统文学艺术"②。1999 年非洲知识产权组织的《班吉协定》和 2006 年 WIPO 的《保护民间文学艺术草案》对民间文艺也都进行了界定。

在国内，也有学者从知识产权的角度对民间文艺做了界定。吴汉东主编的《知识产权法》一书，将"民间文艺"定义为："是特定民族发展过程中逐渐形成的文化成果，它是一定地区人民集体创作，经过世代流传形成的传统文化遗产，包括文学、艺术和科学等方面的成就。"③同时将"民间文学艺术作品"界定为"由某社会群体（如民族、区域、国家）在长期的历史过程中创作出来并世代相传、集体使用的歌谣、

---

① 严永和：《论传统知识的知识产权保护》，法律出版社 2006 年版，第 14 页。

② 参见郑成思《民间文学艺术作品及我国对其保护方式的建议》，载郑成思主编《知识产权研究》第 3 卷，中国方正出版社 1997 年版，第 93—96 页。

③ 吴汉东主编：《知识产权法》，法律出版社 2004 年版，第 58 页。

音乐、戏剧、故事、舞蹈、建筑、主体艺术、装饰艺术等作品、素材或风格。"①

综上所述，我们可以从狭义的视角将民间文艺界定为：基于特定的地域或社区环境，人们在长期的生产与生活中由集体或个人所创造的，流行于民间社会并不断传承至今的，以口头文学和艺术作品形式表达出来的传统知识与文化遗产。其表现的内容涉及神话、传说、故事、歌谣、曲艺、音乐、舞蹈、建筑艺术品、工艺美术品、设计艺术品等诸多方面。民间文艺是传统知识合理的延展内容，是一种特殊的知识形态。

第一节　土家族民间文艺的多样性表达

当下学术界对民间文艺的内容还没有形成一个统一的划分标准。在知识产权界较为认同的 WIPO 有关民间文学艺术保护的最新法律文件《保护民间文学艺术草案》中，民间文学艺术表达被划分为四大类型，即言语表达、音乐表达、动作表达、物态表达。借鉴国内外学术界对民间文艺的阐述，以及本章对民间文艺内涵的理解，我们认为土家族民间文艺的内容主要是由四个方面组成：①民间口头文学表达，如神话、传说、故事、谚语、谜语等；②民间行为艺术表达，如舞蹈、杂技、游戏、仪式中的行为艺术等；③民间音乐戏曲艺术表达，如民间歌谣、戏剧、曲艺等；④民间物态艺术表达，如建筑、织锦、雕刻、编织、绘画、挑花刺绣、制陶、饰品制作、剪纸等艺术品。

一　民间口头文学表达

民间口头文学是民间文艺中的重要组成部分，土家族的民间口头文学作品主要包括神话、传说、故事、谚语、谜语等多个方面。

（一）神话

神话是人类文学创作中极其古老的艺术形式。"神话"一词源于希腊文的"mythos"，英文为"myth"，即"一个想象的故事"。马克思在

---

① 　吴汉东主编：《知识产权法》，北京大学出版社 2005 年第 3 版，第 60 页。

《政治经济学批判》"导言"中曾指出，"一切神话都是在想象中和通过想象以征服自然力，支配自然力，把自然力形象化"①，并进一步指出神话"也就是经过人民的幻想用一种不自觉的艺术方式加工过的自然和社会形式本身"。② 马克思的这个定义，从唯物主义的角度对神话的产生、内涵、性质和特点做了精辟的总结。土家族神话是土家族先民对自然和社会文化现象起源的认知，它是一种原始思维和原始心理结构的反映和体现。

　　土家族的许多神话表达了他们对宇宙结构、自然现象及人与自然关系的认知。这类神话十分丰富，主要有《雍尼补所》、《土家族的天梯》、《开天辟地与伏羲姊妹》、《制天制地》、《洛雨射日》等等。流传在湘西酉水流域的洪水神话《雍尼补所》③ 说：远古时，一位满头霜雪的老婆婆，生有七个儿子，一个女儿。前六个儿子胆大妄为，什么事情都敢做。老婆婆重病，幺儿补所和幺女雍尼细心照顾，病痛期间婆婆想吃雷公肉，于是几个狠儿则设计捉雷公。他们做好铁笼子，挖好坑，糟蹋粮食引诱雷公下凡。雷公接到大神墨贴巴④的命令，到凡间惩罚糟蹋五谷粮米的恶人。雷公气势汹汹地来到凡间，正见几兄弟在打着吆喝，赶着12头水牯踩踏粮食作乐，顿时勃然大怒，挥动千斤大斧前去打斗，不料正好一脚踩到几兄弟设计的苦楝树皮上，滑倒在坑里。几个狠儿捉住了雷公，并将其锁进了铁笼子。一日，老婆婆吩咐任务，六个狠儿都外出了，只留下年纪最小的幺儿补所和幺女雍尼守护铁笼。花言巧语的雷公在年幼的雍尼和补所手里讨到了水火，浇熔了铁笼子，飞上了天，向天神墨贴巴禀报了实情。墨贴巴大怒，授权雷公发齐天大水，降灾凡间。幸好依窝阿巴⑤提醒雷公，"要有仇报仇、有恩报恩"，于是雷公派燕子给补所、雍尼送去了葫芦种子，说："齐天大水快涨了，葫芦种子要种好！葫芦里面好藏身，躲过天灾报太平。"种子种下七天后，所结

①　中共中央马克思、恩格斯、列宁、斯大林著作编译局编译：《马克思恩格斯列宁斯大林论文艺》，人民出版社1964年版，第33页。

②　同上书，第34页。

③　彭勃、彭继宽整理译释：《摆手歌》，岳麓书社1989年版，第37—84页。

④　墨贴巴，土家族神话中的天神，主宰天庭。

⑤　依窝阿巴，土家族神话中的神仙。

的葫芦已长大张开嘴巴，兄妹二人跳进葫芦里。顿时电闪雷鸣，狂风呼号，地动山摇，暴雨如注，连续九天九夜没有停歇，洪水涨到天边，天水难分，淹没了三川五岳，凡间一扫而平。唯有躲在葫芦里的雍尼、补所保住了性命。

土家族还有许多叙述社会生活等内容的神话，如反映土家族先民的由来与繁衍的《咿罗娘娘造人》、《虎儿娃》、《土家人的祖先》、《白虎神话》等；反映土家族远古时期生活等内容的《廪君蛮》、《土家族的桅杆》、《佘氏婆婆》、《土家族的旗杆》等等。

（二）传说

民间传说是人民群众创作中的一种与历史人物（包括虚拟人物）、历史事件（包括生产文化事件）、山川风物（包括人工物和自然物）、地方风情以及土产技艺等有关的口头散文作品。① 土家族的民间传说主要有人物传说、史事传说、景物传说、动植物传说、生产技艺传说和风俗传说等类型。

土家族人物传说极为繁富，有反映反抗民族压迫，除暴安良，同腐朽的统治阶级进行积极斗争的历史人物的《向王天子》、《彭公爵主传说》、《陈连升出世》、《覃垕王》、《覃垕的传说》、《覃佳耀的传说》、《田思群的传说》、《唐好汉斗土王》、《土地怕恶心》、《钓鱼娘和三公主》、《磨亮卡替》、《匠帅拔佩》、《洛蒙挫托》、《白云姑娘》等；有反映抵御外敌侵略，颂扬土家族爱国精神与民族气节的英雄人物的《巴曼子》、《秦良玉的传说》、《陈连升》、《陈连升和他的战马》、《科洞毛人》等；有记述古代土家族能工巧匠的《木马失传的原因》、《豆腐做成桥垛子》、《祖师殿》、《工业造船》、《神话打眼和板板桥》、《铜锣和石鼓》等；有记述土家先民与自然神灵斗争的《何老司》、《守山大哥》、《巴列降龙》、《山神土神》、《扛仙娘现原形》等。

土家族的史事传说主要有《向老官人造反》、《九节牛角》、《腾云草鞋缩地鞭》、《火烧覃侯伯》、《计杀吴著》、《战胜客王》、《溪州铜柱》、《白莲教的传说》、《荆南雄镇》、《哄人的媒婆》、《当坊土地的传说》、《乾隆皇帝游江南》、《孔明是怎样葬在定军山的》、《田舜年九岁

---

① 叶春生：《简明民间文艺学教程》，湖南文艺出版社1987年版，第100页。

出对难祖翁》等。

　　土家族的景物传说有表现人民征服自然愿望的《迎凤庄》、《落印潭》、《大悔寨》、《月亮崖·望儿山·背子石》、《回龙阁》、《隐马池》、《望子岩石与再生洞》、《清江水是怎样变清的》、《石蜡和大风垭》、《仙人桥》、《罗依溪的传说》、《登云山》；有描绘美丽山川和自然景物的《梵净山》、《张家界》、《天子山》、《金刀霞的来历》、《白鹤井》；也有讴歌坚贞纯洁爱情的《鸳鸯峰》、《鸳鸯岩》、《夫妻云》、《乌杨过江》、《男石柱·女石柱》、《石马洞》、《和尚背尼姑》、《细柳城》、《稻花洲》、《东山郎和西山妹》等。

　　土家族的动植物传说，大多反映了土家族人民对动植物特性的认知。与动物有关的有《土家神马》、《银鸡儿》、《红嘴鸟》、《狗饿雀》、《桂桂阳》、《哥哥苦》、《女儿鸟》、《金鸭子和银鸭子》、《苦哦雀》、《凉水铛铛雀儿》、《不见哥哥，只见斧头》、《汤哥鸟》、《金鸭子》，以植物为题材的有《黄连》、《当归》、《党参》、《金银花》、《"坝漆"的传说》、《普舍树》、《党参的来历》、《檀树和枣树》、《马桑树为什么长不高》、《棕树》、《紫荆树的传说》等。

　　在生产技艺传说中，主要有《篾匠织背篓》、《吊脚楼的来历》、《西兰卡普和兽皮》、《土喇叭的来历》、《咚咚奎》、《"薅草锣鼓"的起源》、《地灯笼》、《摆手舞》、《"耍耍"的来历》、《为么子土家人爱跳摆手舞》等。

　　土家的风俗传说源远流长，寓意深刻，主要有《土家族为什么不吃狗肉》、《红头帕的来历》、《土家小孩戴锁圈的传说》、《生个女儿种棵牡丹》、《八宝和菜》、《为什么打"扬尘"》、《"半截刀"的来历》、《姓宋的为什么不吃狗肉》、《姓田的为什么做大糍粑》、《八月十五吃月饼》、《五月初五喝雄黄酒》、《撒禄米的来历》、《祭猎神》、《露水裙的来历》、《半月十三敬粘》、《洗三》、《踹生》、《满月》、《女儿会》、《定情》、《过礼》、《上红》、《哭嫁》、《土家族提早过年的传说》、《给牛拜年》、《打粑粑拜年》、《除夕头一天团年的来历》、《大年和小年》、《迎紫姑神》、《粑粑盖磨眼》、《搭"毛狗棚"》、《烧"毛狗棚"》、《送柴》、《四月初八》。还有叙述姓氏来源的《佘姓的来历》、《秦覃两姓是一家》、《鹰驮佘太婆》、《家姓田和野姓田》、《财神菩萨姓赵》等。

（三）故事

民间故事有广义和狭义之分，广义的民间故事是指存在于民间的一切以散文叙事形式流传的文学作品，是社会上所泛指的民间散文作品的通称①；狭义的民间故事指的是神话传说以外的那些极具思想内涵，以现实性或趣味性特征所表达出来的大众口头散文作品。本章所述的民间故事主要是狭义的。按照我国学术界较为通行的分类标准，民间故事可分为幻想故事（或称为"童话"）、生活故事（或称"写实故事"和"世俗故事"）、民间寓言、民间笑话②四类。

土家族的幻想故事，有以鞭恶扬善为主题，教人爱憎分明的《大妹二妹》、《嘎妮昭昭》、《蒂莉莎奶》、《智斗"老嘎婆"》、《黑蛮和青兰》、《火烧石》、《田好人献宝》、《向法官的故事》、《斗狼》；也有以自然物为题材，具有浓郁浪漫主义色彩的《冬竹》、《金瓜》、《金葫芦》、《锦鸡和巴西》、《老虎报恩》、《九头鸟》、《狗耕田》、《老虎还情》、《金壶和银壶》、《蛇变银子》、《狗屙尿为什么跷脚》、《土老司和大蟒蛇》、《海枯石烂不分开》、《刹气帕帕的故事》、《向莲打虎的故事》、《孽龙的故事》、《银羊子》、《猎人奇遇》、《听菩萨的》等。

土家族的生活故事，有反映土司和地主阶级压迫、人民不甘忍受而奋力反抗和斗争的《锁"飞角"》、《鸡腿哪里去了》、《玩火龙》、《计除蛇精》、《火烧覃侯伯》、《锦鸡姑娘》、《聪明的媳妇》、《老阿爸生细娃》、《草鞋军起义的故事》、《覃巧二骂赃官》；有以革命斗争为题材的《祭旗》、《观音显圣》、《一切皆我所有》、《官见洋人小三级》、《孔明之才》、《有盐同咸》、《见军长》、《芭茅溪打盐局》、《单枪匹马会陈黑》、《贺龙少年走湾潭》、《红军的纪律》、《一副笆篓》、《猪肚子里的光洋》、《和王震将军一起打白匪》、《土王洞里藏伤员》、《红军的封条》、《一桶桐油》等；有阐明人生哲理，给人生活以启迪和思考的《梅山姑娘》、《岩人坡》、《兄弟学吹咚咚喹》、《劝夫戒酒》、《积德添寿命》、《取名吃鸡》、《三滴麦子油》、《害人终害己》、《为官莫欺小》、《棺材与皮袄》、《东家西家》、《买母行孝》、《隔行如隔山》、《平起平

---

① 钟敬文主编：《民间文学概论》，上海文艺出版社1980年版，第203页。
② 同上书，第204页。

坐三姨佬》、《戏弄扒手》、《卡喜猜哑谜》、《巧斗戏本家》、《方便人》、
《身还生债》；有歌颂劳动人民智慧与才能的《讲四要》、《寒门奇才》、
《惟楚有才》、《皮匠驸马》、《连环谜》、《八副对子》等；有以诙谐风
趣的讽刺口吻，诉说人间善恶事理的《十七字诗嘲土司》、《锄头落地
是庄稼》、《土老司的法术》、《给土司画像》、《八个钱值得》、《土财主
讨吉利》、《黑炭洗白炭》、《千算万算》、《鬼怪虎》、《写信画斑鸠》
等；有以爱情婚姻为主题的《入洞房要说四言八句》、《洛塔崖》、《婆
婆树》、《一根藤》、《布利和格耶》、《山妹子选郎》、《娘家的蒙帕》、
《梦先生》等；有集群众智慧为一体，以巧妙的艺术斗争方式表达出来
的机智人物故事《颜长富的故事》、《冉广盘的故事》、《车方生的故
事》、《孙宝的故事》、《杜老幺的故事》、《张士发的故事》等。

土家族的民间寓言以《鹌雀》、《老鼠和鹌雀》、《檐老鼠》、《喜鹊
和老鸭子》和《猴子和团鱼》等为代表；民间笑话主要有《傻女婿拜
年》、《宝贝疙瘩》、《害我挨骂》、《秦儿祝寿》、《沉香木》、《讪谈
子》、《生搬硬套》、《糊涂虫》、《土王庙前出对联》、《霉豆腐》、《薅草
锣鼓自家打》、《垮老幺》、《照着做》、《喊礼》、《哭嫁》、《哭酒》、
《禁忌》、《财神菩萨与背时鬼》、《烧糍粑》、《出行话吉利》、《相火
坑》、《大牛皮》、《四两肉》、《巧女择夫》、《薅棉花》、《清和桥》、
《天高地厚》、《日白的都元帅》、《新官难不住巧妇》、《一文钱饱餐一
顿》、《先生与后生》、《只吃饭不喝酒》、《大老爷无救》、《卖豆腐角》、
《难上加难》、《五姨佬》、《怕把招牌喊塌了》等。

（四）民间谚语和谜语

1. 谚语①

谚语是指劳动人民用形象精炼的艺术手法，集体创作并广为民间流
传的，具有一定教育和认知功能或含有生活哲理的语言艺术形式。它具

---

① 本节所引用土家族谚语除我们田野调查搜集的外，主要摘选自王华武主编《民间谚
语》（五峰土家族自治县文艺丛书之一），湖北人民出版社 2004 年版；刘明春编著《土家俗
谚》，湖北人民出版社 2003 年版；彭继宽、姚纪彭《土家族文学史》，湖南文艺出版社 1989
年版；杨亮才、董森主编《谚海》第 4 卷，甘肃少年儿童出版社 1991 年版，第 383—387 页；
李耀宗、马加林等《中国少数民族谚语选》，四川民族出版社 1985 年版。

有"形式短小，形象生动，寓言通俗，音韵和谐、富于音乐性"① 等艺术特征。

土家族长期生活的武陵地区，山峦重叠，奇峰峻秀，沟壑纵横，自然环境独特。通过长期的生产与生活实践，土家族民众总结、提炼出了许多通俗易懂、形象生动、脍炙人口的民间谚语，这些谚语是我国民间口头文学宝库中优秀作品的重要组成部分。由于土家族谚语种类繁多、浩如烟海，我们大致从农业生产、人生哲理与道德修养、生活与家庭、乡土习俗、商业经济与民间技艺、社会政治等方面进行阐述。

农业生产方面的谚语。有讲述农时的，如"穷人莫听富人哄，桐子开花正下种"，"阳春三月不出工，十冬腊月喝北风"，"立夏插秧日比日，小满插秧时比时"，"秧奔小满谷奔秋，苞谷奔的是白露"；有讲述耕作施肥的，如"春耕扯断犁，愁收不愁吃"，"深耕加一寸，顶上一瓢粪"，"庄稼一枝花，全靠肥当家"，"小孩缺奶不胖，庄稼缺肥不壮"；有讲述种植技术的，如"种田不选种，只把自己哄"，"苞谷盖地膜，结砣像牛角"，"三年不换种，一屋大小肚子空"，"宁种阳坡的迟，不种阴坡的早"，"花椒种下牛粪拌，出苗又壮又齐全"；有关于田间管理与收成的，如"种在犁上，收在锄上"，"种田不理沟，好比强盗偷"，"山水不出田，粮食出不完"，"宁收一成青，不收十成黄"等。

人生哲理谚语。有讲述事理的，如"理是直的，路是弯的"，"灯盏不明有人拨，事理不明有人说"，"身正不怕影子斜，船稳不怕浪来颠"，"不吃黄连苦，哪知蜜糖甜"；有思维辩证的，如"有硬就有软，有柔就有刚"，"朝中有忠有奸，世上有贤有恶"；有指明善恶是非的，如"行善如荒原之草，不见其长日见其增；作恶如磨刀之石，不见其消日有所损"，"好的说不坏，坏的说不好"。

道德修养谚语。有立志的，如"话从低处说，心往高处想"，"宁可折断骨头，不可丧失气节"；有讲述德行的，如"积钱顾眼前，积德管万年"，"好事不求人见，良心自有天知"，"宁可正而不知，不可邪而有余"，"雪人见不得太阳，纸里包不住火"；有讲述为人为学的，如"火要空心，人要虚心"，"多听不多言，里外都不嫌"，"要得高评，先

① 叶春生：《简明民间文艺学教程》，湖南文艺出版社1987年版，第194页。

得知礼"，"能言不是真君子，善处方为大丈夫"，"人美在于学习，鸟美在于羽毛"，"养儿不读书，不如喂头猪"，"只有无用的人，没有无用的书"，"以书为朋友，自然知识有"等。

生活与家庭类谚语。土家族生活谚语主要有"大火煮稀饭，小火煮鸡蛋"，"炖羊肉离不得辣椒，坐月子离不得胡椒"，"生不住高山，死不往地狱"，"家越搬越穷，田越耕越泡"，"晴带雨伞，饱带干粮"，"不怕走得慢，就怕站着看"，"问路不讲理，多跑几十里"等。土家族家庭谚语包含家事、婚恋、夫妻、老少、亲戚等方面。家事谚语，如"败家容易治家难"，"家事家人管，族事族人言"，"大家礼仪教子弟，小家凶恶教儿郎"；婚恋与夫妻关系谚语，如"是姻缘的等姻缘，不是姻缘的不团圆"，"授徒在稳不在险，娶妻在德不在色"，"夫妻情意好，淡水也香甜"，"亲不过父子，近不过夫妻"，"父子有舐犊之爱，夫妻无隔夜之仇"；老少与亲戚关系的谚语，如"人人都要老，只分迟和早"，"父母妻三党，三党成六亲"，"人有人和，亲有亲疏"等。

乡土习俗谚语，主要有礼俗、信仰、风土人情等内容。礼俗谚语，如"初嫁由父母，再嫁由本人"，"初一拜年拜父母，初二拜年拜丈母"，"割草不认山，抬丧不认路"，"男子的头，女子的腰，只许看，不许捞"①；信仰谚语，如"正月初一不杀鸡，初二不杀狗，初三不杀羊，初四不杀猪，初五不杀牛，初六不杀马"，"三梦白虎当堂坐，当堂坐的是家神"，"信鬼就有鬼，信神就有神"；风土人情谚语，如"美不美、家乡水，亲不亲、故乡人"，"游子之心，思乡情切"，"路隔十里，各有乡风"，"山里伢子不怕狼，城里伢子不怕官"等。

商业经济与民间技艺的谚语。有关商业经济的谚语有"农不经商不得富"，"种田的吃粪，做生意的人吃秤"，"出的是价，还的是钱"，"生意不怕贴，就是怕你歇"，"要赚顾客钱，主要先上钱"，"见客三分笑，犹如掏腰包"，"经商讲文明，店堂暖人心"；民间技艺谚语，如"慢工出细活，能工出巧匠"，"杀猪杀屁股，各有各的法"，"三天不拿针，手就有些生"，"漆匠要学好，先认大中小"②，"好漆如油，照见

---

① 捞，鄂西土家族方言，有拉、摸、碰、拿之意。

② 大中小，指的是漆树有大木漆、中木漆、小木漆之分。

美人头"，"瓦匠一把刀，木匠一根线，裁缝全靠剪子剪"，"知薄知厚是篾匠，知轻知重是铁匠"等。

社会政治谚语，主要有社会交际和政治两大类。其中社会交际谚语又包括人情世态、交往、谈吐、社会协作等内容。人情世态谚语，如"人在人情在，人死人情卖"，"人情一把锯，你不来我不去"，"人朝势走，狗朝屎走"，"山上有直树，世上无直人"；交往谚语，如"交友交真，吃菜吃心"，"不看他待我，专看他待人"，"能穿朋友衣，不沾朋友妻"，"不丢穷朋友，不攀富贵亲"，"在家不会迎宾客，出门方知少主人"；谈吐谚语，如"一句好话心里软，半句恶言惹人烦"，"良言过耳三冬暖，恶语伤人六月寒"，"戏多遍无人看，话多遍无人听"，"无人人后不说人，无人人前不被说"，"老牛肉有嚼头，老人言有听头"，"不会烧香得罪神，不会说话得罪人"；社会协作谚语，如"人多好种田，水多好行船"，"一人不得两人计，千人动手泰山移"，"指头不合拢，针也拿不稳"，"众人一条心，石山变成金"等。政治方面的谚语，主要包括国家、官民与干群、阶级与贫富贵贱、法律规范和社会时弊等。有关国家谚语，如"国家国家，先国后家"，"家无二主，国无二王"，"君不正，臣投外国，父不仁，子奔他乡"；官民与干群谚语，如"官出于民，民出于土"，"为官要清正，清正能安民"，"干部干部，要干会部"，"村看村，户看户，群众看的是干部"；阶级与贫富贵贱方面的谚语，如"不穷千家，不富一户"，"吃亏的不弄钱，弄钱的不吃亏"，"穷人的汗，富人的饭"，"手下无人身不贵"等等。

2. 谜语

谜语，古称"廋辞"或"隐语"，是一种隐喻性的短谣，或者叫作民间隐喻诗。[①] 民间谜语是指带有知识性和趣味性的民间韵文作品，是和游戏娱乐分不开的一种口头语言艺术。[②] 谜语主要由谜面和谜底两个部分构成。土家族的民间谜语主要分为物谜、事谜和字谜。

物谜，以具体事物作为谜底。这是土家族民间数量最多的一类谜语，例如：

---

① 叶春生：《简明民间文艺学教程》，湖南文艺出版社 1987 年版，第 196 页。
② 刘守华等：《民间文学教程》，华中师范大学出版社 2002 年版，第 235 页。

两个翅膀一个牙，不会走来只会爬。

生来爱管不平事，口吐千层一朵花。

（刨子）

在娘家青枝绿叶，到婆家面黄肌瘦。

不提起没有什么，一提起泪水长流。

（撑船的篙）

少时青来老时黑，远嫁五湖四海客。

庵堂佛殿不好去，小姐房中常时歇。①

（桐油）

四四方方一猪楼，大猪小猪千万头。

大猪关在楼顶上，小猪关在楼下头。

（算盘）

大姐说话先喝水，二姐说话先脱帽；

三姐说话先挨刀，四姐说话雪花飘。

（毛笔、钢笔、铅笔、粉笔）

事谜，是指以人类或动物的行为、动作或某些自然现象做谜底的谜语。例如：

横直不过巴掌宽，天地日月在里边。

千军万马容得下，古今中外现眼前。

（看电影）

四个钉碰钉，八个叮咚叮。

两头安拂尘，中间点明灯。

（牛打架）

肥猪娘，爬岩墙，扯起一火枪，打到屁眼上。

（开锁）

大哥楼上跳，二哥把灯照；

三哥来扫地，四哥把舞跳。

（雷、电、风、雨）

---

①　彭继宽、姚纪彭：《土家族文学史》，湖南文艺出版社 1989 年版，第 374 页。

字谜，指以"字"或"字符"为谜底的谜语。例如：

一边绿，一边红；
一边喜雨，一边喜风；
喜风的怕水，喜雨的怕虫。

（秋）

一物生得奇，越洗越有泥；
不洗还能吃，洗了不能吃。

（水）

一把刀，水上漂，有眼睛，无眉毛。

（鱼）

红岩洞，白岩墙，里头住个耍儿郎。①

（口、齿、舌）

一点一横长，梯子架屋梁；
大口包小口，小口在中央。

（高）

两个狗蚤抬根棍，一个伢儿高上困。

（六）

一点一飘，坨子勾腰，
哪个伢儿猜到，奖他个碗儿糕。

（为）

    土家族的各种民间谜语反映了土家人民丰富多彩的生活，谜语来源于生活，根植于生活，不管是谜底还是谜面所涉及和关注到的事物，都是和人们生活息息相关的，也是人们十分熟悉的。谜语不仅是对日常事物和现象的深刻描绘，更是对人们各种行为和自然活动的生动刻画与精心"打磨"。可以说，土家族的谜语犹如一面镜子，透过这面镜子，我们更加领悟到了土家人民现实生活中真实的思想感情。

---

① 彭继宽、姚纪彭：《土家族文学史》，湖南文艺出版社 1989 年版，第 376 页。

二　民间行为艺术表达

民间行为艺术是指通过一系列动作和行为符号，在一定规则要求下所表达出来的一种特殊的民间艺术形式。土家族民间行为艺术主要包括民间舞蹈、民间杂技、民间游戏以及一些仪式中的行为艺术等。

（一）民间舞蹈

土家族民间舞蹈有摆手舞、毛古斯舞、撒叶儿嗬、八宝铜铃舞、花灯舞、花鼓子、耍耍、肉连响、多节连响、跳红灯、板凳龙、地盘子、猴儿鼓、地龙灯、连厢、滚龙连厢、打绕棺、车灯舞、金钱杆、社粑粑舞、地花鼓、打闹歌舞等。以上舞蹈大多已被列为各省（市）级非物质文化遗产名录，其中摆手舞、毛古斯舞、撒叶儿嗬和肉连响等已进入国家级非物质文化遗产名录。

摆手舞，又名"舍巴舞"，是土家族最有影响、流行最广的大型民间舞蹈，主要流传于湘、黔、渝、鄂四省（市）交界的酉水流域一带。土家族的摆手舞具有浓郁的民族特色和祭祀特征，以"舞姿粗犷大方、形式古朴、刚劲有力、节奏明快"为美。按其活动规模，摆手舞可分为"大摆手"和"小摆手"。大摆手规模庞大，一般是三到五年举行一次，从正月初三起，延续近半月之久，参与人数最多时竟达数万，舞蹈中有复杂的打猎和军事活动等内容。小摆手与大摆手相比，其规模要小得多，一般每年举行一次，其范围限于本村寨，内容以农事和日常活动为主。摆手时，人们围成多层圆圈，一人领舞，众人兼可随跳，即兴性很强。按照其舞蹈动作，摆手舞也可分为打猎舞、农事舞、生活舞、军事舞等。按其舞蹈形式或举行的时间，摆手舞还可分为"单摆"、"双摆"、"回旋摆"或"正月堂"、"二月堂"、"三月堂"、"五月堂"、"六月堂"等。

毛古斯舞，又叫"茅古斯舞"，土家语称"谷斯拔帕"、"帕帕格次"或"拨步卡"，意为"祖先的故事"，是土家族为纪念祖先创世业绩而举行的一种古老舞蹈。毛古斯舞作为一种独特的舞蹈艺术传承至今，被誉为古老文化艺术中的"活化石"。它主要流布在湘西的龙山、永顺、保靖、古丈、吉首等县市和黔东北的沿河、印江等县。表演毛古斯时，人数10—20人不等，其中一人扮老茅古斯（土家语叫"巴普"），象征土家族的祖先，主持祭祖和表演，其余的饰小茅古斯，代表后世子孙。他们身披稻草衣，赤着双脚，头戴用稻草和棕树叶扎拧而成的草帽，帽子上竖有单数草辫。其程序分为"扫堂、祭祖、祭五谷神、祈求万事如意"等段落，每个段落中细节繁多，内容复杂。跳毛古斯舞时，表演者们不停地抖动身上的草衣，使其发出"唰唰"的响声，然后以碎步进退，左起右跳，摇头耸肩，全身颤动，土家族称之为"抖跳蚤"，这些模拟上古时期古人粗犷的动作和古朴的仪态，反映了古时土家族祖先的生产和生活。

撒叶儿嗬，又称"跳丧鼓"或"跳丧舞"，是流行于清江流域土家族的一种祭祀性歌舞。它与流行酉水流域的摆手舞相对应，故有"北跳丧、南摆手"之说。土家族每有老人去世，众人聚集在亡人灵堂前"打鼓踏歌"，男人们载歌载舞，女人们围观助兴，通宵达旦，俗称跳"撒叶儿嗬"。土家族"撒叶儿嗬"的种类繁多，动作各异。按其种类和格局可分"四大步"、"待尸"、"么连嗬"、"摇丧"、"打丧"、"哭丧"、"穿丧"、"践丧"、"退丧"等20多种类型；其舞蹈动作大致有"凤凰展翅"、"燕子含泥"、"猛虎下山"、"犀牛望月"、"牛儿擦痒"等。撒叶儿嗬的艺术特点鲜明，手脚同边，舞姿豪放，动作平稳、舒缓；其歌唱内容也十分丰富，有歌颂死者生平事迹的，有歌唱亡者生前的生产生活状况和对子女的抚育的，有颂赞祖先开疆拓土等民族历史的，也有反映祖先的图腾崇拜和农业生产活动的，等等。可以说，撒叶儿嗬以一种绝妙的歌腔舞姿，表达土家族人民豁达的生死观。

肉连响，又叫"肉莲花"，是土家族男子用独特的肢体动作表演的地方性舞蹈。主要流布在湖北恩施州的利川市和贵州铜仁地区的沿河土家族自治县。肉连响以舞蹈者用手掌击打裸露的额、肩、脸、臂、肘、腰、腿等部位发出响声而得名，击打时有"上九响"、"下九响"之分，故而又被称为"莲花十八响"。肉连响表演的场地大小均可，表演时只需穿背心、短裤或者干脆赤膊上阵，其动作主要有"秧歌步"、"穿掌吸腿跳"、"颤步绕头转身"、"双打"、"十响"、"七响"、"四响"、"三响"等10余种。肉连响具有表演生动、诙谐、活泼、明快、自由等特点，表演时虽无唱腔和伴奏，但艺人可根据表演的需要，用舌头弹动声响伴奏，增添欢乐气氛。

（二）民间杂技与游戏

土家族的民间杂技与游戏也是行为艺术中的重要构成部分。民间杂技有硬气功、踩烙铁、踩刀、下油锅、抛刀、粘功、策手、点穴、耍狮灯、耍龙灯、顶坛子、脚踩独龙舟穿急流、倒挂金钩等。其民间杂技既有娱乐性，也有风险性。就风险性而言，尤以硬气功为甚，其表演过程十分惊险，常使观众担心畏怯。例如，"腹下卧钢叉"，即由一人卧在三根叉尖锋利的钢叉上，腹部朝下，四肢平伸悬空，由另一人拉着卧叉者一只腿转圈，几圈之后卧叉者能与钢叉均安然无恙；银枪刺喉，即在一木头两端装上金属枪头做成木质银枪（有的则是金属银枪），表演者既可一人也可两人，一人进行时将银枪一头抵在坚硬之处，另一头置于喉部，然后发力将银枪枪杆抵断或抵弯。两人表演时，其技艺要求更高，银枪两端同时置于两人喉部，然后运气发功，直至抵断或抵弯枪杆。其风险性可见一斑。

民间游戏是行为艺术中不可或缺的部分，民族学和人类学向来比较关注民间游戏的研究，如人类学家克利福德·格尔兹（Clifford Geertz）对印尼巴厘岛斗鸡游戏的"深描"及象征意义的经典阐释①，被学术界誉为民族志研究的精品。土家族民间游戏主要分为成人游戏和儿童游戏两大部分。成人游戏有"上大人"纸牌、玩雪灯、打贡鸡、抢贡鸡、棉花球、翘旱船、抵杠、掰手腕、划拳、对角棋、茅厕棋、金木水火土棋、皇帝棋、五子飞棋、打三棋、裤裆棋、牛眼睛棋、猪娘棋、打秋千、摔抱腰、罚界鸡、打碑、扳手劲、抵杠子、扁担劲、打飞棒、举石锁、抱岩跐子、拦门、射箭、抢花炮、射弩、踢毽球、跷旱船、斗鸡、斗鸟、斗角、耍砣、追鸭、扭扁担、爬杆、抵腰杆、荡藤、撑杆越沟、倒挂金钩、骑竹马等。儿童游戏主要有四类：一为口头游戏，如"数数"、"噼噼拍"、"绕口令"、"说哪摸哪"、"吹哨子"；二为文字游戏，如填字游戏、添笔画变字、棒棒摆字；三为动作游戏，如捡子、"成三捡子"、摔跤、踩高跷、跳绳、打赶茆、跳房、打陀螺、滚铁环、翻花盘、放风筝、丢手绢、滚铁环、放风灯、飞石子、"跑马步"、"拉凤

---

① ［美］克利福德·格尔兹：《文化的解释》，纳日碧力戈译，上海人民出版社1999年版，第471—511页。

毛"、"赶羊子"、"翻泥饼子"、踢毽子、跷跷板、荡秋千、跳房子、打弹子、打水漂、跳皮筋、爬藤、滚藤、土地持拐棍、跳飞机、挤油渣、蹦蹦劲、鸡儿上树、打拖板、摸打互换、推磨摇磨、打跷跷脚、排排坐、舂碓;四为智力游戏,如"恰朦"(捉迷藏)、"太平天国"游戏棋、猜谜语、"剪刀石头布"、"蒙蒙狗"、"打游击"、"喀蟆抱蛋"、"摸瞎瞎"、"猫捉老鼠"、"老鹰抓小鸡"、"翻豆腐"、"翻花"、"擒猫"、"偷瓜"、"偷营"等等。

(三)仪式中的行为艺术

土家族有关仪式中的行为艺术,主要有"打绕棺"、"跳流落"、"跳端公"以及梯玛法事中的一些动作符号等。"打绕棺"又叫"穿花",是土家族在丧葬仪式中进行的一种集歌舞为一体的行为艺术。通常由土老司、长者或道士担任主持,绕棺时其行为动作有"膝部松弛、含胸下层、出胯多颤"等特点。其表演内容有"怀弓抱月"、"猛虎下山"、"黄龙缠腰"、"鹭鸶伸腿"、"插秧"、"水牛抵角"、"美女梳头"、"仙女散花"、"苦竹盘根"、"观音坐莲"等。[1]

"跳流落",又称"打廪"、"跳排"或"打廪跳排",是土家族在丧礼中举行的一种歌舞行为艺术。它普遍流行于湘西凤凰、吉首、泸溪一带土家族的廪嘎人当中。在"跳流落"活动时,由"流落"(法事主持人)身着法衣,手持法器主持,另外两名或四名"廪兵"("流落"的徒弟)身着写有"兵"、"卒"等字古代军服,手握竹篙。"流落"击鼓下令,"廪兵"们立即列队冲锋上前,在"流落"的指挥下绕棺而跳,做出作战厮杀态,发出呐喊声,跳起三十六堂跑马,七十二堂破阵。[2] "跳流落"有"大廪"和"小廪"之别,由四个"廪兵"跳的排,谓之"双排",又叫打"大廪";两个"廪兵"跳的排则谓之"单排",又叫打"小廪"。[3] "流落"在指挥"跳流落"的过程中,还将主持队伍唱《廪歌》,《廪歌》是一种丧堂歌,它与"跳流落"相互伴随,构成了土家族独特而古老的表演艺术。

---

① 彭英明主编:《土家族文化通志新编》,民族出版社 2001 年版,第 353 页。

② 同上。

③ 谭必友、田级会:《田野中的文化呈现——穿越文化浸洗的廪嘎人歌舞研究》,人民出版社 2010 年版,第 30 页。

三　民间音乐戏曲艺术表达

（一）民间音乐艺术

民间音乐，在古代被称为"俗乐"，与宫廷音乐相对，系指流行在宫廷以外的、包括知识分子在内的民众创作的音乐。[①] 我们认为，民间音乐是民间大众通过集体或个人，以口头或书面的方式创作和传唱的音乐艺术。伍国栋将民间音乐分为"民间歌曲、民间乐器及器乐、民间舞蹈音乐、民间曲艺音乐和民间戏曲音乐"。[②] 本章对土家族的民间歌曲、民间乐器及器乐等部分做重点分析。

1. 民间歌曲

土家族的民间歌曲（简称民歌），是土家族人民大众在生产与生活中自己创作和演唱的歌曲。按照民歌所唱题材内容和民歌的音乐体裁，可将土家族民歌大致分为劳动歌、生活歌、仪式歌、时政歌、情歌、叙事歌、儿歌、号子等种类。

土家族的劳动歌表现内容十分丰富，涉及农业种植、田间管理、捕鱼、狩猎、放牧、日常劳动等各个方面，如《春季生产歌》、《栽秧歌》、《洋芋歌》、《杂交水稻好又乖》、《撒下种子撒下歌》、《种瓜调》、《栽秧打谷我才学》、《薅草歌》、《薅黄瓜》、《薅草锣鼓歌》、《打鱼歌》、《赶仗歌》、《扫山歌》、《催山歌》、《山中牧羊歌》、《放牛歌》、《望牛歌》、《打猪草歌》、《裁缝歌》、《樵夫歌》、《打柴歌》、《伐木歌》、《背水歌》、《十月采茶》、《土家织锦歌》等。众多劳动歌中，以长篇的薅草锣鼓歌最具特色，比如流行鄂西五峰土家族自治县一带的《薅草锣鼓歌》，仅就内容就涉及了"田中打鼓、打鼓下田先请神、一下田来参一声、清五方神、扎五方寨、请土地神、扎歌谈、请锣鼓神、花锣鼓安神圣、劳为众亲朋、吃了中饭来、余心乐、送神、拆寨、送锣鼓神"等15个部分。[③]

---

① 杜亚雄、王同：《中国民族民间音乐教程》，上海音乐出版社 2006 年版，第 2 页。

② 伍国栋：《中国民间音乐》，浙江教育出版社 1995 年版，第 51 页。

③ 胡德生主编：《民间歌谣》（五峰土家族自治县文艺丛书之一），湖北人民出版社 2004 年版，第 34—45 页。

　　土家族的生活歌大多是记述底层人民日常生活状况，反映和诉说老百姓的人间情苦的歌谣，主要有《拜拜谣》、《说起穷》、《槐花树下槐花媳》、《祝寿词》、《飙酒歌》、《家家进门词》、《粮头上门来催粮》、《扯谎歌》、《十二月长工歌》、《十二月苦歌》、《长工苦》、《苦情歌》、《单身苦》、《单身汉歌》、《媳妇苦歌》、《十月怀胎歌》、《十劝姐》、《幺姑看娘歌》、《探郎歌》、《死妻歌》、《娘教女词》、《普劝善言》、《家学识字读本》等。这些民歌极富有生活情节和人生哲理，能给读者以深刻的启迪。

　　土家族的仪式歌，指的是在举行各种婚丧宗教仪式活动中所唱的歌谣，主要有《哭嫁歌》、《开盒词》、《拜堂礼词》、《陪十兄弟》、《陪十姊妹》、《拦门礼词》、《闹新房礼词》、《上梁歌》、《上梁礼词》、《踩门礼词》、《散花词》、《廪歌》、《梯玛歌》、《丧鼓歌》、《吤里儿火》等，其中以《哭嫁歌》、《梯玛歌》和《丧鼓歌》最具代表性。流传在湘西的《哭嫁歌》，其哭唱的内容有"哭上头、哭爹娘、哭哥嫂、哭姊妹、哭嫁奁、哭媒人、哭戴花、哭离娘席、哭十二月花、哭露水衣露水帕、哭辞祖宗、哭上轿"① 等 12 个部分；流传在鄂西的《哭嫁歌》也有"哭十姊妹、哭出菜、哭媒人、哭踩斗、撒筷、哭露水衣、哭露水伞、哭上轿"② 等诸多内容。香港中文大学余咏宇先生在研究土家族哭嫁歌的音乐特征后指出，土家族的哭嫁歌以"苦、歌、语"三种元素表达了其特殊的音乐风格，是有别于其他民歌的一种歌曲。③

　　土家族时政歌，指的是抒写时事政治的歌谣，主要有《向虚廷造反》、《鸦片苦歌》、《雪堂歌》、《光绪靠洋人》、《孙文十二月》、《土匪上了八面山》、《十恨土豪劣绅》、《劝世良言》、《十写孙俊峰》、《闹他个红旗满天》、《西上找红军》、《天下要归苏维埃》、《鱼儿靠水水靠鱼》、《赤卫队之歌》、《做双军鞋送前线》、《我给红军来带路》、《农民协会歌》、《穷哥翻身头一回》、《要当红军不怕杀》、《要叫不革命，太阳从西出》、《红军红军快回来》、《五峰自从贺龙到》、《太阳一出照白

---

　　① 刘黎光主编：《湘西歌谣大观（上）》，湖南文艺出版社 1990 年版，第 104—152 页。

　　② 韩致中主编：《女儿寨传说》，长江文艺出版社 1985 年版，第 337—340 页。

　　③ 余咏宇：《土家族哭嫁歌之音乐特征与社会涵义》，中央民族大学出版社 2002 年版，第 155 页。

岩》、《十送红军》、《政府颁布土地法》、《土家指望共产党》、《成立联合自治州》、《天上星子跟月行》、《计划生育是国策》等。这些时政歌谣大多以历史事件为题材，多能反映当时的时政内容，具有很强的时代性。如《鸦片苦歌》所唱：

> 鸦片烟开五色花，劝你哥哥莫吃它。
> 不是为妻责怪你，又败身子又败家。
> 鸦片烟火唆唆唆，先唆地头后唆窝。
> 田园屋场唆尽了，再唆脚边热和和。
> 脸上起了冬瓜灰，浑身无力瘦如柴。
> 好人变成鸦片鬼，硬是死了没得理。①

这首时政歌作于清光绪年间。当时中国鸦片泛滥，全国各地深受其毒害，土家族人民作此歌谣以警醒世人，具有深刻的历史背景和教育意义。再如《成立联合自治州》：

> 荷花吐艳正逢秋，传来喜讯乐悠悠；
> 千年西式今朝到，成立联合自治州。②

《成立联合自治州》是一首典型的时政民歌，1957 年 9 月 20 日，国家正式成立湘西土家族苗族自治州，当地土家族人民为了纪念这一重大历史事件而作此歌谣。

土家族的情歌不胜枚举，按其形式可划分为五句子情歌、五句子散歌、五句子对歌、四句子情歌、穿号子情歌、连八句情歌、长短句情歌等；按其内容可分为动心歌、试探歌、赞美歌、挑逗歌、迷恋歌、相恋歌、相思歌、重逢歌、深情歌、盟誓歌、离别歌、忧伤歌、抗婚歌、团圆歌等。土家族经典的情歌主要有《水妹儿像观音》、《我的哥哥我的人》、《风吹叶麻张张白》、《搂乎歌》、《初来初到姐相慕》、《木叶情

---

① 彭继宽、姚纪彭：《土家族文学史》，湖南文艺出版社 1989 年版，第 174—175 页。
② 刘黎光主编：《湘西歌谣大观（上）》，湖南文艺出版社 1990 年版，第 95 页。

歌》、《六口茶》、《黄四姐》、《有情只有妹有情》、《龙船调》、《织绫罗》、《亲亲巧，巧亲亲》、《文官出门常带印》、《年轻之人赶路途》、《许郎一双鞋》、《情歌打扮一枝花》、《九岭十八岗》、《太阳当顶过》、《灯草开花黄》、《马桑树儿搭灯台》、《看郎》、《绣荷包》、《探郎歌》、《送郎歌》、《采茶歌》、《正月完》、《榴开花》、《石榴长大一树红》、《正月去了二月来》、《十想》、《十爱》、《十劝》、《十绣》、《十送》、《十杯酒》、《十月歌》、《十二时》、《十变歌》、《十条手巾》、《十指尖尖》、《十绣荷包》、《十月相思歌》等。从形式上看，"五句子情歌"最为典型，其常以"姐、郎、太、昨、高、隔、这、挨、小、天、吃、清、捞、峨、远、白"等字开头，如有"郎"子开头的唱道：

> 郎在高山打一望，
> 姐在河下洗衣裳。
> 郎在高山望到姐，
> 姐在河下望到郎，
> 棒棒捶到石头上。①
> 郎在高山砍杉条，
> 砍在河里搭浮桥。
> 郎走三步溜溜软，
> 姐走三步软溜溜，
> 又溜又软情不丢。②

从内容上看，题目以"十"字开头的系列情歌也极富代表性，歌词将情感表露得淋漓尽致，颇有感染力，如《十月相思歌》唱道：

> 正月相思正月正，奴家得了相思病，瞒倒爹妈不作声；
> 二月相思做双鞋，拿起鞋子人又来，白纸包起怀中埋；
> 三月相思三月三，挑子开花红半山，情哥不来是枉然；

---

① 胡德生主编：《民间歌谣》（五峰土家族自治县文艺丛书之一），湖北人民出版社2004年版，第51页。
② 同上书，第53页。

四月相思四月八，泥巴水下种庄稼，情哥不来不望他；

五月相思五月五，河里架起龙船鼓，不接情哥过端午；

六月相思三伏热，隔到情哥来不得，打起凉伞接一接；

七月相思七月七，情哥不到奴家里，什么事儿得罪你；

八月相思八月八，丈夫拿刀拦路来，劝郎情哥不来哒；

九月相思九月九，劝我情哥要丢手，还不丢手要丢丑；

十月相思下大霜，缎子鞋儿做几双，情哥穿起回家乡。

　　土家族的叙事歌主要有《摆手歌》、《梁山伯与祝英台》、《雷公报》、《葫芦歌》、《吴幺姑》、《撒珠湖》、《出身歌》、《锦鸡》、《鸳鸯调》、《吴幺哥》、《山伯歌》、《杨柳叶儿青》等，其中以《摆手歌》尤为著名。土家族的摆手歌是在跳摆手舞时所唱的歌，歌唱时内容长短可酌情取舍。长的内容涉及土家族创世传说、迁徙历史、生产劳动与英雄故事等。如彭勃和彭继宽1989年整理出版的《摆手歌》① 就分为"天地、人类来源歌、民族迁徙歌、农事劳动歌、英雄故事歌"几大部分，其内容有制天制地、雍尼补所、民族迁徙，砍草、挖土、做秧田、泡谷种、插秧、薅草、吃新、打谷子、背苞谷、摘茶籽、捡桐籽、种冬粮、弹棉花、织布、染布、缝衣服、打铁、铸铧口、装犁耙，落蒙挫托、日客额抵额头、匠帅拔佩、春巴嬷妈、白果姑娘等。

　　儿歌或谓之童谣，浅俗意明，简短而富有韵律，由儿童传唱。土家族的儿歌主要有《推磨歌》、《麻雀歌》、《啄木倌》、《板凳脚》、《坐排排，吃果果》、《巴列洞》、《乃呦乃》、《敲梆，打梆》、《点点脚脚》、《羊尾巴尖》、《叫》、《挖泥鳅》、《栀子花》、《张打铁，李打铁》、《吐口水》、《萤火虫》、《胡椒花椒》、《虫虫飞》、《边边镲》、《捏你的鼻子吃宠菜》、《要烟谣》、《砂锅顶锅》、《螃蟹歌》、《接口词》、《大月亮，小月亮》、《老鼠子嫁女》等。这些儿歌多是杂言小曲体，各句之间字数不等，但韵律整齐，语言节奏活泼自然，唱起来朗朗上口。如流传湖南桑植县的《推磨歌》：

---

① 彭勃、彭继宽整理译释：《摆手歌》，岳麓书社1989年版。

推磨，

嘎磨。

推粑粑，

请妈妈。

妈妈也推磨，

送给红军贺大妈。

贺大妈，

笑哈哈，

红军和咱是一家。①

又如《麻雀歌》：

一群麻雀飞上坡，

三岁娃儿会唱歌。

不是爹娘教会我，

我各自②聪明记得多。③

　　号子是中国民间歌曲中产生最早的一种特殊的音乐体裁。号子是劳动歌的一种，它源于劳动，结合劳动，故通常称为劳动号子。④ 按照劳动的项目和分工，土家族的号子可划分为船工号子、放排号子、搬运号子、纤夫号子、渔船号子、抬杠号子、樵夫号子、石工号子、拖木号子、抬丧号子、抬轿号子等类型。各种号子亦可进行细分，以船工号子为例，土家族地区因有长江、清江、乌江、酉水、澧水等大江大河蜿蜒环绕，其船工号子也就有了"峡江船工号子、清江船工号子、乌江船工号子、酉水船工号子、澧水船工号子"之别。如流传在鄂西巴东的峡江船工号子，船工们操船放排出入各种激流险滩时，就常喊其排号由

---

①　刘黎光主编：《湘西歌谣大观（下）》，湖南文艺出版社 1990 年版，第 407 页。

②　各自，指自己，土家族地区的方言。

③　彭继宽、姚纪彭：《土家族文学史》，湖南文艺出版社 1989 年版，第 210 页。

④　伍国栋：《中国民间音乐》，浙江教育出版社 1995 年版，第 58 页。

"拖杠、出艄、提缆、摇橹、撑棚、拉纤"[1] 等组成的号子，以鼓舞情绪和缓解劳动疲劳。土家族的号子内容诙谐，多以叙事为主，歌词简短，句式工整，多衬词衬句，由一人领唱众人应和。如《酉水船工号子》唱道：

　　　三老九峒十八艄，
　　　七十二岩拢石堤，
　　　多少在岸上，
　　　多少在水里？
　　　爱玩爱耍，
　　　哎嗨——
　　　篙上浪哪，
　　　哎嗨——
　　　堂板开在嘛，
　　　哎嗨——
　　　西湖墙哪。
　　　哎嗨——
　　　丝瓜井里，
　　　哎嗨——
　　　不像样哪，
　　　哎嗨——
　　　哪个有钱嘛
　　　哎嗨——
　　　调出堂哪。
　　　哎嗨——
　　　……[2]

2. 民间乐器和器乐

土家族的乐器较多，按照乐器演奏时的动作方式，即"吹、拉、

---

① 巴东县民族事务局：《巴东土家族》（内部资料），1985 年印制，第 31 页。
② 刘黎光主编：《湘西歌谣大观（上）》，湖南文艺出版社 1990 年版，第 49 页。

弹、打"四大类分法，可将之分为"吹管乐器、弹奏乐器、拉奏乐器、打击乐器"四类。吹管乐器主要有气流由吹孔引起管柱振动而发音的，如直笛（土笛）麦秆、木叶、哎鸣等；有气流通过哨子引起管柱振动而发音的，如大号（长号）、小号、莽号、竹号、牛角号等；也有气流通过簧片引起管柱振动而发音的，如咚咚喹、崩崩拖、巴乌、唢呐、野喇叭等。弹奏乐器主要有扬琴、月琴、三弦、土琵琶、碗琴、竹琴等。拉奏乐器主要有土胡、二胡、板胡、古立胡、京胡等。打击乐器主要有鼓、锣、钹等种类。鼓类有盆鼓、丧鼓、堂鼓、单皮鼓、怀鼓、双面棋子鼓等；锣类有大锣、马锣、土锣、冬子锣、勾锣、云锣、苏锣、包包锣、二音云锣等；钹类有头钹、二钹等。此外，还有扭钟、八宝铜铃、铜铃、司刀、镲、梆子、铛、铙、錞于、磬、钲、虎竹邦等。这些民间乐器，在土家人生产生活、休闲娱乐、祭祀庆典等活动中扮演着重要角色，为土家族奇异的民族文化增添了绚丽的色彩。

土家族民间器乐（即用民间乐器所演奏的音乐），主要分为锣鼓乐、吹打乐、吹管乐和宗教音乐四大类。锣鼓乐是指打击乐器所演奏的民间音乐，如湘鄂西的打溜子、薅草锣鼓、渝东南的耍锣鼓，黔东北的花锣鼓，鄂西的闹台锣鼓、围鼓、牌子家业等。锣鼓乐在土家族地区广为流传，许多地区还形成了"乐班"之类的演奏团队。演奏锣鼓乐的用途很广，既可为劳动助兴鼓劲，也可在民俗节日或一定场合聚众娱乐，其音乐和演奏形式极具特色。就流传在鄂西五峰土家族地区的"打溜子"而言，其乐班由五人组成，乐器分别为鼓、锣、勾锣、头钹、二钹。乐班进行演奏时十分注重速度、音色、力度和板式的变化，并以精湛高超的技艺，将其变化频繁的各类曲牌进行有机串联，使其节奏更加清新明快，曲乐更富有艺术色彩。

吹打乐是吹管乐器和打击乐器合奏的一种音乐形式，如长阳吹打、毕兹卡的节日、穿调子、广调子、建始吹打、五峰吹打、土家八仙、坐堂调、打安庆等。吹打乐在土家地区的流布相当广泛，且极富特点。如穿调子在演奏时，主要按照一定的规则程序，将唢呐调和锣鼓调穿插起来配合吹打。穿调子的曲牌有《缭子》、《白鹤》、《扑灯蛾》、《半边月》、《蝴蝶飞》、《红绣鞋》、《坠耳环》、《牛擦痒》等。再如广调子，据说是在古时由广州流传而来的，其演奏方式灵活多变，不同的地方套曲各异，地域特色十分鲜明。在吹打广调子时，唢呐与锣鼓配合演奏，吹一阵打一阵，以交替的方式进行，即使在单用唢呐演奏时，锣鼓仍需适时伴奏进行烘托。广调子的演奏方法独特，有"辽子、狗钻洞、龙摆尾、凤点头、燕平翅"① 等多种打法，调子的顺序可随意颠倒，其音调十分悦耳、动听。

吹管乐是指用吹管乐器演奏出来的一种民间音乐。土家族吹管乐主要有咚咚喹、吹木叶、牛角调、大筒子、吹喇叭等，其中以咚咚喹最具民族特色。咚咚喹，亦称"呆呆哩"或"呆呆嘟"，是土家族民间单簧竖吹乐器。它主要用细竹管制作而成，演奏时，口含簧片，管身竖置。咚咚喹音高随管身长短和音孔位置的不同而变化，能吹出四五个音。咚咚喹的传统曲牌丰富，一般都有固定的标题，有《咚咚喹》、《呆嘟哩》、《咚喹咚喹咚咚喹》、《利利拉拉咚咚喹》、《咚咚开》、《巴列咚》、《慢巴列咚》、《乃哟乃》、《拉帕克》、《偏咚偏》、《波左波》、《咚巴哈》、《哎罗罗》、《打铁》、《米司可可》等 20 余种，表演时有独奏、齐奏或合奏等各种形式，可吹奏，亦可演唱。

宗教音乐是指在宗教祭祀仪式上用吹管、打击等乐器所演奏的一种特殊的器乐形式，如祭孔音乐、佛事音乐、丧葬音乐等。如以鄂西五峰土家族地区的宗教音乐为例，其音乐曲牌就有《南进宫》、《酒调子》、《水龙吟》、《白鹤含香》、《泣颜回》、《朝天子》、《牌调子》、《秋千调》、《水绿音》② 等数十种。

（二）民间戏曲艺术

民间戏曲是民间戏剧和民间曲艺的统称。土家族的民间戏曲种类繁多，具有思想鲜明、结构紧凑、语言朴实自然、充满生活气息等显著特点。戏剧有傩戏、南剧、柳子戏（阳戏）、灯戏（包括印江花灯戏、苞谷灯戏、酉戏、秀山花灯戏、湘西花灯等）、堂戏、土地戏、皮影戏、木偶戏、辰河戏、荆河戏等；民间曲艺有南曲、恩施扬琴、利川小调、竹琴（渔鼓）、花鼓、三才板、打金钱杆等。其中以傩戏、南剧、柳子

---

① 田发刚、谭笑编著：《鄂西土家族传统文化概观》，长江文艺出版社 1998 年版，第 318 页。

② 龚德俊主编：《民间吹打乐》（五峰土家族自治县文艺丛书之一），湖北人民出版社 2004 年版，第 242—255 页。

戏和南曲等最具代表性。

傩戏，又叫傩堂戏、傩坛戏、傩愿戏等，是集音乐、舞蹈、祭祀、戏剧、傩技为一体的综合性艺术。土家族的傩戏主要流布在湘鄂渝黔交界的武陵山区。其表演与祭祀活动互相交织，戏中有祭，祭中有戏，戏祭交融。傩戏演出的班子称"坛"，少则四五人，多则十几人，班主称"坛主"或"掌坛师"。傩戏演出时，有全堂戏和半堂戏之分，全堂戏又分为前12戏和后12戏，半堂戏即前12戏，其演出时间长短不定，少则一天，多则半月。傩坛在表演时需佩戴各种古朴、怪诞傩面具，以象征表演者的身份，各面具名称固定，如半堂戏的12个面具有：关爷、秦童、唐氏太婆、甘生、引兵土地、桃源土地、梁山土地、灵官、消灾和尚、开路将军、先锋小姐、押兵先师；全堂戏的24个面具，除半堂戏的12个外，另有乡约保长、鞠躬老师、卜针先师、开山猛将、了愿判官、幺儿媳妇、秦童娘子、李龙、关夫子、柳三、杨四、掐时先生。① 傩戏的唱腔多为地方土话与戏剧腔的结合，声音低沉，音域狭窄，保持了"一人启口，众人帮腔"和"乐里藏音"的传统，唱腔多属一个曲调多段唱词，段落之间衔接和伴奏均用打锣鼓进行，使诙谐幽默的唱腔与鼓音融为一体，极具趣味性和娱乐性。傩戏的舞蹈，是一种带有原始宗教色彩的巫舞，舞蹈者或单人，或双人，抑或多人，其角色分旦、丑、净、生四行，丑角有三不伸的规定。② 傩戏的剧目众多，内容涉及宗教、神话和生活等诸多方面，如《目连救母》、《扫地和尚》、《押兵仙师》、《水路神祇》、《开路将军》、《二郎镇宅》、《钟馗戏判》、《算命郎君》、《打菜仙姑》、《东生牛郎》、《王婆买酒》、《牛高买药》、《雪山放羊》、《拷打龙女》、《双蝴蝶》、《拷打小桃》、《毛货郎卖货》、《柳毅传书》、《安安送米》、《董永卖身》、《情家庄》、《槐荫会》、《鲍家庄》、《孟姜女送寒衣》等。

南剧，又称南戏或"施南调"，是流传在土家族地区颇具影响力的古老戏剧种类之一。南剧分为生、旦、净、丑四大行。净角、小生、生角、老旦、摇旦（花旦）唱本音，正旦、小旦唱边音。各个行当文武

① 《土家族百年实录》编委会：《土家族百年实录（上）》，中国文史出版社2000年版，第133页。

② 彭英明主编：《土家族文化通志新编》，民族出版社2001年版，第271页。

皆备，没有文武生、旦、净之分。① 南剧的音乐腔调主要由南路（似"二黄"）、北路（似"西安"）、上路（似"梆子腔"）声腔，并吸取昆曲、小调和一些地方杂腔等多种民间声腔调子组合而成，其南路声腔温柔婉转，北路声腔高亢舒展。南剧在演出时，其锣鼓音乐主要由云板、板鼓、钹、勾锣、锣等乐器联合演奏，曲牌音乐则由京胡主奏，伴之唢呐、笛子等。南剧传统剧目丰富多彩，数量甚多，如20世纪50年代，湖北戏剧工作者到鄂西就收集整理了近千个剧本，正可谓"唐三千、宋八百，唱不完的三列国"。南剧的戏班多演大部头的连台整本戏，但为了适应农村观众的情趣，也演唱一些生活小戏。剧本唱词常用七字句或十字句，演唱时多杂当地方言土语，通俗易懂，乡土气息浓郁。

柳子戏，又名阳戏、"杨花柳"，起源于宋元时期，与巫道傩戏的关系密切，改土归流前后在土家族地区得到广泛传播，备受土家族人民欢迎，延续至今，久唱不衰。柳子戏的唱腔以俗曲和柳子调为主，其中俗曲部分比重较大。现存的传统剧目中，由俗曲连成的约占一半。戏班在演唱时，或是用本嗓平腔演唱，称作"老柳子"；或是用真假声结合，句中及句尾落音翻高八度演唱，称作"新柳子"。两种唱腔相比，后者更受欢迎，在全国戏曲唱腔中都独有特色。柳子戏的角色行当和传统戏曲类似，起初主要分生、旦、丑三行，后受到大戏的影响，也有净角。柳子戏的传统剧目有100多个，多为反映民间家庭生活的，其常演剧目有"三打"、"三杀"，即《打金银》、《打芦花》、《打仓救主》和《侯七杀母》、《宋江杀媳》、《曹安杀子》②，其他还有《凌哥烤酒》、《蠢子拜年》、《扫地挂画》、《谷屯子接妹》、《王木匠打嫁妆》、《姚痴子讨亲》、《围花楼》、《丁贵讲书》、《蠢子回门》、《山伯访友》、《凉亭会》、《葛麻后传》等剧目。

南曲，原名"丝弦"，俗谓"曲子"，是土家族地区地方小曲中较为古老和著名的曲种，主要流行于长阳和五峰两个土家族自治县，尤以长阳资丘最盛，有近两百年的历史。土家族的南曲分长阳、五峰两大派

① 卢海晏编著：《南剧》，民族出版社2003年版，第5页。
② 彭英明主编：《土家族文化通志新编》，民族出版社2001年版，第274页。

系，其中长阳又分为泉水、古镇、市贝、水连等几个支派；五峰则分为城西、城东和柴埠溪等几个支派。作为一种高雅的弹唱艺术，南曲可在不同节庆场合演唱，其三弦为主要伴奏乐器，另有二胡、四胡、月琴、扬琴配合伴奏。弦式为1、5、1和5、2、5，板式为三眼板和乙字板（或流水板）。① 表演形式多为坐唱，既可一人自弹自唱，也可多人一起弹唱或边打简板边唱，曲调蜿蜒柔和，优美动听，长于抒情叙事。南曲的唱腔分为"南曲"和"北调"两大腔系，有"南腔北调"之称。在"南曲"腔系中，曲牌共有31个，其中"南曲头、垛子、上下句、南曲尾"为核心曲牌；在"北调"腔系中，仅存"寄生"1个曲牌。南曲的曲目相当丰富，题材非常广泛，常见的曲目有四类：一是取材于历史演艺小说和戏本的，如《借东风》、《仁贵征东》、《红娘递柬》、《赶潘》、《昭君和番》、《赵云救主》、《打渔杀家》等；二是取材于传说故事的，如《螳螂亲》；三是咏物抒怀的，如《风》、《花》、《雪》、《月》等；四是应酬劝诫的，如《弄璋曲》、《弄瓦曲》等。②

四　民间物态艺术表达

民间物态艺术是民间文艺不可或缺的组成部分，是指人们通过传统技艺所创造出来的以有形的实物形式流传于民间的各种艺术作品。土家族民间物态艺术有建筑、织锦、雕刻、编织、制陶、挑花刺绣、绘画、饰品制作、剪纸等内容，其种类纷繁多样。在此，我们仅选取其中几种比较有代表性的做重点论述。

（一）以吊脚楼和摆手堂为代表的建筑艺术品

吊脚楼是土家族、侗族、苗族等南方少数民族独特的传统建筑，也是我国"干栏"式建筑艺术中颇具风格的一种。作为独有特色的民居建筑，土家族吊脚楼在我国建筑艺术中有其重要的地位。2008年湘西永顺县申报的"土家族转角楼建筑艺术"被列为湖南第二批省级非物质文化遗产名录，2011年6月10日，由湘鄂渝三省（市）的永顺、咸丰、石柱三县联合申报的"土家族吊脚楼营造技艺"也成功入选第三

---

① 《长阳土家族自治县概况》编写组：《长阳土家族自治县概况》，湖北人民出版社1989年版，第119页。

② 田玉成编著：《长阳南曲》，湖北人民出版社2003年版，第359页。

批国家级非物质文化遗产名录。可以说，土家族的吊脚楼以它的独特艺术和文化价值，越来越受到社会各界的关注和重视。就吊脚楼的建筑艺术特色而言，主要有以下三个方面。

其一，吊脚楼选址布局极其讲究景观艺术效果，多依山就势而建，楼房与平房紧密相连，呈虎坐形，以"左青龙，右白虎，前朱雀，后玄武"的风水观精心构造，建成后其前后搭配合理，高低错落，显现出层次与轮廓之美。在出龛的吊脚楼走廊上远眺，青山、金田、流水、小道相融如画，其风水环境与景观意象具有极高的美学境界。① 当然，有的吊脚楼是平地或傍水而建，以整齐划一的美姿展现出来，使人赞不绝口。对此，沈从文先生曾惊叹道："吊脚楼整齐得稀有少见，全同飞阁一样，去水全在三十丈以上，当夏天发水时，这些吊脚楼一定就可以泊船了。你见到这些地方时，你真缺少赞美的言语……"②

其二，建筑形式和结构多样，颇具艺术特色。有学者将鄂西土家族吊脚楼分为"单吊式、双吊式、四合水式、二层吊式、平地起吊式、'一'字吊式"等六种结构模式。③ 在建造时，主要采用穿斗挑梁木架结构，将各层穿枋加长，托住往外延伸部分，将柱子吊脚下形成"吊花柱"，并在下垂柱头的适当之处雕刻上"金瓜"、"荷花"等图案，各种图案规整大方，线条流畅而优美，具有浓郁的文化气息。同时，将成排雕刻有花纹的"吊花柱"连成一体，犹如"流苏"，增强了吊脚楼悬吊之艺术美感。此外，在屋檐的处理上，还采用单檐悬挑、屋面反翘的结构形式，形成一种向上舒展的动态美与风格美。

其三，土家族的吊脚楼多采用"歇山式"顶，其"丝檐"优雅而自然。"走栏"宽阔而开放，大多用镶花栏杆做成美人靠，直线中增加了部分曲线，使之刚柔相济，和谐优美。此外，还在其屋梁、楣罩、檐口、挑梁上雕刻人物、花卉、山水、动物等内容象征吉祥的各种图案。这些图案穿插自然，平衡均齐，具有灵动多姿的逼真效果。这些自成一格的艺术特色，反映了土家族人民对美的追求、对吉祥的祈祝，使其成

---

① 刘晓晖、覃琳：《土家吊脚楼的特色及其可持续发展思考——渝东南土家族地区传统民居考察》，《武汉理工大学学报》2005 年第 2 期。

② 沈从文：《湘行集（沈从文别集）》，岳麓书社 1992 年版，第 51 页。

③ 朱世学：《土家族吊脚楼的源流、构造及功能》，《民族论坛》1994 年第 1 期。

为了较高的文化层次建筑艺术，被誉为巴楚文化的"活化石"。正如建筑学家张良皋先生所评价的："土家族吊脚楼为他族所无的最大特色是沿厢房三面转（有时被省为两面）的'签子'或'走栏'和覆盖走栏的'丝檐'，在东汉陶楼中常常使用，在唐宋以后的建筑中，签子就是平座，丝檐就是歇山，平座和歇山，对中国建筑形体美所作的贡献是无可估量的。"[①]

摆手堂，是土家集聚跳摆手舞的神堂。新中国成立前，在摆手舞盛行的湘西永顺、龙山、恩施来凤等县，凡有土家族聚居的中心村寨，均设有摆手堂。新中国成立以后，摆手堂大多被毁坏，迄今，保存完好的有鄂西南来凤县百福司镇的舍米湖摆手堂等。舍米湖摆手堂始建于清顺治八年（1651年），占地500余平方米，呈长方形，坐北朝南，前方为院，后面为堂。摆手堂四周修筑有院墙，墙厚0.5米，高1.4米，南面设有4柱牌坊一座，高2.74米，宽2.46米，中间两柱上方的红色匾额上有"摆手堂"三个大字。神堂的墙壁是石块砌成，单木檐悬山灰瓦顶，无雕梁画栋和斗拱飞檐，显得简单厚重，朴实无华，与一般佛寺道观全然不同。神堂内设神龛，供奉彭公爵主、向老官人、田好汉三尊雕像。神堂前的两侧，壁嵌有两通石碑，记述清朝道光二十七年（1847年）和同治二年（1863年）维修摆手堂事。

作为土家族跳摆手舞的重要场所，经过几百年的历史浸洗而传承至今，舍米湖摆手堂与摆手舞共同建构出了酉水流域土家族特色浓郁的艺术文化景观。舍米湖摆手堂的建筑基调是简单朴实、淡雅庄重，除正堂中供奉土家先祖彭公爵主、向老官人和田好汉神像外，再无其他的辅助雕饰。神堂前的露天场地，占地最大，成为土家族跳摆手舞时的中心场地，这一方面体现了建筑艺术中的空间意境美，另一方面也是土家族朴实、豁达的生命情怀观的真实坦露。摆手堂坐落在村南朝阳的山坡上，与土家语"舍米湖"的含义——"阳光照耀的小山坡"相一致；在布局上也十分讲究朝向与"风水"，神堂设置坐北朝南，视野极为开阔，可以一览自然山水。同时，在摆手堂内外种植有数株柏树、杉树，分别绕场院和建筑物一周，极富自然景观效果，加上其独特的建筑风格与土

---

①　张良皋：《土家吊脚楼与楚建筑》，《湖北民族学院学报》1990年第1期。

家族摆手舞盛况，使这些自然和人文元素互相融合，从而更赋予了舍米湖摆手堂独特的建筑艺术文化内涵。

（二）以西兰卡普为代表的织锦艺术

西兰卡普是土家族的一种织锦。在土家族语中，"西兰"即铺盖的意思，"卡普"为花朵，故西兰卡普又称"土花铺盖"。作为土家族独特的纺织艺术，西兰卡普不仅广为土家族人民所喜爱，同时还以它绝妙的工艺和精巧的构图荣登我国五大织锦之列，被誉为"土家族之花"。土家族的西兰卡普不但适用，而且还在色彩和图案方面具有浓厚的艺术气息。例如，在色彩调配方面，极有艺术讲究，正如一首民谣所唱的："黑配白，哪里得。红配绿，选不出。蓝配黄，光芒。"这充分表明了在色彩上的对比讲究，即用强对比效果的色彩方式搭配。在织锦时，土家族通常是用黑色做底，红、绿、白、深蓝色镶边，图案用湖蓝、天蓝、中黄、白、橘红、桃红等色，这样的搭配极富有艺术衬托性，各色之间依承融合，独立而鲜艳，和谐而美丽，给人以节奏变化和响亮对比效果。

西兰卡普的图案丰富，有数百种之多，蕴意深刻，富有艺术特色。一为景物类图案，如土家吊脚楼、山川、树木等；二为动物类图案，如猴儿花、虎头花、猫脚迹花、狗牙齿花、雁鹅、锦鸡花、小蛇花等；三为植物类图案，如玫瑰花、菊花、梅花、菜子花、月月红等；四为生活风俗类图案，如桌子花、椅子花、凳子花、麒麟送子、鲤跃龙门、五子登科、双凤朝阳、鸳鸯戏水、野鹿含梅、老鼠嫁女等；五为几何形图案，如十二勾、二十四勾、四十八勾、单八勾、双八勾等；六为文字类图案，如龙凤呈祥、福禄寿喜、长命百岁等字符；七为以历史神话为题材的图案，如四凤抬印、土王五颗印、县官过桥、八仙过海等。这些纷繁多彩的艺术图案，一个个惟妙惟肖，栩栩如生，不拘一格，不仅反映了土家族人民对自然和生活的深刻认知，更是表达了他们对美好自然和生活的孜孜追求，具有独特的艺术价值。

（三）以木石雕刻为主的雕刻艺术

土家族雕刻艺术作品主要有木雕、石雕、竹雕等，其中又以木、石雕刻的种类居多。如木刻艺术品有傩面具、镂空雕花、黄杨木雕、八仙舟、彩扎、根雕等，石刻艺术品有石雕、雕花石门、摩崖石刻、街檐石浮雕、雕花柱础、花墙、墓刻、奇石等。这些雕刻艺术品中，以傩面具和唐崖土司城石牌坊尤具特色。

傩面具是土家族在举行傩祭或傩仪时所戴的面具，又叫"脸壳子"。傩面具的造型丰富多彩，工匠们以精湛的刀法、柔美的线条，雕刻出如"男、女、老、少、文、武、鬼、神、道、丑"等形象生动的角色。在傩面具的整体分类上，土家族一般将之分为正神、凶神、世俗人物三种。表现为正神的，如引兵土地、消灾和尚、唐氏太婆、先锋小姐等，主要是和蔼可亲的神祇；表现为凶神的，如开山莽将、龙王、灵官、钟馗等，主要是一些勇武、凶悍、威严的神祇；表现世俗人物的面具，其特点是更加接近生活的真实，人物分正面人物与丑角两大类，多注重类型性格的刻画。① 在表现手法上，通常以变化五官、刻画装饰来模塑人物的威武、凶恶、深沉、英武、狡猾、奸诈、狂傲、和蔼、狰狞、滑稽、正直、忠诚、慈祥、温柔、妍丽等，再加上色彩的讲究与打磨，充分赋予了傩面具中各类人物的喜、怒、哀、乐、忧、思、惊、恐等丰富的性格和表情。这些造型和复杂的人物性格，能充分地使人们感受到傩面具奇特艺术的美感。在用色方面，傩面具色彩的浓淡和明暗构成了其艺术的多样性和节奏性：一是强调单一色调美，如红、黄、白、黑等。就红色而言，如傩公神相、关公神相，皆大红脸，加之剑眉、长髯等与之相配，显示出刚勇、正直与英武的面相美。二是注重复合色彩美，如武将神相面具多以红、黄、黑为主色调，以白、绿为辅色调陪衬，突出红、黄、黑三色与他色搭配的活泼跳跃感，凸现人物或勇武怪厉或凶暴的个性审美特征。② 可以说，土家族傩面具的这些构型独特、线条精美、色彩鲜明等艺术特性，使其成为了雕刻艺术中的精致作品。

唐崖土司王城石牌坊，位于鄂西咸丰县城西北 30 公里的尖山乡唐崖司村的唐崖土司王城遗址。唐崖土司王城遗址是湘、鄂、渝、黔少数民族地区规模最大、保存最完整的一处土司城遗址，始建于元代初年，迄今已有近 500 年的历史，2006 年进入国家第六批重点文物保护单位。唐崖土司王城石牌坊是"镇城之宝"，是现今土司城遗址保存最为完好的石牌坊，系明朝天启三年（1623 年）熹宗皇帝朱由校为表彰土司王

---

① 陈兆复主编：《中国少数民族美术史》，中央民族大学出版社 2001 年版，第 521 页。
② 刘冰清、王文明：《辰州傩面具的审美特征探析》，《三峡大学学报》2008 年第 4 期。

覃鼎率土家军队为朝廷征战立下显赫战功而立的，石牌坊正反两面的匾额之上刻有御赐的"荆南雄镇，楚蜀屏翰"八个大字。该牌坊高 6.8 米、宽 6.3 米，四柱矗立，前后为高两米多的石鼓护柱，石鼓前有一对石狮。石牌坊正反两面刻有土王夜巡、渔樵耕读、麒麟奔天、云吞雨雾、哪吒闹海、槐荫送子、舜耕南山等故事组成的画浮雕，浮雕图纹精细，栩栩如生，集建筑、书法、绘画、雕刻等艺术为一体，相得益彰，相互辉映，既体现了汉文化对土家族地区的影响，又保存了土家族本土文化的固有特色，可以说是土家文化与汉文化的完美结合，具有突出的艺术文化价值。

（四）以竹编和湘西土陶为代表的编织、制陶艺术

在土家族聚居的武陵山区，到处长有成片郁郁葱葱的楠竹、毛竹、金竹、水竹、斑竹、桂竹、紫竹、山竹等，土家族人民将之广泛运用于日常生产、生活中，编织成各种辅助性生产工具。在使用竹子的过程中，逐渐产生了竹编艺术。土家族的竹编以种类丰富、技艺精湛、艺术性明显和与日常生活关系密切而独具一格。竹编工艺品不仅有筐、箩、篓、罩、床、椅、篮、筛、架等各种大型用具，而且不乏嘴笼子、笆篓、簸箕、筝架、筲箕、蒸笼、鸟笼等小型用具。土家族竹编工艺的制作类型大致分为编篾类、丝篾类、并合类三种。土家族艺人编篾质地讲究，做工精细，柔韧可叠，花纹古雅。可以说，土家族竹编制品工艺精巧，造型美观大方，坚固耐用。正如《大庸市览》所描述的，"菲薄如纸的竹篾柔软如丝，清香沁鼻，编织时竹瀑在匠人手中喷吐翻飞，煞是好看。千姿百态的竹艺产品，凭着艺人的丰富想象和无比创造力编织成清丽而富于诗意的奇特花饰，使观者无不啧啧赞叹"①。2009 年，由湘西州永顺、保靖二县联合申报的"竹编技艺"，成功进入湖南第二批省级非物质文化遗产名录。

土家族的陶瓷艺术品以湘西土陶最具代表性。从古至今，湘西土家族的先民们以磨制的石器、上釉的陶器作为日常生活、生产用具，在长期从事制陶过程中，形成了一套独特的制陶技艺。如今，湘西土陶制作以龙山、永顺、保靖等县土家族的民间制陶业为代表，其制作工序较为

---

① 大庸市地方志编纂委员会编：《大庸市览》，中国文史出版社 1991 年版，第 246 页。

复杂，一般需要经过选矿、风化、晒干、粉碎、筛粉、陈腐、踩泥、和泥、车坯、晾坯、上釉、码窑、烧制、冷却、出窑、质检等十几道工序，整个制作过程全凭手工操作。其成品有白陶、黑陶、灰陶、黄陶、彩陶等，各个陶器造型多样，工艺精美，色彩鲜明，富有艺术特色。2006年，龙山和永顺二县申报的"土陶技艺"入选湘西州第一批州级非物质文化遗产名录，2009年，由龙山、永顺和保靖三县联合申报的"湘西土陶制作技艺"入选湖南省第二批省级非物质文化遗产名录，这标志着湘西古老的土陶工艺又获得了新的传承和发展机遇。

第二节　土家族民间文艺的认知方式与利用价值

一　民间文艺：认知与阐释

（一）对宇宙和人类起源的朴素认知与阐释

土家族在神话中对宇宙的起源、天地间的奥秘有着自己独特的认知和理解。《开天辟地与伏羲姊妹》说：远古时，宇宙间一片黑暗，昼夜不分，无天无地。突然一阵狂风，把黑暗吹散了，出现了一朵白云，白云里面有一个卵，卵白似天形，卵黄似地形。卵生下无极，无极生下太极，太极生下两仪，两仪有阴有阳，就像两个人。阴自称李古娘（又作李姑娘），阳自称张古老。二人制天地。张古老制天，李古娘制地，并限定时间一起把天地制完。制的时候，张古老很用功，李古娘却睡着了。张古老把天制得平平坦坦，快要制成时，土地菩萨把李古娘叫醒。李古娘一看心里很急，忙用拐杖一阵乱刨，因此地高低不平。等李古娘把地制好，张古老的天还未制成。他也慌了，就用水补天，因此西边的天是用水补起来的。[①]《摆手歌》的《制天制地》，同样表达着土家族对宇宙起源的朴素认知。据说在远古的洪荒时代，天地挨得近。东海有条大鱼将天捅了个大洞，从此大地一片漆黑，世上混混沌沌。天上大神墨贴巴见状，命令张古老补天，李古老补地。张古老勤劳，很快就将天

---

① 田永瑞、刘黎光搜集整理：《开天辟地与伏羲姊妹》，载湘西土家族苗族自治州群众艺术馆编印《湘西民间文学资料》第1集，1983年印制，第1页。

补好了。天补完之后，李古老还在睡大觉，"张古老补天大功告成，李古老还在鼾声如雷。张古老摇他几下，李古老鼾声更大"。张古老一气之下，击响天鼓，惊醒酣睡中的李古老。李古老醒来后，发现延误了大事，急得大汗淋漓，于是手忙脚乱地开始补地，如今大地的不平坦，全怪李古老太慌忙。

　　在人类起源上，土家族的神话也有其独特的理解。如《咿罗娘娘造人》认为，远古世上没有人，咿罗娘娘就用葫芦做脑袋，并剁七个孔当七窍，用竹子做骨架，荷叶当肝肺，用红豆做肠子，然后吹了一口仙气，即变成了人。《制天制地》神话则说：张古老、李古老分别补好天地后，墨贴巴发现凡间空旷无人，冷冷清清，遂命令张古老、李古老造人，两人领命分别做了九天九夜，但由于粗心均未成功。后墨贴巴又吩咐依窝阿巴①做人，依窝阿巴摘葫芦做脑壳，钻七个眼子当七窍，斫竹子做骨架，和泥土做肌肉，摘树叶做肝肺，用豇豆做肠子，茅草做汗毛，最后又做手脚和肚脐，就连屙屎屙尿都想到了。依窝阿巴忙了十天十夜，疲惫不堪，眼睛浮肿，面瘦露骨，最终将人的各个器官做好了，她扯起耳朵一喊，所做的人"嗡哎！嗡哎！"②哭出声，会走路，能换气，能坐也能站。依窝阿巴造人最终成功了。③

　　在《开天辟地与伏羲姊妹》④ 与《雍尼补所》⑤ 这两则洪水神话中，对人类的起源也有具体的描述：天神震怒后，发洪水淹没人间，雷公感激两位恩人的救命之恩，让幺儿和幺女兄妹俩躲进葫芦，躲过了灾难。洪水过后，凡间人已绝迹，除了两兄妹外，再无一人存活。在白胡子仙人的撮合下，兄妹二人成亲，生下肉雪球。在神仙的指点下，兄妹二人将肉雪球砍成120块，分别撒到各处。肉粒撒到哪里，哪里就有了人，炊烟缭绕。人间从此充满了生机，人类也从此开始繁衍。这两则神话的母题基本一致，但在具体细节上却相异。如就神话中的人物所指而

---

　　① 依窝阿巴，土家语，土家族神话中造人的女神。
　　② 嗡哎，象声词，比喻婴儿的哭声。
　　③ 彭勃、彭继宽整理译释：《摆手歌》，岳麓书社1989年版，第30—34页。
　　④ 田永瑞、刘黎光搜集整理：《开天辟地与伏羲姊妹》，载湘西土家族苗族自治州群众艺术馆编印《湘西民间文学资料》第1集，1983年印制，第1—2页。
　　⑤ 彭勃、彭继宽整理译释：《摆手歌》，岳麓书社1989年版，第83—116页。

言，在《开天辟地与伏羲姊妹》神话中，兄妹是伏羲和衣布，天神是玉帝，送葫芦种子的是白颈老鸭，白胡子仙人是土地，神仙是太白金星；而在《雍尼补所》中，兄妹则是雍尼和补所，天神是墨贴巴，送葫芦种子的是燕子，白胡子仙人是士义图介①，神仙是依窝阿巴。在故事情节和表述方式上，两者也各有不同。

（二）对民族传统文化的特殊认知和阐释

土家族有着丰富的民族传统文化。对这些传统文化，土家族先民们有一套特殊的认知和理解方式，即以民间文学的方式来阐释和表达其文化的意义和深刻的知识内涵。如土家族民间传说《梅山姑娘》对土家族崇拜梅山神的原因做了阐释：古时，武陵山中有一座梅山，山脚下的猎人家中有一位叫妹思的姑娘。妹思生来聪明伶俐，进山打猎，百发百中，每天打得诸多猎物，总是按照寨子里的风俗，留下兽头，将猎物分给寨子中的每一个土家人。因此，当地的人们都非常喜欢她，称她为"梅山姑娘"。梅山姑娘走遍了武陵山，打得的猎物无数。一日，梅山上来了七只猛虎，梅山姑娘听说后，便下定决心为乡亲们除害。第二天，梅山姑娘祭拜了祖先，身带干粮，手持牛角钢叉，一连打死了六只老虎，在和第六只老虎搏斗时，牛角钢叉断成了两节。在梅山姑娘准备下山回家时，忽然一声虎啸，最后一只猛虎向梅山姑娘扑来，在与猛虎搏斗中，双双滚下了万丈深谷。与老虎一起摔下悬崖那一刻，天神将梅山姑娘救上了天，封她为猎神，掌管山中百兽。从此，梅山神暗中赐给土家猎人猎物，护卫着土家猎人。所以，今天武陵地区的土家族，在狩猎或猎获归来时都要敬祭梅山神，集体打得的猎物，都会按照"上山打猎，见者有份"原则进行分配。

土家族的"西兰卡普"，是我国织锦艺术中的精品。为什么称织锦为"西兰卡普"？土家族的民间传说《西兰卡普》②是这样解释的：相传，在西水河边一座古老的土家族寨堡里，有一位漂亮的土家妹子，名叫西兰。西兰心灵手巧，善织花布"卡普"，所织的花能招蜂引蝶。为了织世上最美的白果花，她决定每晚寅时到白果树下等白果开花。连续

---

① 士义图介，意指天上主持人间婚姻的神仙。
② 韩致中主编：《女儿寨传说》，长江文艺出版社1985年版，第296页。

等了两晚上，都错过了开花的时间。第三天晚上，西兰一个狠心的"察切"（土家语，意为嫂子）因忌恨其乖巧能干，就在阿爸面前搬弄是非，说："西兰深更半夜跑到外头等野男人。"刚喝过酒的阿爸听了"察切"的话，气得怒火攻心，拿起柴刀，寻到白果树下，把西兰活活砍死了。可怜西兰倒在血泊之中，手里还拿着一束白果花。西兰死后化作鸟儿，飞去到白果树上不停地叫："我看白果开花，嫂嫂是非小话，爹爹错把我杀"，土家人便给那鸟取名"白果雀"。后来为了纪念这位心灵手巧的姑娘，土家族就将花被盖取名西兰卡普。土家族妹子出嫁时，必须亲手编织土花被盖做嫁妆，这样的文化传统一直传承至今。

关于咚咚喹的由来，土家族也有一则故事《咚咚喹》予以解释：古时，有个土家族妹子叫咚咚，长得十分漂亮，山歌优美，寨子周围的青年都喜爱她，但咚咚都一一拒绝了。咚咚有心仪的年轻人，虽然与他相隔千山万水，但年轻人会吹竹笛，每逢咚咚唱山歌，他都会吹起来，优美笛声，好像形影相随，隔山隔水不隔音。就这样两人成了亲，盟誓"生生死死不分离"。不料始皇帝修长城，把丈夫抓走了，咚咚思念丈夫，日日夜夜待在竹林里，感觉每根竹竿都是丈夫吹的竹笛，阵阵风声都是丈夫吹奏的曲子。于是，她一边应和着唱山歌，一边用力抠手边的嫩竹，连续唱了七天七夜，最后死在了竹林里，死后手边还紧握着抠断的小竹管。寨里的人拿来试吹，声音呜咽，能催人落泪。因为是咚咚留下的，就叫它咚咚喹。后来，土家人都喜爱咚咚，都学吹咚咚喹。吹的人心情不一样，吹出的曲调也就不一样，使人人听见喜，人人看着爱。[1]《咚咚喹》的故事，不仅反映了土家族人民对历经千辛万苦发明、改造民族乐器者的纪念和赞美，更是表达了土家族人民对不幸者的同情和追求美好生活的愿望。[2]

土家族的摆手堂前，都栽有一棵高大的树。每当跳摆手舞时，人们都会在树上挂灯笼，跳舞时男女老少绕着树围成圈，伴随鼓声进行。土家族称这棵大树为"普舍树"。其来历在土家族《普舍树》传说中是这样理解和阐释的：很久以前，土家族的祖先为逃避灾荒，其中一姓覃的

---

① 韩致中主编：《女儿寨传说》，长江文艺出版社 1985 年版，第 285—286 页。

② 彭继宽、姚纪彭：《土家族文学史》，湖南文艺出版社 1989 年版，第 85 页。

部落翻山越岭来到鄂西宣恩的东门关，大山的悬崖上生长着一棵奇异的树木，高大笔直，树叶闪闪发光。老首领说这是普舍树。普舍是神的意思，普舍树即神树。要是得到它，就能年年消灾，世代安居乐业。大家想把神树带走，但用刀斧都砍不倒树，发愁之时，一阵大风将神树刮进酉水河中，大家不顾一切跳上神树，漂了七天七夜之后，在鄂西来凤漫水一带就停住了。大家一看，这里山清水秀，土地肥沃，是难得的宝地。忽然又是一阵大风，神树腾空而起，载众人落在岸边的水沟旁。从此，覃姓土家族在此定居下来，不久又在普舍树下建起了一座摆手堂。每当覃氏子孙在普舍树下跳起摆手舞，唱着摆手歌时，树上的白色花朵都会纷纷飘落下来，大家边唱边跳，并顺手捡起白色花朵插在头上。若干年后，在一场地震中，这棵普舍树消失了。为了纪念这棵神树，土家族就在摆手堂的岩坝中间栽棵大树。跳摆手舞时，绕着大树围成圈跳唱，并在树上挂满五颜六色的小灯笼，象征着普舍树上的白色花。① 可以说，《普舍树》传说是土家族对自己摆手舞文化的特殊认知和理解。

二　民间文艺中的伦理知识与家庭教育

土家族的民间文艺有着调节人与人、人与社会和人与自然之间关系，规范人们的行为，强化伦理道德的功能。如在民歌《普劝善言》中，就蕴藏着劝善警世和教育后人的伦理知识。《普劝善言》包括"父母之恩、养亲、孝公婆、训子、训女、夫妻、妻妾、守节、后娘歌、前儿、下堂、育婴、教女、踹妇、为老人、婆媳、恶婆歌、妯娌、姑嫂、兄弟歌、孤儿、朋友、劝士、节俭、莫点淫戏、看戏、师徒歌、主仆、僧道、出家孝亲、戒食牛犬、戒食鳅鳝惜小命、戒讼歌、戒嫖、戒赌、礼仪圣贤、长年、老板、惜字、修行、醒世、治家文、格言、人无钱行善歌、爱恩歌、报恩歌"② 等 46 个部分，1000 多行，可以说是规劝和教育世人的一部人生哲学。在《父母之恩》、《爱恩歌》、《报恩歌》等部分，重点表达了母亲十月怀胎与生育之苦，父母养儿育女之不易，教育子女之艰辛，子女应当以孝为先，报答父母生育、养育之恩情的传统

---

① 韩致中主编：《女儿寨传说》，长江文艺出版社 1985 年版，第 57—58 页。

② 刘顺庆存、李诗选收集整理：《普劝善言》，载李诗选编著《五峰古籍拾遗》，内部资料，2008 年，第 87—115 页。

美德。如阐述父母生育儿女之苦时，《父母之恩》唱道：

母怀一月二月满，有影无形在身边。
母怀三月四月满，什么美味不想餐。
母怀五月六月满，不敢走东或走南。
母怀七月八月满，行不稳来坐不安。
……

乳少不饱儿叫唤，又请奶妈把儿盘。
无钱之家米浆灌，嚼些饭食与儿餐。
儿女夜晚来了便，屎尿屙在娘身边。
臭气难闻娘不怨，娘睡湿来儿睡干。
左边湿了右边攒，右边湿了攒左边。
两边湿了无攒处，把儿放在怀中间。
……

日往月来速似箭，儿女一天长一天。
儿女长到一岁满，时常防备把心担。
儿女长到二岁满，教儿行走用手牵。
儿女长到三岁满，又怕难度麻痘关。
儿女长到四岁满，又防火边与水边。
儿女长到五岁满，送入学堂读圣贤。
又怕先生来打板，又怕儿子心不专。
早晨去了午时转，一路之上把心担。
晚来点起灯一盏，父母双双在堂前。
母亲绩麻去纺线，父亲陪儿读圣贤。
……①

有阐述父母生养儿女之不易，训诫和教育子女应以孝为先，要时刻记住报答父母之恩情的，如《爱恩歌》唱道：

---

① 刘顺庆存，李诗选收集整理：《普劝善言》，载李诗选编著《五峰古籍拾遗》，内部资料，2008 年，第 87 页。

提孝子、泪不干，想起亲恩大如天。

木有根、水有源，劝人须当孝为先。

……

在母腹、是肉团，五官百骸尚未生。

吃娘血、娘心烦，面黄肌瘦不堪言。

口又苦、舌又干，脚酸手软走动难。

怀胎账、娘腹欠，借问人子还不还。

到临盆、儿当产，娘命如到鬼门关。

赤剥剥、就包缠，何曾带来半文钱。

娘坐月、三十天，犹如罪人在禁监。

养育账、落地欠，借问人子还不还。

白日里、勤洗换，怕浸屎尿儿不安。

母喂奶、时挂牵，担心小心受饥寒。

父爱儿、抱起玩，风来紧藏在怀边。

乳哺账、朝朝欠，借问人子还不还。

到夜来、抱儿眠，枕头就是娘手腕。

娘睡湿、儿睡干，直到天明亲未安。

屎又多、尿不断，衣裙积污娘耐烦。

瞌睡账、夜夜欠，借问人子还不还。

走人户、看亲眷，娘背娇儿不生嫌。

太阳大、炎热天，浑身汗湿透衣衫。

到了屋、娘口干，先喂儿奶茶后食。

汗水账、刻刻欠，借问人子还不还。

儿长到、年二三，担心又怕痘麻关。

儿才走、用手牵，又防水边与火边。

有了病、就许愿，求药烧香保儿安。

忧心账、常常欠，借问人子还不还。

六七岁、送学馆，教儿发奋读圣贤。

买纸笔、出学钱，总求先生要耐烦。

爱逃学、好躲懒，费力淘气讲不完。

教诲账、年年欠，借问人子还不还。

......①

在论述到子女该如何报答父母之恩情时，《报恩歌》唱道：

报亲恩、莫畏难，亲身要养心要安。

养亲身、无别件，莫令劳碌受熬煎。

已有事、亲呼唤，丢了活路即向前。

辛苦恩、报不完，竭力服劳亲也欢。

清早起、进房看，问亲昨夜安不安？

洗了脸、捧茶烟，备办饮食味新鲜。

晨与午、两顿饭，尽力所为莫为钱。

乳哺恩、报不完，至诚奉养亲也欢。

到夜晚、送亲安，待亲睡稳把门关。

热天来、常打扇，帐内莫令蚊虫钻。

冷天来、衣厚穿，被条褥子要新棉。

瞌睡恩、报不完，安眠自在亲也欢。

若父母、有病患，即请良医莫迟延。

一时刻、把药煎，预先尝过献亲前。

带不解、衣不宽，日夜焦劳不安然。

忧心恩、报不完，病体痊愈亲也欢。

父母老、精神倦，想要出门走动难。

或坐轿、或披鞍，轿要扶杆马要牵。

或走路、防跌闪，儿辈还要随身边。

汗水恩、报不完，出入扶持亲也欢。

顺亲心、第一端，父母为儿配姻缘。

遵父教、听母言，夫妇有别莫生嫌。

......②

①　刘顺庆存，李诗选收集整理：《普劝善言》，载李诗选编著：《五峰古籍拾遗》，2008
年，第114—115页。

②　同上书，第115页。

在《节俭》、《警世》、《格言》、《戒嫖》、《戒赌》等部分的内容中，阐述了土家族倡导节俭、行善和淡薄金钱名利的伦理思想，鞭挞讽刺挥霍浪费、贪婪金钱名利、嫖赌等社会的丑恶行径。如《节俭》唱道：

> 奉劝世人要节俭，免得后来受饥寒。
> 皇帝娘娘都省减，庶民何必爱吃穿。
> 马后皇娘留雅范，常穿布裙朝天颜。
> 官中缺少哪一件，绫罗绵帛积如山。
> 穿衣吃饭贵勤俭，有时容易没时难。
> 前人若是奢华惯，后人更加爱新鲜。
> 男子既然爱打扮，妇人妖艳更难言。
> 珍食当作家常饭，绫罗绸缎打粗穿。
> 治家之道勤与俭，不勤不俭定遭谴。
> 天地生财原有限，哪有许多浪费钱。
> 不信你把贫穷看，俭省节用尚为难。
> 文分合米须积攒，寸丝尺布物维艰。
> 全家大小只爱玩，不是嫖赌就吃烟。
> 哪怕家业有千万，不上几年就要完。

在《警世》歌中，土家族对劝人为善、抑恶扬善等传统伦理观念进行了深刻表述，这些观念对启示世人、教育世人具有重要的价值。如：

> 奉劝世人早行善，要把银钱来看穿。
> 任你金银有千万，难买寿元多一天。
> 钱是国宝轮流转，人生只要有吃穿。
> 有了吃穿心就满，余剩拿来结善缘。
> 施一半来留一半，留下一半防天干。
> 积谷防饥是正传，也要拿些救世间。
> 非善不能把祸免，我劝大众改心田。

有钱功果多出点，与众结个善人缘。

天生富贵为哪件，原是望你救世间。

你救他来天救你，不可袖手在旁观。

如今有等刻财汉，银钱就是命心肝。

化他功果无半点，开口总说莫得钱。

任你说得莲花现，莫得善根是枉然。

一生不肯来积善，如入宝山空手还。

嫖赌逍遥时时恋，打牌掷骰心喜欢。

依得佛法要饿饭，依得王法命难全。

……

劝一半来是一半，也免祸患到眼前。

莫说家贫难行善，行善向仙定要钱。

家贫行善口方便，口上阴功不费钱。

贫人阴德无人见，人虽不见有上天。

一报后人发达远，二报膝下子孙贤。

三报生前少病患，四报本命添寿元。

五报死后把罪免，六报投胎为好男。

七报转世为官宦，八报善名留世间。

九报丹成功圆满，十报天官为神仙。

看来好事唯积善，子贵孙荣福寿绵。

　　此外，在《普劝善言》中的《育婴》、《训子》、《训女》和土家族的《娘教女词》、《家学识字读本》等民歌中，还蕴含着丰富的家庭文化教育知识，这些以民歌为题材的家庭教育知识对土家族传统教育的发展产生了重要的影响。时至今日，这些知识并未过时，对我们今天的社会教育同样有着特殊的价值。如《普劝善言》之《育婴》篇表达男女平等思想：

世间只有人为贵，夫妇配合定乾坤。

阴阳造化生男女，孤阴独阳不发生。

好比天晴不下雨，纵然种起无收成。

倘若育男不育女，谁人来把男子生。
可恨世人多残忍，只愿光把儿来生。
你们爱儿不爱女，你身又是何人生。
若你家婆不爱女，焉能有你母亲身。
有了母亲才生你，你又才把女来生。
你为什么不爱女，况且你也是女身。
你将道理来打比，从今莫分两样心。
……

《训子》和《训女》篇阐述了父母对儿女悉心训育的思想：

奉劝世间父母辈，人人都有爱子心。
慈爱全凭是教训，打他还是爱他心。
慈爱若是不教训，爱他反转害他身。
教训儿子趁年嫩，桑条长大育不抻。
莫说年轻骨头硬，由他使性由他横。
世间恶媳忤逆辈，都是年轻娇养成。
儿女小时娘抚引，教训必定要用心。
……

奉劝闺中女儿辈，听我从头说细微。
娘养女儿不辞瘁，深深把女藏闺帏。
梳头裹脚挂耳坠，小小鞋儿把脚规。
挑花又教把线配，绣鞋又教把底锥。
又教锅头并灶尾，煮酒造浆说几回。
大来不可去看会，娘行一步女后随。
亲戚各眷来家内，男女分别莫一堆。
除了内亲与姊妹，外人切莫要他陪。
今人少有柳下惠，各避嫌疑免是非。
三从四德记心内，第一莫把名节亏。
绩麻纺线要学会，挑花绣朵要精微。
……

《娘教女词》主要表达了土家族妇女教育女儿要尽孝道、明节义、睦伯叔、亲姑姊、劝勤俭、戒懒惰、说常情、讲亲事、戒嫉妒、斥邪淫、归正道、细叮咛、爱慈训等，要恪守"贤、德、忠、孝、节、义"等中华民族的传统美德。如《细叮咛爱慈训》唱道：

养女是弱门，怕的不成人；不由为娘不忧心，不得不叮咛。
为娘说得多，好歹你听过；好人好事谨记着，歹人切莫学。
养女不归着，背后人说我；养儿不教父之过，女是娘的错。
我儿婆家去，与你娘争气；为娘死在九泉地，也不思念你。
人生不满百，常怀千岁忧；只要我儿礼貌周，我免替你愁。
养女不学好，开口就骂道；有娘养来无娘教，娘都代耻了。
你不知事故，家里不和睦；是娘一块忧心肉，有女不如无。
再三细叮咛，件件记在心；胜如十本女儿经，终身照样行。
……
常闻母教训，件件记在心；老母怕我无耳信，谈说与母听。
为儿生得蠢，做事靠本等；走路一步三拐棍，行正坐得稳。
一不忧大人，二不使拗性；三不懒惰四谨慎，五不自称能。
六不爱繁华，七不贪玩耍；八不好吃九扒家，十不多说话。
为儿生得愚，老实讨饭吃；每日一亩三分地，成家把志立。
大事忍些气，小事捏些鼻；世事无非是些戏，凡事不执意。
犯法我不做，闹人我不吃；不肖看得大清律，百事都安宜。
母尝对我说，男女要分别；要知三从和四德，三贞并九烈。
为人有规格，终要知黑白；凡事几等有几则，轻重我晓得。
老母转高堂，女儿归绣房；燕儿宿在屋梁上，夜晚话不长。
栽花多傍墙，女儿多像娘；军强手下无弱将，女贤娘在行。
一本娘教女，从头唱到底；奉劝世人要记起，好教儿和女。

在《家学识字读本》中，土家族以四字歌的形式创造了783句5656字的识字读本，其文字内容涉及了天文时岁、地舆山水、天地神祇、朝职衙役、名称称谓以及人们社会生活中的各个方面。这些识字歌谣不仅对仗押韵，而且蕴含有丰富的文化知识。通过这种以歌谣的形式所进行识字教育的方式，不但对传承土家族传统文化起到了重要作用，同时也对我们今天的中小学教育有特殊的启示意义。如《家学识字读本》中的《地舆山水类》、《天文时岁类》就唱道：

遍地山川，宇宙万方；东西南北，四境八方。

北值江南，江西湖广；河南陕西，福建浙江。

山东山西，四川两广；云南贵州，土司地方。

京师省城，胡同套巷；府州县卫，城都垣墙。

直隶附郭，郡邑家邦；蛮鞑满汉，番辽西洋。

天竺猥猫，高丽夜郎；本贯土著，冒籍异乡。

五岳三峡，洞岭壑岗；黄河漳海，淮泗汉江。

……

皇天上帝，太极阴阳；乾坤日月，紫微魁罡。

北辰南斗，星宿勺张；垣度尘次，出没参商。

紫无月孛，吉符降祥；罗侯计都，日蚀反常。

嫦娥蟾蜍，虹霓蛛蛛；雷霆霹雳，爆闪电光。

……

年岁闰月，时候朔望；伏腊节气，昼夜短长。

新正元宵，灯烛辉煌；花朝惊蛰，穴虫启藏。

清明风筝，祭扫坟场；端午龙船，屈原投江。

七夕鹊桥，织女牛郎；中秋月朗，登高重阳。

隆冬残腊，风刮浸凉；寒冻冷净，凌冰坚刚。

除夕爆竹，山骚惊惶；三阳开泰，时遵夏王。

三　民间文艺蕴含的科学知识

土家族的民间文艺作品中，蕴藏着丰富的天文、历法、医疗保健等知识，对我们今天的科学研究仍然有着重要的利用价值。

（一）天文历法知识

土家族天文历法知识往往通过民间谚语进行表达，其表达内容主要有：其一，天地间出现反常，日月星辰和大地万物将会有征兆。如"天不得时三光不明，地不得时万物不盈"。也就是说，天地间将出现反常规的情形时，则日、月、星三光都会暗淡，地上出现违反常规的情形时，则地上所生的万物将会凋敝或枯萎①；"狗哭鸡不宿，三冬蛇出洞，不是灾祸来，就是天地动"。地上的各种动物反常行为，即征兆着世间将有异常大灾或地震来临。

其二，根据月亮的满亏来判断每月的日期。如"初一不见面，初二一条线；初三初四蛾眉月；初七初八月半边；初十月亮管二更；十五十六月团圆；十七更前，十八更后；十九二十，月起亥时；二十一、二、三，月起半夜间；二十七、八，月起杀鸭；三十、初一，日月一起走"。②同时，还以"十二"来作为年月日时一周的轮回，如"年有十二年一倒转，月有十二月一倒转；天有十二天一倒转，时有十二时一倒转"。③

其三，根据北斗七星的变化，来判定季节或月份。如"七正、八斜、九倒、十落、冬不见"。④北斗七星由天枢、天璇、天玑、天权、玉衡、开阳、摇光七星组成，土家族将之称为"七爪星"或"七照星"。在我国古代，人们把这七星联系起来似为舀酒的斗形，天枢、天璇、天玑、天权组成斗身，玉衡、开阳、摇光组成斗柄，并依据斗柄所指的方位来判断季节。同样，在地理环境独特的武陵山区，土家族人民也在利用北斗七星的变化规律判断季节月份的更替，认为在农历的七、八、九、十月，北斗七星斗柄的位置会有明显的改变，进入十一月冬季，将看不见北斗七星。

其四，特殊的计时方法。如"开门寅时，中界午时，日落酉时，关门戌时，人定亥时，半夜子时，鸡鸣丑时"⑤，这种计时方式将时辰与人们一天劳作时间紧密地联系在一起。我国古代用地支命名，将一昼夜分为"子、丑、寅、卯、辰、巳、午、未、申、酉、戌、亥"十二个时辰。每一个时辰相当于现代的两个小时，如与现代24小时对应，

---

① 王华武主编：《民间谚语》（五峰土家族自治县文艺丛书之一），湖北人民出版社2004年版，第188页。

② 同上。

③ 同上书，第189页。

④ 同上书，第188页。

⑤ 同上书，第189页。

则为：子时/23：00—1：00，丑时/1：00—3：00，寅时/3：00—5：00，卯时/5：00—7：00，辰时/7：00—9：00，巳时/9：00—11：00，午时/11：00—13：00，未时/13：00—15：00，申时/15：00—17：00，酉时/17：00—19：00，戌时/19：00—21：00，亥时/21：00—23：00。由此对应，可以看出土家族根据劳作生产需求，将一天主要划分为七个时段：寅时将开始家庭一天正常的劳动，午时即为白昼之中界，酉时作为日落之时间，戌时停止一天的劳作、收工歇息，亥时开始安歇睡眠，子时为深夜之时段，丑时为鸡鸣报晓的时辰。至于"卯、辰、巳、未、申"等时辰，因为都是土家族人们在白天的劳作生产时间，故而未对之特殊强调。

土家族神话《洛雨射日》，也蕴藏着以月亮为物相的天文历法知识。相传，洪水之后，天神墨贴巴见凡间的人又兴旺了起来，便放出了12个太阳，想把他们全部晒死。太阳出来，人间火炉一般，难以生活。这时，毕兹卡出了个叫洛雨的狠人，危难之际，洛雨造出弓箭，爬上马桑树顶，一下子射下了10个太阳。剩下的两个连忙跪地求饶，于是洛雨叫两太阳白天夜晚轮流出来，妹妹胆小走白天，叫太阳；哥哥胆大走晚上，叫月亮。不久，太阳妹妹说，它见人就红脸，于是洛雨给它一包绣花针，让太阳发出刺眼的光。月亮哥哥又说，夜晚孤独很寂寞，洛雨就撒星星与他为伴。[①] 于是，世上有了太阳和月亮。当哥哥追赶上妹妹，两人相见的那天，正好走了一圈，土家语称 lasi，即一个月。"相见那天"刚好是初一，即新月开始的日子。[②] 在我国农历历法中，以新月出现那天为一月之始，即初一。这天，当月亮将运行到太阳与地球之间的时候，月亮以它黑暗的一面对着地球，并且与太阳同升同落，人们无法看到它。这时的月相叫"新月"或"朔"。《洛雨射日》神话中所表达的"太阳月亮相见的那天，正好走了一圈"的内容，或许正是土家族人民对天文学知识中月亮运行到太阳与地球之间，且与太阳同升同落，出现"新月"月相时的朴素理解。

与《洛雨射日》神话中的历法知识相比，土家族民间歌谣中有关

① 彭继宽、姚纪彭：《土家族文学史》，湖南文艺出版社1989年版，第64页。
② 彭英子：《土家人的历法》，社会转型与土家族社会文化发展学术研讨会论文，湖北，2010年8月，第104页。

月相的历法知识表现得更为具体。如土家族民谣唱道："初一缺，初二黑，初三初四蛾眉月；十五十六月满圆；十七十八，月出更发；十九二十，月出亥时；二十一二三，月出半夜间；二十五六，月出鸡打扑；二十七八九，月出鸡开口；到了三十夜，月亮叫多谢"。土家族认为，一个月是以月亮的变化来作为判定标准的，即月亮圆亏一次，就是一个月。这种以月相来判定月份的历法标准，与我国传统的阴历历法十分吻合。

（二）医疗保健知识

土家族民间谚语中含有丰富的医药知识。有表达疾病认知与诊断的，如"天黄有雨，人黄有病；小病不治成大病，大病不治要人命；急则治标，缓则治本；男子怕腰疼，女子怕经疼；补药三分毒，乱吃十分险；中风针人中，昏迷灸脚心；外感六淫损肺经，七情内伤从肾损，饮食劳倦治脾成"。[1] 有表述用药的，如"管你冒风不冒风，三片生姜一根葱；红肿疼痛发烧，不要小看鱼腥草；青木香，治胃病，喉痛只有万年青；雄黄莲退热第一，朱砂莲散血最妙；肠炎痢疾，马齿苋最有力；骨断莫烦恼，只要弄到接骨草；小血腾，钻岩风[2]，五劳七伤显奇功；烫伤擦酒精，不泡也不疼"。[3]

在人们日常卫生与生活保健方面，土家族也有诸多相关的民间谚语。卫生谚语有："要得身体好，卫生离不了；刀不磨要生锈，人不卫生要短寿；酒是灌肠的毒药，色是刮毒的钢刀；不干不净，吃了生病；饭前饭后要洗手，免得病菌带进口。"[4] 在保健谚语中，有关于强身养神的，如"早饭要吃好，中饭要吃饱，晚饭要吃少；要想身体好，勤洗冷水澡；睡前泡会脚，胜似吃补药；太阳是个宝，晒晒身体好；酒后不同房，房后不饮酒；适度是健康之母；眉开眼笑，养生之道；忧伤肺，怒伤肝，恐伤肾，思伤神；早期练长跑，年老变年少"[5]，有妇幼

---

① 王华武主编：《民间谚语》（五峰土家族自治县文艺丛书之一），湖北人民出版社2004年版，第122—124页。

② 小血腾、钻岩风，两种中草药。

③ 王华武主编：《民间谚语》（五峰土家族自治县文艺丛书之一），湖北人民出版社2004年版，第125页。

④ 同上书，第128—130页。

⑤ 同上书，第131—134页。

保健的，如"牛要耕，马要驼，怀孕妇女不落脚[①]；月里不禁风，日后脑壳痛；月里不禁冷，手脚不是麻木就是疼；月里不禁酸，日后牙齿软；今年的笋子明年的竹，少时健壮老享福；若要伢儿身体安，常带三分饥和寒；要想婴儿身体壮，喂奶定时又适量"。[②]

　　土家族民间谚语中的这些医疗保健知识，涉及人们日常生活的诸多方面，在医药谚语中，其内容包括了疾病认知、疾病诊断、病理知识、药物采制、用药药方、用药规则、疾病调理等多个方面；在卫生保健的谚语中，不仅有对环境、饮食、个人等卫生的详细记载，更有对人们强身、养神、养老、妇幼等保健知识的深刻阐述。这些丰富的谚语知识，若能运用到今天的医学、药学、卫生学、保健学等自然科学中，将对促进相关学科的科研和发展、对造福人民都有其重要的意义。

四　民间文艺的现代利用

（一）民间文艺与文化创新

　　传统知识具有包容性，每一种知识在其传承的过程中都会吸纳或采借其他知识的元素，不同知识的交汇必然导致知识的变异。变异后的传统知识要想获得新的生命，永葆其生机，就需要在继承自身传统的基础上，不断创新发展。土家族的民间文艺作为传统知识的重要组成部分，承载着诸多可以进行创新的素材，如民间舞蹈、音乐、曲艺等等。然而，如何利用这些素材进行文化的创新？这是我们在研究过程中必须深入思考的问题。值得庆幸的是，多年来土家族人民与相关文艺工作者在该方面进行了有益的探索，并取得了重要成绩，这对进一步传承、保护和利用土家族民间文艺知识大有裨益。

　　1. 民间舞蹈艺术的创新与利用

　　湖北长阳土家族自治县的巴山舞是利用传统的"撒叶儿嗬"舞蹈艺术创新的成功实例之一。"撒叶儿嗬"，俗称"跳丧"，是指土家族在人去世之后，在亡人灵堂前举行的一种丧葬舞蹈。由于"撒叶儿嗬"

---

　　① 不落脚，指不停地走动。喻孕妇要常活动。

　　② 王华武主编：《民间谚语》（五峰土家族自治县文艺丛书之一），湖北人民出版社2004年版，第134—135页。

是一种在特定的仪式场合才能举行的祭祀性舞蹈，且有"女人跳丧，家破人亡"的禁忌，20世纪70年代中后期，长阳土家族文艺工作者覃发池便开始对"撒叶儿嗬"发掘整理、改造创新，经过不断地探索，成功地将之改编成由"半边月"、"风摆柳"、"四合"、"喜鹊登枝"、"双龙摆尾"、"巴山摇"、"靠身子"、"百凤朝阳"等八个乐曲和舞段组成的，集艺术性、娱乐性、大众性于一体的集体舞蹈——巴山舞。巴山舞诞生后，深受人民群众的喜爱，获得了新的生命，并很快得到了推广。2000年，长阳巴山舞荣获全国第十届"群星奖"广场舞金奖；2001年，获国家注册商标，被国家体育总局确定为"全国十大健身舞"之一；2005年，获全国优秀全民健身项目一等奖，并被确定为全国全民健身研发推广首选项目；2006年，中央电视台体育频道"健身房"栏目经过30分钟的强档推出后，全国掀起学跳长阳巴山舞的热潮。可以说，从"撒叶儿嗬"到"长阳巴山舞"，是充分利用土家族民间舞蹈知识进行文化创新的有益尝试。

　　土家族的"清江舞"、"耍耍"、"肉莲响"等舞蹈，也是利用民间舞蹈艺术进行创新的成功实践。"清江舞"是在保留土家族摆手舞主要动作的基础上，吸纳喜花鼓、肉莲响、撒叶儿嗬、苗舞、耍耍等民间舞蹈的动律要素编排而成的广场性民族歌舞。"清江舞"编排成功后，融体育健身和文艺表演于一体，洋溢而充满激情，极具时代气息，深受广大人民群众的欢迎。"耍耍"，又称"地花灯"，原生态的"耍耍"为"耍神"表演，主要是在土家族的还神坛仪式或节庆民俗中举行。1954年，"耍耍"在湖北省汤景秀、刘清慧、熊建国等民间艺术专家的精心指导和修改加工下，其舞姿、技艺更加超然洒脱，在1957年的全国首届民间音乐、舞蹈会演中获得一等奖，以董兴林为首的"耍耍"演员在北京怀仁堂还受到了毛泽东等党和国家领导人的亲切接见。进入21世纪后，"耍耍"继续得到创新和发展，2004年11月6日，中央电视台西部频道《魅力12》节目专门播出了由恩施州民间艺术大师董兴林编排的宣恩《十样锦》"耍耍"。"肉莲响"在新中国成立前只是泥神道（乞丐）的一种行乞方式，新中国成立后，经过民间艺术专家的加工改造，"肉莲响"日益成为土家族颇具特色的民间舞蹈之一。如湖北土家族民间艺术家吴修富为了使"肉莲响"的表演更加欢快、流畅、潇洒、豪迈，吸收了秧歌舞、耍耍、跳丧舞、竹莲湘等民间舞蹈动作和韵味，配上了相应的音乐曲调，唱词可由舞蹈者即兴编唱，极具互动情趣。经过不断的创新与发展，如今的"肉莲响"已以它独特的舞蹈艺术享誉海内外。此外，2010 年大年初一晚，在毛里求斯举办的"庚寅虎年贺新春文艺晚会"演出中，湖北艺术团献上的土家舞蹈《直尕思得》，也是有关民间艺术专家根据土家族民间文艺知识精心创作的创新成果的展示。

2. 民间音乐艺术的创新与利用

土家族利用民间音乐素材进行创新的例子不胜枚举，比较典型的要数经典民歌《龙船调》与《黄四姐》。《龙船调》早期叫灯调，因其歌词内容叙述的是种瓜，又称为《种瓜调》，是湖北利川市柏杨坝、汪营一带土家族在划采莲船时唱的一首民歌。20 世纪 50 年代初期，民间艺术家周叙卿、黄业威等人将之收集整理，加工润色，去掉了《种瓜调》中采莲船等实物道具，把"瓜子才进园"改为"妹娃儿去拜年"。从此，蕴含种瓜内容的灯歌，变成了土家族颇具乡土特色的情歌《龙船调》。1957 年，《龙船调》首次登台全国第二届音乐舞蹈会演节目，引起了轰动，开始流传全国。此后，经过著名歌唱家王玉珍、梦鸽、魏金栋、李谷一、汤灿、宋祖英等先后演唱，《龙船调》享誉世界。《龙船调》1991 年被联合国教科文组织列于世界 25 首优秀民歌之一，2001 年获文化部、国家民委、广电总局举办的世纪民族之歌金奖。2003 年利川与中央电视台联合摄制了由著名歌唱家汤灿演唱的 MTV《利川民歌龙船调》在《魅力 12》等栏目向全国和世界播放，2006 年入选中国探月搭载候选曲目，2009 年荣获湖北传世金曲之首。

《黄四姐》最初为喜花鼓《货郎歌》，源于 20 世纪 30 年代发生在鄂西建始县三里乡贺二郎和四姐儿的一段真实美丽的爱情故事。《货郎哥》的创作，就是以货二郎给四姐儿送情物的情景作为素材的。《货郎哥》创作不久，人们又将之改编为《黄四姐》，不断传唱。新中国成立后，《黄四姐》又经过几次改编创新，如 20 世纪 50 年代，一批文艺工作者，沿用《黄四姐》优美的旋律和生动的歌词曲调，谱成经典民歌《黄四姐》。70 年代初，再次对《黄四姐》从曲词到舞蹈动作进行改编，由单一的男女对唱对跳，改编成有序曲、舞曲、领唱对唱曲和结束曲的情歌表演唱。从此，歌词也更加贴近抒发男女间的情爱，同时保留了男女间打情骂俏的原汁原味和欢乐激情的场面。改编创新后的《黄四姐》久唱不衰，1994 年被选为中央电视台《春节文艺晚会》演唱节目。2005 年中央电视台音乐频道《民歌·中国》对《黄四姐》的发源和艺术进行介绍。2006 年由三里农民歌手黄宗平、龙双英两人合作表演的《黄四姐》在央视《中国民族民间歌舞》盛典专栏播出。

近年来，土家族地区的民间文艺工作者，也在对以传统民歌为代表的民间音乐艺术进行创新，并形成了诸多创新作品。2009 年贵州沿河土家族自治县推出的，由 3 人领唱、27 人合唱的大型山歌"这山望去那山高"，就是在《望牛山歌》、《这山望去那山高》、《有位大姐来赶场》等土家族山歌基础上改编而成的。在重庆酉阳土家族苗族自治县的楠木乡，人们还将土家族民歌"楠木号子"融入科学发展观和惠民政策等内容，如新编的楠木号子——《科学发展带来好日子》唱道："惠民政策就是好，人民生活改善了，种粮还有那直补，家电还要送下乡，细娃读书不要钱，无钱看病有医保，老有所养享太平，改革开放就是好"，这种新型歌谣紧跟时代步伐，使得国家政策深入人心，受到了群众的欢迎。湖北恩施、长阳分别改编的《凤凰歌》、《纤夫梦》、《巴山谣》、《伙计歌》、《丰收调》、《一支山歌飞出岩》、《开创世界我工农》等土家族山歌也深受群众喜爱，有的还在国内外产生了巨大影响。[①]

（二）民间文艺在乡土教育中的开发与利用

土家族的民间文艺蕴藏着丰富的乡土文化资源，发掘、开发、整理和利用这些知识对促进土家族地区乡土教育的发展具有重要意义。所谓乡土教育，是指以家乡故土在长期进步与发展中所发生的环境变化及其人文历史现象作为教育资源而开展的育人活动。[②] 早在 20 世纪二三十年代，我国一大批著名学者如潘光旦、吴文藻、费孝通等就对乡土教育问题进行了深入探究。土家族作为中华民族中不可分割的一员，对利用本民族乡土文化资源发展乡土教育，提高其自身的教育水平有着义不容辞的责任。土家族的民间文艺是乡土文化资源的宝库，如土家族的民间

---

① 段超：《关于民族传统文化创新问题的调查与思考——湖北民族地区民族传统文化创新调研报告》，《江汉论坛》2005 年第 11 期。

② 邓和平：《从民族位育之道看现代乡土教育重建》，《武汉大学学报》2010 年第 2 期。

歌谣、舞蹈、戏剧、游戏、曲艺等，都是乡土文化资源开发和进行乡土教育的经典素材。近年来，土家族地区的各级教育部门在利用民间文艺进行乡土教育方面进行了积极的实践和探索。

贵州沿河土家族自治县黄土乡中学，为丰富学生课余生活与传承土家文化，将土家山歌民歌纳入了课堂进行教学，并成立了土家山歌民歌教务领导小组，负责收集整理和组织教学的开展，要求每一位教师都会教，每一个学生都会唱，还要求学生利用节假日回家教会家长及其他经常接近的人员。同时还将山歌民歌教育教学纳入教师学期的绩效考核。目前，该校已在各村寨及比邻的遵义地区务川县红丝乡收集和整理《盘根》、《这山没得那山高》、《栽秧歌》、《望娘歌》等土家山歌民歌20 余首，并积极汇编《土家山歌民歌》乡土教材。湖北五峰土家族自治县实验小学，对利用土家族民间文艺开发校本课程也作了有益的探索。例如在校本课程开发和研究的专题中，以民间文艺为题材的就有"民间故事、民歌、寓言、谚语、谜语、歇后语、摆手舞、地花鼓、器乐、民间绘画、泥塑、雕刻"等诸多内容，并根据学生参与活动的实际情况，将活动分为校级和班级两个层次来开发。同时，学校还让民间文艺走进课堂，在音乐、美术、体育课上和课间操时间，以五峰土家族的民歌、民间艺术、民间舞蹈为重点，对学生进行教育或训练。

在重庆市秀山民族中学，为传承国家级非物质文化遗产——"秀山花灯"，该校开辟专门课程讲授"秀山花灯"的历史渊源、制作方法，同时将该县民间艺人自编的"花灯操"定为学生课间练习体操。在湘西龙山县的靛房小学，学校也把土家族的打溜子、咚咚喹、摆手舞、舍巴舞、山歌、乐器和器乐等民间文艺，作为小学民族艺术教育活动中的重要项目，并要求全体教师参加学校艺术教育活动，按大团摆的要求跳好摆手舞。在 2009 年制定的"艺术教育发展三年规划"中，该校给全体教师定的目标是："到 2012 年确保 45 岁以下教师人人有一项手艺，个个精通一门艺术，个个会一项土家乐器，个个会唱土家山歌土家校歌，个个会跳土家摆手舞，建设一支能基本满足各级各类学校艺术教育需要，又具有实施素质教育能力和水平的教师队伍。"

将土家族民间文艺纳入课堂进行教学的同时，许多地区和部门也在进行利用民间文艺编撰土家族乡土教材的探索。2008 年 1 月，由湖南省湘西州教育科学研究院和北京天下溪教育咨询中心联合主编的乡土教材《美丽的湘西我的家》出版发行。该教材是为湘西州四年级小学生编写的，其内容包括了土家族的诸多民间文艺知识，如有土家族吊脚楼的建筑风格、《西兰卡普的故事》、摆手舞以及民间歌谣《虫虫飞》、《张打铁、李打铁》、《大月亮、小月亮》、《嘀格调》①等。2005年12月，鄂西五峰土家族自治县民族宗教事务局、教育局联合编写了乡土教材《我们土家族》，供该县公职人员、高中学生学习之用。作为土家族民族知识普及读本，该教材吸收了诸如神话传说、民歌、器乐、戏剧、曲艺、舞蹈、游戏等土家族民间文艺知识。同时，该县湾潭镇民族中小学2008年编撰的《德育工程资料》，也将土家山歌等民间文艺知识纳入其中。

鄂西咸丰县的杨洞中学所编写的乡土教材《杨洞情韵》，对当地民间土语俗话等民间文艺知识也做了有效利用。其乡土教材中收录了咸丰土语俗话428条，其中涵括了土家族的诸多民间谚语。此外，在渝东南土家族地区的酉阳、秀山、石柱等县，为弘扬与传承土家族文化，各部门根据本县的土家族文化资源的优势，编辑了以民间文艺知识为主的《后溪土家文化》、《美丽酉阳我的家》、《秀山花灯》、《石柱，我的家》、《校本教材——艺体课程》等乡土教材。

（三）民间文艺的产业化开发与经济利用

土家族的民间文艺根植于一定的社区环境之中，长期以来，它经过人们的改造、充实和创新成为社区的有用知识而得以存续和发展。在现代社会中，民间文艺与人们经济的关系越来越密切，其经济利用价值也越来越凸显。具体而言，这些经济价值可在手工业、文化创意、音响、出版、旅游、影视、网络、建筑、服务等诸多行业中得以体现。从整体而言，土家族民间文艺的产业化开发和经济利用主要表现在两个方面：一是产品开发与产业化利用，二是旅游产业化开发与利用。

1. 民间文艺的产品开发与产业化利用

当前，许多地区都在利用土家族民间歌谣与舞蹈艺术，打造具有地

---

① 湖南省湘西州教育科学研究院、北京天下溪教育咨询中心：《美丽的湘西我的家》，中国工人出版社2008年版，第27—48页。

方特色的文化品牌，促进社会经济的发展。例如，影视屏幕上出现的各种艺术演出团体组合就是鲜活的例证：湖北省的"土家族打莲湘"组合、"撒叶儿嗬"组合、"西兰卡普"组合，湖南湘西龙山县的"中国土家民乐梦幻"组合，贵州沿河土家族自治县的"毕兹卡山歌"组合、"山歌山妹"组合，等等。这些"组合"的形成，大多是利用当地土家族独特的民间艺术品来打造的。以湖北巴东的"撒叶儿嗬"组合为例，为了打造巴东"撒叶儿嗬"这一文化品牌，该县根据"撒叶儿嗬"在巴东土家文化中最富有特色的实际，挑选了七名对"撒叶儿嗬"、山歌等土家族民歌的演唱有深厚功底的土家族农民汉子，组建了演唱团体"撒叶儿嗬"组合。"撒叶儿嗬"组合成立之后，凭借其特色的男声女腔、高腔演唱，在 2010 年举办的"第十四届 CCTV 青年歌手电视大奖赛"原生态唱法的比赛中荣获金奖。在利用民间文艺品牌进行产业化经济发展方面，湖北建始县成功利用土家族民歌《黄四姐》的文化品牌进行系列商品开发。截至 2008 年，该县就有包括土特产、文化传播、服装等在内的 45 类商品注册了"黄四姐"商标，其系列产品三里香米、景阳薄壳核桃、景阳鸡、花坪关口葡萄、三里马坡茶等投入市场后，都取得了可观的经济效益，为地方经济发展做出了重要贡献。

对土家族诸如织锦、刺绣、雕刻、编织、制陶等民间物态艺术品的开发，也是民间文艺的产业化运作和经济利用的重要体现。"西兰卡普"因有独特的纹饰、抽象的图案、绚丽的色彩和朴质的美感特征，而被广泛运用于服装、影视、手工艺、家居等多个行业。早在 21 世纪初，就有专家以"西兰卡普"为素材，根据其纹饰特色与现代时尚化相结合的理念，设计出了极富民族特色和时代风貌的服饰与装饰品。如 2000 年 7 月，在昆明举办的首届中国民族服装服饰博览会上，湖北省以"西兰卡普"为素材所展示的 18 个系列 180 余件（套）土家族服装和 200 余件日常用品和饰品，就将"西兰卡普"在服装行业上的艺术魅力演绎得淋漓尽致。在影视行业中，"西兰卡普"也以它独特的艺术魅力，赢得了制片方的青睐。如大型古装电视连续剧《铁血巴人》，为了更好地还原土家族历史真实性，不惜加大投资成本，大量运用"西兰卡普"制作该剧的服装和服饰。

在手工艺的产业化利用方面，2001 年，鄂西南来凤县就成立了武陵山区规模最大的西兰卡普专业生产厂家——"土家织锦村"。为了使土家族的织锦、刺绣、挑花、雕刻、编织等工艺品形成统一产销的产业链，2005 年 1 月，来凤县又成立了集土家工艺品研究、收集、生产、销售于一体的专业独资民营企业——满妹土家民间传统工艺品贸易有限公司。其经营范围包括"西兰卡普"系列、绣花鞋、绣花鞋垫、民族服饰、竹编工艺等物态艺术品的加工与销售。公司年产"西兰卡普"20 万余件，绣花布鞋、绣花鞋垫 12 万余双，各种装饰物品、生活用品、旅游用品 10 万余件，雕刻工艺品、藤竹编织工艺品 20 万余件，其产品远销海内外，年营业额达 500 万—700 万元。此外，一些制陶艺术品，也被广泛利用到各行各业中。如湘西保靖县烧制的土陶，被运用到酒生产企业中做"湘泉"、"酒鬼酒"等酒的陶制酒瓶，极具民族特色，其"湘泉"、"酒鬼酒"也畅销国内外。① 这些成功的实例表明，土家族的民间文艺知识在其产品开发与产业化运作方面所具有的经济利用价值是十分显著的。

2. 民间文艺的旅游产业化开发与利用

民间文艺对旅游产业化的开发有着重要影响，以民间文艺品牌打造的文化旅游经济，对拉动饮食、交通、运输、旅馆、商业、娱乐等产业的经济发展具有突出贡献。武陵地区土家族的民间文艺十分丰富，不同地区各有其特色，如湘西北永顺、保靖等县原始的毛古斯舞，湘鄂渝交界的酉水流域原生态的摆手舞，鄂西巴东长阳一带原汁原味的"撒叶儿嗬"，渝东南的秀山、酉阳、石柱等地的花灯、民歌，黔东北沿河、印江、思南等县留存的傩戏艺术，等等。这些优秀的文化资源，十分有利于土家地区民族文化旅游经济和产业化的发展。正因为如此，武陵土家族地区在利用土家族民间文艺打造旅游品牌、发展旅游经济方面也在进行着积极的实践。

一是以民间文艺为主题，在固定的地点或时间段举办各种节日活动，以此吸引大量投资商和游客，拉动旅游产业的消费、投资和发展，促进地方经济增长。2009 年，湖北巴东县举办了"2009 巴东·中国三

---

① 彭继宽：《土家族传统文化小百科》，岳麓书社 2007 年版，第 366 页。

峡纤夫文化旅游节"，并在节会开幕当天正式签约了六个重大项目，总投资 11.2 亿元。节庆期间，还举办纤夫文化论坛和特色产品交易会。外地客商与巴东农业龙头企业签订了 8000 万元的订单，现场销售了价值 30 余万元的特色产品。2009 年 5 月 25 日，鄂西来凤县以摆手舞为艺术品牌，举行了"来凤·中国土家摆手舞旅游文化节"，以此为契机，展示来凤摆手舞艺术魅力，塑造特色的旅游品牌，增加来凤旅游的文化内涵，促进地方经济发展。2010 年，湖北利川市举办了"首届中国龙船调艺术节"，旨在将其打造成全国知名的民族文化品牌，推动利川市生态文化旅游产业大发展，建设特色经济强市和全国知名生态旅游城市。建始县为了更好地宣传自身旅游品牌，迄今已举办了五届"黄四姐文化艺术节"。在湖南的龙山、永顺、桑植县，同样基于旅游经济发展的目的，三县分别举办了"'2007 秦文化之旅'暨第二届摆手节"（2007）、"中国湘西芙蓉镇·土家族毛古斯文化节"（2008 年）、"首届中国桑植民歌节"（2008）。在重庆市的黔江地区，为了打造"黔江南溪号子"这一旅游文化品牌，2010 年举办了"黔江乡土文化节"。除此之外，类似的节日活动还有贵州沿河的"乌江山峡百里画廊文化旅游节"（2005—2010 年），湖南张家界的"'六月六'土家族民俗文化节"（2009 年），湖北长阳和利川的"长阳土家文化旅游节"（2009 年）、"首届中国龙船调艺术节"（2010 年），等等。

二是积极利用特色民间文艺打造旅游品牌，以品牌优势所具有的综合效应来促进地方旅游产业的发展。如重庆市西阳土家族自治县打造的"中国土家摆手舞之乡"、"中国著名的民歌之乡"、"重庆市摆手舞之乡"、"重庆市民歌之乡"等，秀山土家族苗族自治县的"中国民间艺术之乡"、"中国花灯歌舞之乡"；贵州沿河土家族自治县的"中国土家山歌之乡"，印江土家族苗族自治县的"灯戏歌舞之乡"、"长号唢呐之乡"、"傩戏之乡"；湖南桑植县的"中国民歌之乡"，龙山县的"中国土家织锦之乡"；湖北巴东县的"中国民间文化艺术之乡"、"湖北省民间文化艺术之乡"，来凤县的"摆手舞之乡"，咸丰县的"土绣之乡"，长阳土家族自治县的"中国民间文化艺术之乡"、"歌舞之乡"，利川市的"龙船调故里"、"歌舞之乡"。凡此种种，不胜枚举。这些利用民间文艺知识打造的品牌，对扩大地方知名度和美誉度，进一步促进文化旅游产业发展具有积极作用。

通过以上分析，我们可以明显发现土家族的民间文艺在文化创新与利用、乡土教育中的利用、产业化开发与经济利用等方面所具有的现代价值。这些价值的体现，表明了民族民间文艺的重要性与不可替代性。当然，在研究人们开发和利用土家族民间文艺时，尤其是在对民间文艺进行产业化利用的过程中，在经济利益至上的潜规则下，还存在着急功近利、过度开发、扭曲或滥用民间文艺等现象。例如，一些地方或部门在进行西兰卡普服装开发时，为了降低成本、获取眼前经济利益，不用传统手工编织西兰卡普进行服装制作，而是将市场上出售的花布、花边拼制，并用各色塑料薄片、塑料串珠组合而成，更有甚者还用各色颜料画成，并美其名曰"西兰卡普服饰"，堂而皇之地亮相于各种场所。类似现象，不是对土家族民间文艺的有效利用，而是对千百年来土家族劳动人民智慧结晶和优秀民间知识的践踏。我们应该明白，民间文艺是维系人类精神灵魂的重要源泉，正如方李莉教授在论述艺术研究的价值时所言："人类的劳动包括科学技术能解决的只是人的物质的存在，而只有艺术才能促进解决人的精神的存在。"①

因此，我们在土家族民间文艺的开发与利用过程中，必须注重维系民间文艺的生存土壤，重视知识的"本真性"，并以回归知识的"本真性"来发展、来开发、来利用。同时，还必须坚持"保护为主、合理利用、传承发展"的方针理念，将保护与开发、保护与利用、文化效益与经济效益进行有机结合，积极引导社会力量尤其是民族民间力量以各种方式参与民间文艺的保护、开发、经营和利用，使得这些由民间大众所创造的文化资源能在开发、利用中惠益百姓，让百姓大众能分享到开发和利用民间乡土文化知识所取得的"果实"。因此，从一定意义上说，我们唯有回归了知识的"本真性"，激活了"民间"这块有机的土壤，提高了老百姓的文化自觉意识，土家族民间文艺的开发和利用才可持续，才会焕发出勃勃生机。

---

① 方李莉：《艺术人类学研究的当代价值》，《民族艺术》2005 年第 1 期。

第八章

土家族传统知识的保护战略

民族传统知识保护战略是指为确保传统知识的生命力，使其世代传承、发展，或防止对传统知识不当占有或利用，而采取的各种政策、方法或措施的整体模式或计划，它包含保护的目标及原则的设定，保护的内容及措施、途径的选择等内容。武陵地区土家族传统知识的保护首先必须进行战略性规划与宏观思考，以确定传统知识的保护框架。我们期待通过武陵地区土家族传统知识保护战略的思考，能对中国少数民族传统知识保护有所启示。

第一节　土家族传统知识的现实困境
与保护的意义

土家族传统知识是土家族千百年来创造与传承的认知体系，是土家族在生产与生活中总结与积淀的生存智慧，至今仍然发挥着巨大的作用。然而，在全球化、现代化的进程中，土家族传统知识面临着诸多困境。这迫使我们慎重思考其保护的相关问题。

一　传统知识的现实困境

土家族传统知识的现实困境是现代性发展的必然结果，其影响因素部分来自传统知识的外部，部分来自传统知识的本身。一方面，传统知识因具有比较劣势，其价值被低估，并出现传承困境；另一方面，传统知识因具有比较优势与现实价值而被滥用与盗用，并出现侵权现象。具体来说，主要困境有：

（一）传统知识的价值被严重低估

民族传统知识具有多种价值，已如前述。然而，在科学主义至上的时代，这些价值被严重低估。唯科学（主义）论者，特别是强唯科学（主义）论者强调现代科学知识和技术是万能的，这种信念使他们否定现代科学知识与技术以外的东西，包括传统知识与传统技术。由于科学主义的影响，我们在接受现代科学知识与技术的同时，往往接受了现代科学与技术的全部，包括其局限性，而无视、排斥或否定现代科学与技术以外的传统知识与技术的合理性。当下关于西医与中医比较的讨论中，一部分人否定中医的价值即是典型之例。在全球化日益加快和现代性快速增长的今天，我们会清晰地发现，哪怕是最偏僻的族群社会，都无时无刻不受到现代科学知识与技术的影响。在田野调查中，我们深刻地感受到现代科学知识与技术对土家族农民生产生活的渗透。苏竹村的调查资料显示，在成本相当的情况下，土家族群众更倾向于选择去医院看病，特别是感冒发烧等急性病更是如此，因为西医治病便捷、去病快。部分村民，特别是年轻的村民对土医土药越来越持怀疑态度，若患一些地方性疾病，也不愿尝试用传统医药进行治疗，西医治病的快捷使他们完全忽视西医对身体的负面影响，而无视传统医药所具有的安全性等正面价值。事实上，当我们让村民们比较现代医学与土家族医学之间的价值时，大多数人还是选择从成本等工具性角度进行评价，若花费低的病到医院治疗，花费高的病则用土医土药治疗，对于医药价值本身，特别是各种医药体系的优劣的认识相当模糊。

如果说族群社会或乡土社区无视传统知识的价值是传统知识的实践特点所使然，那么现代社会对于传统知识价值的低估则是其对现代科学知识与技术高估的结果。长期以来，在现代科学知识与技术的包裹下，人们习惯于不加选择地享用现代科学知识与技术的成果，对传统知识与技术进行否定性评判，将其视为"愚昧"与"落后"，并极力利用一切可能的手段传播现代科学知识与技术，试图用其取代传统知识与技术。这种站在科学主义立场对待传统知识的态度，使得传统知识在人类知识结构中逐步被边缘化。

（二）传统知识失传现象日益严重

在全球化、都市化和现代化的影响下，大量的民族传统知识已经失传或濒临失传。传统知识的承继与失传是一对矛盾体。在传统社会中，许多传统知识在实践中产生，并在实践中发展，具有开放性，这种传统知识能够得到较好的承继。但有的传统知识具有封闭性和保守性，其师徒或父子相传的具有排他性的传承机制与习惯法则一方面制约了相关知识的承继，造成传统知识的不断失传，另一方面又由于承继的迫力和利益驱动力促使传承者选择多种传承途径，进而推动了传统知识的传承。然而在当代社会，民族传统知识的传承机制与习惯法则被逐步打破。学校等形式化教育的推广，使族群社会与乡土社区的年青一代接触传统知识的概率大大降低，而学校知识传授因应试教育的需要对于传统知识基本处于拒斥状态。在土家族地区的调查中，我们也观察到，孩子从六七岁入学起，基本脱离了传统知识的教育环境，而进入到现代知识的接受场域。中学毕业后，有的继续深造，有的辍学。辍学的青少年随即会外出打工，寻找新的生存方式，在都市社会中依然被现代知识所包裹。那些从小开始习得的传统知识在他们的生活实践中渐行渐远。他们不仅不愿学习传统知识、传承传统知识，而且常常试图用现代知识替代或改造传统知识，使传统知识的濒危程度日益加深。

（三）传统知识的盗用、滥用现象愈演愈烈

自从世界一体化以来，传统知识的盗用、滥用从未停止过。但在当下，这些现象愈演愈烈。与传统知识的价值低估不同，传统知识的盗用、滥用的前提是对传统知识价值的认可。族群社会或乡土社区层积的深厚的遗传资源和传统知识被一些外来公司和机构无偿盗取和利用，从中获得巨大的经济利益，而认知和维持生物多样性，并生产与传承这些传统知识的族群社会或乡土社区却无法分享其利益。这种被国际社会称为"生物海盗"的盗用行为使族群社会或乡土社区的传统知识大量流失，且有日益严重的趋势。

国际上传统知识盗用的案例层出不穷。如英国先正达公司曾声称，该公司培育出了一种新型的观赏植物"凤仙"，并为其申请专利，但实际上，"凤仙"是非洲生长的一种罕见的植物。南非闪族人在长途狩猎前用来抵挡饥饿而食用的一种植物叫丽杯角仙人掌，英国医药公司Phytopharm为这种植物中的活性成分申请专利，并用之研制减肥药。在印度沿用几个世纪的用姜黄根治疗伤口的传统知识被流亡国外的印度人申请专利。

中国遗传资源与传统知识也大量被盗用、滥用。最典型之例是孟山都事件。中国是大豆的原产地，在长达 4000 余年的栽培历史上，共发现或培植了 6000 多个品种，其中野生大豆品种占世界已知品种的 90%。2000 年，美国孟山都公司向全球包括中国在内的 101 个国家申请一项有关高产大豆及其栽培、检测的国际专利。该项专利申请源自对上海附近的一种野生大豆品种的检测和分析，孟山都从中发现了与控制大豆高产性状密切相关的基因"标志"，并将这一野生大豆品种作为亲本，与栽培大豆品种杂交，培育出含有该"标志"的大豆。孟山都即据此申请专利，保护其发明的"高产大豆"，并一口气提出 64 项专利保护请求。后来，这一生物资源盗用行为被国际环保组织之一"绿色和平"发现并阻止。近年来，国际资本对我国民族地区的文化遗产资源的不公平的商业行为也日渐凸显。如我国少数民族所具有的许多特殊遗传隔离人群的基因资源曾被美国哈佛大学试图以所谓"合作"的形式采集并用于商业目的，中国东南山区某少数民族聚居地哮喘病家系标本被西夸纳公司获取。至于如瑶族地区流传的"女书"被外国公司抢注商标，中国"端午节"被列入亚洲某国国家遗产名录之例也在逐渐增多。在西部大开发的过程中，由于少数民族文化多样性和民族地区生物多样性特征比东部发达地区更为明显，少数民族传统知识与遗产资源的商业价值也渐渐被国内机构或个人用于商业目的和其他宣传目的，于是出现了诸如青稞酒技术、香格里拉等许多法律争端和侵权行为。随着西部大开发的推进，少数民族传统知识的商业价值将越来越受到人们的重视，这种法律争端和侵权行为也将越来越多。

土家族聚居的武陵山区是我国生物多样性与文化多样性的典型地区。从生物多样性来看，仅恩施州就有植物 215 科，900 余属，约 3000 种；脊椎动物 32 目、89 科、350 余种（包括亚种）。武陵地区有名贵珍稀植物 40 余种，主要有银杏、金钱松、三尖杉、水杉、西南台杉、珙桐、光叶珙桐、木莲、香果树、水青冈、杜仲、樟、丝栗栲、香椿、苦桃、紫茎、枫香、铁榈、铁杉、鹅掌楸、紫薇、笔柏、响叶柏、侧柏、锥栗、甜槠、蕨、黄连、葛藤、鸡血藤、香茅、马桑等；珍稀野生动物 160 余种，属国家保护的有 20 余种。在长期的发展中，土家族人民积累了丰富的识别与利用生物资源、维护生物多样性的知识。土家族地区文化资源也十分丰富，许多文化资源，特别是民间技术具有较大的市场开发的价值。

近年来，在资源开发和经济发展过程中，土家族传统资源和传统知识正在被大量利用。但传统知识在发挥其重要的现实价值的同时，传统知识利用中的侵权现象时有发生。如有的传统资源与传统知识本是一地之创造，现在被他地所泛用，并创造了巨大的经济价值等；有的传统知识虽受到诸如地理标志等知识产权的保护，但传统知识的创造者和持有者并未从中获益；有的是两地或多地争夺同一资源或传统知识；等等。诸如此类的传统知识盗用、滥用现象大量发生，但由传统知识侵权引起的判例并不多。主要原因是，一方面关于传统知识的知识产权法律并不完善，另一方面土家族群众法律观念较弱，特别是知识产权观念较弱。

二 传统知识保护的意义

今天，人们越来越认识到，传统知识可能成为现代科技及未来科技发展的现实或潜在资源，保护传统知识将有益于民族、族群甚至整个社会、国家和全人类的未来。与此同时，人们也认识到传统知识一旦湮没就不可能再生，它的消失同生物物种的消失一样可怕。保护土家族传统知识具有重要的意义。

（一）对于土家族及其乡土社区的意义

传统知识是一定的族群社会或乡土社区成员在长期的实践中积累起来的，从土家族及其乡土社区的层面来看，保护传统知识具有四个方面的意义。

1. 有利于增强土家族及其乡土社区的凝聚力

传统知识具有凝聚群体智慧的原创性与族群身份的归属性作用。传统知识起初也许是由群体中的某个个体创造的，但其最终完成及发展不是靠单个个体成员的智慧与灵感，而是其所在的群体，甚至相关联的多个群体在长期的生产与生活活动中共同行为的结果，是一种集体行为过程。因而，传统知识对于族群社会或乡土社区群体维系其文化的内在一致性有着重要意义，保护传统知识就是保护土家族及其乡土社区的文化认同，促进土家族及其乡土社区成员的归属感和认同感，从而有利于增强土家族及其乡土社区的凝聚力。

2. 有利于实现土家族及其乡土社区的经济利益

当今时代是知识经济时代，知识本身就具有经济价值。在一定条件下，可以将传统知识转化为经济资源，合理开发并利用其经济价值。特别是随着现代文化创意产业的发展，许多传统知识可以转化为文化产业项目进行开发，从而创造出可观的经济价值，给族群社会或乡土社区成员带来经济利益。国内外大量事实已经证明了传统知识具有重要的开发与利用价值，尽管在传统知识开发与利用的利益分享中，由于制度的缺陷，族群社会或乡土社区还未能真正从中得到相应的惠益。土家族地区许多传统知识如医药知识、民间技术等均具有开发的价值。有的传统知识已经得到开发与利用，给土家族地区带来了较大的经济收益。土家药用植物的开发与利用，利川、石柱等地的黄连开发，恩施、石柱等的莼菜开发，来凤、龙山、永顺等地的织锦开发，腊肉的制作以及各地利用传统知识进行旅游开发等均取得了较好的收益。已经开发与利用的传统知识只是土家族传统知识的一部分，尚有大量的传统知识等待我们去挖掘、整理、开发、利用，为土家族地区的发展服务。

3. 有利于保护土家族地区的生态环境

关于自然与生态环境的知识是传统知识的重要组成部分。土家族成员在长期的生产与生活中，逐渐掌握了与大自然和谐相处、充分利用大自然、保护自然与生态环境的知识和经验。他们认识到，自然与生态环境只有得到充分保护，才能为人类提供充分的生产和生活资料来源，对自然与生态环境的破坏将会给社区发展甚至社区生存带来严重的威胁。因此，武陵山区的土家族社区都形成了关于自然与生态环境保护的传统知识。在生态日益脆弱的今天，传承保护并充分利用这些传统知识有利于保护土家族地区的自然与生态环境。

4. 有利于实现土家族乡土社区的存续

土家族生活的武陵地区城市化程度较低，土家族群众大多数生活在乡土社区。土家族乡土社区尽管受到现代知识的影响，由于现代知识是工业化和现代化的产物，与传统的乡土社区存在一定的背离，因而，社区的存续主要还是依靠传统知识。传统知识为土家族乡土社区存续不仅提供了可供选择的自然资源，而且提供了生存必备的技术和制度及其他相关知识。显然，保护与传承这些传统知识，在现代知识难以为社区成员充分利用的当下，对于社区的存续具有何等重要的意义。失去了传统知识，土家族乡土社区的成员将失去生存的知识基础。

（二）对国家和社会的意义

传统知识是我们的祖先智慧的结晶，反映了先辈们非凡的创造力。保护传统知识就是充分利用我们祖先创造和遗留给我们的宝贵文化遗产，来应对生产和生活中出现的各种问题和困难，促进中华民族的发展与进步。我们认为，从国家和社会的层面来看，保护传统知识具有以下四个方面的意义。

1. 有利于保护两个"多样性"

两个"多样性"是指生物多样性和文化多样性。生物多样性是人类生存和发展的基础，文化多样性建立在生物多样性的基础之上，是生物多样性在文化层面的体现。我国是一个多民族的国家。55 个少数民族，虽然人口只占全国人口总数的 10% 左右，却分布在 60% 以上的广阔国土上，而且他们大多聚居于交通较不便利、生物资源较丰富的边远地区。土家族是中国少数民族中的重要一员，他们生活的湘、鄂、渝、黔交界的武陵地区居于中国南北交汇处与东西接合部，地理位置与自然环境独特，是我国生物多样性和文化多样性的典型地区之一。因而，保护土家族的生物遗传资源及其相关知识以及其他传统知识对于保护我国生物多样性和文化多样性具有重要的意义。

2. 有利于知识创新

传统知识是知识创新的源泉之一。大量事实证明，许多现代科学技术进步的灵感与动力均来源于传统知识，传统知识对于现代的生物学、生态学、医学及农业技术的发展等均有较大的贡献。许多人文社会科学的发展也在传统社会、传统知识中寻找创新的元素，特别是文学、艺术的创作更是大量依赖于传统知识。土家族生活的武陵山区是多种知识实验的优良场域，其传统知识为知识创新提供了无限的想象力和独特的元素。因此，保护土家族传统知识及其生境就是保护知识创新的源泉。

3. 有利于促进民族团结与社会和谐

我国是一个统一的多民族国家，各少数民族的文化均是中华文化的有机组成部分，它们都对中华民族的文化历史与文化现实做出过贡献。

挖掘与保护各民族传统知识的意义在于使我国各少数民族在实现政治、经济完全平等的基础上深化文化完全平等，促进民族团结、民族平等、各民族共同繁荣进步在更大范围、更高水平、更深层次上充分实现。

4. 有利于特定文化权利的实现

"文化权利是属于特定文化的人的权利，因这些文化而形成。"① 人们普遍认为 21 世纪是文化权利的世纪，文化权利在新的世纪受到了普遍关注和重视。保护传统知识将有利于促进文化平等权、文化认同权和文化经济权等文化权利的实现。首先，人类文明是由各种不同的文化组成的，不同的文化有着自己独特的价值。但是因为各种条件的不同，文化的存在价值和势力之间的关系是不平衡的，一些文化处于统治、霸权地位，一些文化处于被统治、屈从地位。这些处于弱势地位的传统知识往往被认为是落后的、愚昧的，而普遍受到挤压和排斥，甚至遭受到灭绝的危险。这种危险体现在两个方面，一方面是全世界范围内的发达国家的文化帝国主义对发展中国家文化的歧视、侵略和排斥，另一方面是一个国家和社区内部同样存在文化歧视和压迫的可能。因此，只有承认各种文化存在的价值，保护各民族的传统知识，才有可能实现文化平等权。其次，人们普遍认为，文化认同权是人权的基本内容之一，应该得到尊重和维护。1982 年通过的《墨西哥城文化政策宣言》正式宣布"文化认同的权利"，并特别指出，文化认同是一笔财富，它鼓励各民族各群体从历史中汲取营养，从外界吸收与自己相容的特点，不断创造，使人类永葆自我实现的能力。当前，信息化、商业化极大地影响着全球文化的发展，给人造成了文化全球化或同质化的假象。这种假象使得许多年轻人在面对强势文化的影响时，迷失了方向，对自己的文化传统和文化身份失去了兴趣。因此，只有加强对传统知识的保护，才能有助于加强少数人群和弱势文化的文化认同权。最后，传统知识作为一种文化资源，具有显性和隐性的经济价值。而从当前国际情况来看，文化资源作为一种经济资源，出现了一种掠夺狂潮。一些西方人以各种名义到世界各民族地区或村寨利用各少数民族的单纯、无知或对经济利益的

---

① ［墨西哥］R. 斯塔温黑根：《文化权利：社会科学的视角》，载黄列译《经济、社会和文化的权利》，中国社会科学出版社 2003 年版，第 104 页。

渴望，大肆地掠夺各种文化资源，然后制成文化制品或申请专利，再向文化资源的原产地进行倾销，在获取巨额利润的同时极大地破坏了文化资源。因此，要实现各民族的文化经济权利，使我们的文化资源免遭劫难，就必须加强对民族传统知识的保护。

第二节　土家族传统知识保护的战略目标

根据传统知识的特点和面临的发展现状，民族传统知识保护的战略目标可分为总体性目标和阶段性目标。

一　总体性目标

国际社会将传统知识保护的总体政策目标基本确定为承认价值、促进尊重、满足传统知识持有人的实际需要、促进传统知识的保存和保护、对传统知识持有人授予权利并承认传统知识体系的独特属性、支持传统知识体系、致力于传统知识的保护、制止不正当和不公正利用、尊重相关国际协议和进程（步骤）并与之相协调、鼓励革新和创造、确保事先知情同意及基于双方同意的条件的交换、促进公正利益分享、促进社区发展及合法贸易活动、杜绝向未经认可主体授予无效不当知识产权、增强透明度及相互信任、补充对传统文化表达（TCE）的保护。[①]此16条政策目标是国际社会保护传统知识多方利益表达和实践经验的总结，具有高度的概括性。尽管这些政策目标在此后数年国际传统知识保护的实践中得到部分调整，但整体框架基本定型，具有极大的借鉴价值。我们认为，包括土家族传统知识在内的中国少数民族传统知识保护的总体性目标的核心内容可以归纳为：

[①] 据"WIPO—IGC8 次会议 5 号文件附件-TK 保护政策目标 & 核心原则"。本文件原型是"世界知识产权组织知识产权与传统知识、遗传资源、民间文艺政府间委员会"（简称 WIPO—IGC）提交 WIPO—IGC 第七次大会（2004 年 10 月 31 日至 11 月 4 日）讨论的 WIPO/GRTKF/IC/7/5 文件（以下简称五号文件）附录 I，是五号文件正文（"传统知识保护：政策目标及核心原则回顾"）所指草案原文。文希凯将本文件译成中文。详见中华人民共和国国家知识产权局网页，网址 http://www.sipo.gov.cn/sipo/ztxx/yczyhctzsbh/ zlk/gjhywj/200505/t20050526_ 70506. htm。

目标一：承认并尊重传统知识价值。传统知识保护的第一个目标就是使人们摒弃对传统知识价值的忽视、低估乃至否认等错误观念，通过系统调查研究，深入挖掘，制定保护的政策和法律，进行广泛宣传，采取保护的行动等，使全社会承认并尊重传统知识的价值，正如我们承认并尊重现代知识的价值一样。这一目标是观念性的，也是基础性的，在一定意义上是哲学层面的。

目标二：承续传统知识体系。通过有效保存和合理传承濒危并具有重要价值的传统知识体系，以满足族群社会或乡土社区当下的生存需要或为族群社会或乡土社区乃至整个人类社会的持续发展和知识创造提供知识源泉。传统知识体系的承续不是简单的知识片段的保存，而是在系统记录、文献化等基础上促进族群社会或乡土社区保护、传承、创新传统知识体系，包括保护传统知识的生存环境。

目标三：保护传统知识权利。这要求我们建立一套传统知识的保护制度体系，特别是法律制度体系，一是尊重与保护传统知识持有者使用其知识体系的权利，包括使用、创造、内部交换等权利；二是防止传统知识体系被人为破坏；三是防止对传统知识未经许可的或非法的商业性或非商业性的开发利用，为传统知识持有者争取因知识交换与商业利用而带来的惠益，主要为传统知识的知识产权。

二　阶段性目标

参照国务院发布的《国家知识产权战略纲要》（2008 年 6 月 5 日），根据土家族传统知识的特点及保护的现状，我们认为，土家族传统知识保护的阶段性目标可拟定为：

（一）近期目标（2011—2015 年）

湘鄂渝黔各省市建立土家族传统知识保护协作组织，制定土家族传统知识研究与保护规划；系统开展土家族医药知识、民间科技、地理标志的调查与编目；加强传统知识价值的挖掘和利用，在土家族民众中大力开展传统知识现代利用价值与知识产权保护的宣传教育，使土家族民众增强保护传统知识的意识，学会用现行的知识产权制度保护民族传统知识；密切关注《保护非物质文化遗产公约》、《生物多样性公约》、世界知识产权组织、世界贸易组织等在传统知识保护方面的谈判进展，关注国家各项知识产权法律的制定、执行和发展动态。①

（二）中期目标（2016—2020 年）

全面进行相关传统知识调查，基本完成土家族传统知识编目工作；建立土家族医药知识、民间科技、地理标志等专项数据库；进行传统知识生态保护区建立试点，推行传统知识传承与保护的社区参与机制；根据国内外相关法律建立、完善的动态，修改武陵地区地方性法规，加强对土家族传统知识的法律保护力度。

（三）远期目标（2021—2025 年）

全面完成土家族传统知识的调查、编目，在各专项数据库的基础上，建立土家族传统知识综合数据库；通过评估，制定传统知识现代利用与保护目录，继承、弘扬和推广具有应用价值的传统知识；完善并推广传统知识生态保护区建设，形成传统知识传承与保护的良性机制；结合国家传统知识保护的立法工作，建立系统性的传统知识保护制度，特别是土家族传统知识专门的地方性法律制度。

第三节　土家族传统知识保护的原则与措施

土家族传统知识的保护对象应是传统知识的体系与全部内容，同时还包括传统知识的存续环境以及与传统知识相关的遗传资源、文化遗产等。如何保护传统知识，这涉及保护原则与保护措施两个方面。

---

① 关于少数民族传统医药知识保护战略，有学者认为在步骤上应分"三步走"：第一步，是通过现行知识产权制度保护我国少数民族传统医药的消极知识产权利益和衍生知识产权利益；第二步，是通过对知识产权的某些程序规则，如对专利申请信息披露制度进行修改和重构，为我国少数民族传统医药的积极知识产权利益提供间接保护的机制，以实现我国少数民族传统医药上的积极知识产权利益；第三步，通过对现行知识产权制度的某些实体规则进行修改，如修改发明专利"三性"规则，或创设一种新的类似专利的专门权规则，为我国少数民族传统医药的积极知识产权利益提供直接保护的机制，以实现我国少数民族传统医药上的积极知识产权利益。详见严永和《论我国少数民族传统知识产权保护战略与制度框架——以少数民族传统医药知识为例》，《民族研究》2006 年第 2 期。"三步走"的模式是我国传统知识知识产权法保护进程推进的较为合理的模式。土家族传统知识保护与武陵地区地方立法工作可参照这一模式进行。

一 保护原则

WIPO—IGC 对传统知识保护的原则进行了具体的规定，将其分为一般指导原则和实体原则两个层次。[①] WIPO—IGC 的保护原则主要是从政策和法律的视角来探讨的，我们还可以从学术的视角来对传统知识的保护原则进行进一步的探讨。

（一）价值尊重原则

传统知识不是过去的、过时的知识，传统知识与现代知识一样具有其整体价值和固有价值，包括其社会、精神、经济、智力、科学、生态、技术、商业、教育和文化价值，其对于族群社会或乡土社区具有根本重要性，与其他知识体系具有同等的科学价值。价值尊重既是传统知识保护的目标，也是保护过程中一以贯之的原则，它首先要反对一切恶意贬损、低估传统知识固有价值的观念与行为，尊重其科学价值；价值尊重也要求我们尊重传统知识体系，尊重对保存和维护该体系的传统知识持有人的尊严、文化完整性，尊重传统知识对于持有人维持生计的独特性的贡献及其对环境保护、食品安全和农业的可持续发展以及科技进步的贡献。价值尊重还包括对传统知识持有人使用、发展、交流和传播传统知识的惯制与实践规范的尊重。

（二）满足需要原则

族群社会或乡土社区传承和发展传统知识最基本的动机就是实用，也就是说能够满足传统知识持有人的生产、生活需要。因此，传统知识保护的重要原则就是，要满足传统知识持有人对传统知识传承和发展的需要，满足传统知识为其持有人的生产、生活服务的需要。传统知识保护要反映传统知识持有人直接表达的愿望与企盼；致力于其福利及其经济、文化和社会回报；奖励其为社区以及为科学和有用技术进步所做出的贡献。

（三）就地保护原则

传统知识是在特定的场域中产生的知识，是一种典型的"地方性

① WIPO—IGC8 次会议 5 号文件附件-TK 保护政策目标 & 核心原则（http：//www.sipo. gov. cn/sipo/ztxx/yczyhctzsbh/ zlk/gjhywj/200505/t20050526_ 70506. htm）。

知识"。就像特定的生物物种脱离了其生长的环境难以存活一样，脱离了其产生的特定生态系统，传统知识也难以存续。传统知识的就地保护是指，将传统知识置于其产生与存续的原生场域加以保护，保留其"原生状态"，任何移地保护的行为均需慎重，并尽力避免。

（四）活态保护原则

"活态保护"指由传统知识的传承人、传统知识的展现空间和传统知识的存续时间三个部分组成的一个动态的文化场，在这个文化场中进行生产、创新、传承与传播传统知识的工作，以达到传统知识保护的目的。"活态保护"方法目前已广泛使用于非物质文化遗产保护工程中。传统知识的活态保护要求将传统知识的时间、传统知识的空间和传统知识的传承人三者有效地、动态地保护起来，三者缺一不可。活态保护最基本的方法就是在特定的时间与空间，对传统知识进行传承性保护。"一种可行的保护途径是由专家学者进行抢救、记录，并将乡土知识制作成光碟和建立数据库，然后存放于博物馆、图书馆、实验室等。这种保护固然必要，但其将乡土知识从乡土社区中剥离出来，使社区中时刻都在使用的知识变成了'死态'的'遗产'。从这个意义上讲，另一个保护途径显得更为重要，那就是社区内的传承性保护。传承性保护意在动员社区参与，使社区成员保持对乡土知识的'记忆'、'认同'和保护的热情；同时保护乡土知识的自然生态与文化生态，使乡土知识成为'生态'的、可循环的生计资源。"①

（五）整体保护原则

传统知识是一种独特的知识体系，一个族群社会或乡土社区的传统知识是一个有自身体系的整体，其各部分之间以及部分与整体之间形成相互影响、相互作用的紧密关系。因此，保护传统知识必须坚持整体保护原则，不仅要保护传统知识本体，而且要保护与传统知识相关的遗传资源和文化系统以及传统知识产生的特定的生态环境。族群社会或乡土社区的传统知识是对自然与社会的认知，具有对自然与社会进行分类的作用，但传统知识本身并不具有较强的分类特征，因而将其碎片化地加以保护，并不能真正实现保护的目的。

---

① 柏贵喜：《乡土知识及其利用与保护》，《中南民族大学学报》2006 年第 1 期。

（六）以人为本原则

传统知识的核心是人，没有人的传承，传统知识便不可能得到真正的保护。因此，传统知识的传承必须以人为中心，传统知识保护最重要的就是传承人的保护。这体现在两个方面：一是对传统知识传承人本身的保护，二是对传统知识持有者权益的保护。只有建立以人为本的可持续生活方式，才能使传统知识保护的成果源源不断地惠及当地人及至整个人类，也才能使传统知识既回归真实土壤，又能为其保护提供动力。因此，在实施保护过程中，必须充分考虑传统知识持有者与传承者的需要和意愿，以他们为中心，教育他们要不断学习、创新，加强对传统知识传承与保护的认识，使传统知识不断丰富、完善，一代又一代地传承下去。

（七）社区自主原则

社区自主原则是传统知识保护的重要前提和保证，只有真正让社区自主，才能激发社区参与的热情和动力。自主原则强调，在分析社区在传统知识保护中面临的问题、提出解决方案时，应充分听取社区居民的意见。政府和专家设计方案时，要充分考虑社区居民的具体权益，最终方案要经过社区居民全体的讨论和表决。例如，传统农业知识保护，必须充分听取和尊重当地农民的意见，要充分了解当地人是怎样看待这种农业生产、生活方式或传统农业技术的，它们在当地社区中起什么作用，具有什么地位。因为农民并不关心传统农业知识的保护，他们只想发展经济，改善自己的生活。因此，如果没有农民的自主参与，就谈不上传统农业知识的有效保护。

二　保护措施

传统知识的保护日益受到世界的普遍重视，各国在传统知识的收集整理，法律法规的制定、修改和完善，保护政策的制定、调整和补充，保护资金的筹措、配置，保护手段的改善、创新等方面，开展了各种实践。我们认为，要实现土家族传统知识保护的战略目标，最主要的措施有以下几点。

（一）传统知识的文献化

所谓传统知识的文献化就是借助文字、图形、符号、声频、视频等技术手段对传统知识进行调查、整理、登录和编目，乃至建立数据库。传统知识的文献化目的有二：其一，对传统知识进行保存。传统知识大多没有文字记载，主要通过口传心授和生产生活实践予以传承，由于其传承机制的影响与约束，随着传承人的失忆乃至亡故等，许多传统知识失传或处于濒危状态。这就需要我们对传统知识进行文献化，以保存这些传统知识。其二，文献化是一种对传统知识进行"防御性"保护的措施，目的是阻止第三方利用无效的知识产权获得并使用传统知识。[①]传统知识文献化的作用在于提供"先有技术"，阻止第三方将现存的传统知识申请成专利，保护传统知识持有人的知识产权。传统知识的文献化建设最早是由一些非政府组织提出的[②]，它们旨在通过设立社群登记簿的方式加强对传统知识的有效保护。著名的姜黄（turmeric）案（美国专利第 54015041 号）、楝树（neem）案（欧洲专利第 436257 号）、死藤水（ayahuasca）案（美国植物专利第 5751 号）等几件有关传统知识的药品专利授权、撤销案证明了文献化的必要性。

　　土家族传统知识文献化的基础性工作是传统知识的综合与分类调查与编目，这项工作需加强湘鄂渝黔边区各州、市、县的协作，详定调查大纲，针对不同类别的传统知识确定调查内容。传统知识的调查可以结合地方志的编撰和非物质文化遗产普查进行，但其"深描"要求更严格。只有对传统知识的深度描述，才能建立完备的编目，真正做到对传统知识的保存，并为传统知识的知识产权保护提出明确的文献证明。目前，只有土家族医药、地理标志资源和民间文学艺术等进行过一些调查与整理，土家族传统知识的系统调查与编目并未展开，因此，土家族传统知识文献化的当务之急是进行调查与编目。

　　在编目的基础上建立数据库是传统知识保护的新手段。目前，国内外都在尝试建立各种类型的传统知识数据库，如美国华盛顿州的 Tulalip

---

　　①　世界知识产权组织：《知识产权与传统文化表现形式/民间文学艺术》（http：//www. sipo. gov. cn/sipo2008/ztzl/ywzt/yczyhctzsbh/csk/200804/P020080411457787560610. pdf. 2009 - 03 - 28）。

　　②　［印］甘古力：《知识产权：释放知识经济的能量》，宋建华译，知识产权出版社2004 年版，第 104 页。

部落正在建立一个被其称为"StoryBase"的传统环境知识数据库。① 印度提出建立传统知识数据图书馆（TKDL）。印度的 TKDL 计划以印度传统草药知识为对象，并且提议以数字化格式记录公众通过查询可有偿利用的知识。目前，印度 TKDL 计划已完成以 6 种语言记载的 36000 份的印度传统草药知识数据。② 我国也于 2001 年制定了基于国际专利分类的中药专利分类系统——中国中药专利数据库（CTCMPD）③ 等。

土家族传统知识数据库可以依靠三类机构建立，即地方行政部门、各类相关图书馆和博物馆。依据传统知识的复杂性，数据库可以按行政区或按内容分门别类建立，也可建立土家族传统知识的综合数据库。无论何种类型的数据库，都要求满足以下四个基本条件：其一，编目的精确、翔实；其二，文字、图片、视频、音频四种存储格式及可相互转换；其三，提供全文检索、参量检索、分类检索等多种检索方式，全文检索向用户提供跨编目字段的查询检索；其四，设定浏览、下载的分级权限，避免传统知识未经授权的不当使用。

（二）社区参与式保护与传统知识生态保护区建设

"社区参与"既可以是社区内各类成员的参与，如居民个人、社区各级各类组织、驻社区单位的参与，也可以是社区外组织或个人深入到社区内的参与，如政府、各类社会团体、企业、公民个人到社区内的参与。社区参与传统知识保护具有几个方面的意义：有利于保护传统知识持有者权益；有利于实现传统知识就地保护；有利于实现传统知识整体保护；有利于增强传统知识的价值认同；有利于改变单一保护被动局面。社区参与应坚持自主原则、赋权原则、全面参与原则、以人为本原则、自始至终原则和法制化原则。社区参与传统知识保护的主要方式有几种：权益主张、项目建设、舆论宣传、教育培训和旅游发展等。

民族习惯法保护是社区参与式保护实践的一项重要内容。从传统知

①　世界知识产权组织：On Intellecyual Property And Genetic Resources, Traditioanl Knowledge And Folklore, Seventh Session Geneva（http：//www. wipo. int/edocs/mdocs/tk/en/wipo_ grtkf_ ic_ 7/wipo_ grtkf_ ic_ 7_ 7. pdf, 2009-03-29）。

②　杜瑞芳：《传统医药的知识产权保护》，人民法院出版社 2004 年版，第 81—82 页。

③　中国出版网·中国中药专利数据库（http：//cbbz. chi-napublish. com. cn/rdjj/szcb2/zjzp/200706/t20070602_ 25603. html, 2009-03-29）。

识的特点来看，传统知识往往是一种生产方式，更是一种生活方式。传统知识是在长期的生产和生活的习惯中形成的，民族习惯法既是传统知识的重要内容，又是民族传统知识的重要保护形式。通过民族习惯法对各成员生产和生活行为的规范与约束，产生成员传承生产方式和生活方式的动力，传统知识因此也得以传承和保护。同时，民族习惯法还提供了传统知识传承、交换与利用的法律机制，这种机制成为现代法律的有效补充，因而，国际社会把习惯法看作是传统知识保护的一种重要手段。

传统知识生态保护区建设是社区参与式保护的进一步延伸。传统知识的传承与保护离不开传统知识的社会文化与自然环境，许多传统知识具有地方性，与当地的社会文化与自然环境密切相关，因而，建立传统知识生态保护区是将传统知识保护从静态保护变为活态保护、从单一内容的保护变为系统性、整体性保护的有效措施。目前，我国已建立了10个国家级文化生态保护区，2010年5月，国家批准建立武陵山区（湘西）土家族苗族文化生态保护实验区。武陵山区（鄂西）文化生态保护实验区业已完成申报工作。武陵土家族传统知识可以依托这一文化生态保护实验区进行保护。土家族传统知识生态保护区可以采取多元化的模式，一是依托国家级及其他级别的文化生态保护区；二是依据传统知识的存量建立专门的传统知识的生态保护区，如在土家族织锦流传的地区建立织锦技艺生态保护区等；三是以典型乡土社区（村落）为中心，建立微型的传统知识生态保护区（村）。

（三）传统知识的法律保护

传统知识的法律保护是一项系统工程，学术界进行了大量的讨论，但多强调对传统知识进行知识产权法保护。事实上，传统知识的法律保护包括两个方面：一是关于传统知识保存与传承的法律保护，其重点是如何提供传统知识存续及后代人可持续使用的法律保障，并从法律上阻止对传统知识的破坏行为；二是传统知识的知识产权法保护。

土家族传统知识的法律保护涉及多个层次的法律、法规依据，主要有国际立法（主要是世界知识产权组织的相关立法实践）和国内立法，其中对土家族传统知识保护产生直接影响的是国内立法。国内立法又有中央立法和地方立法、专项立法和非专项立法之分。但现有的法律、法规均不是针对传统知识而设计的，因而，土家族传统知识要真正实现法律保护，一是期待国家在完善现有知识产权法律的基础上，制定一套针对传统知识的专门法律制度；二是期待修订《民族区域自治法》，增加少数民族传统知识保护的内容；三是完善土家族地区现有地方性法规，并加大制定对土家族传统知识进行系统法律保护的地方性法规的力度。

（四）建立协调与保障机制

1. 完善政策管理与监督机制

抓紧制定传统知识保护的相关政策，明确各成员单位的职责，强调部门之间的支持与合作，统一部署，分工负责，协调步伐，一致行动。加强地方政府和基层机构能力建设，提高政府部门决策层人员素质，培养大量优秀的基层管理人才。建立多形式、多层次的监督机制和监督机构，实行群众举报投诉、信访制度、听证制度、新闻舆论监督制度和公民监督制度等。建立适合市场经济的传统知识保护与持续利用政策体系，引导对传统知识进行有效保护和合理开发利用，以解决保护与开发的矛盾，实现传统知识的持久保护和可持续利用的"双赢"。对列入国家保护名录和国际公约保护名录的动植物种的贸易实行严格的市场管理。

2. 加大资金投入与筹措力度

多渠道筹集资金，建立稳定的投入机制。中央和地方政府要随着国家财力的增强，不断加大对传统知识保护的资金投入，尤其要重视基础能力建设的投入。各级人民政府要将传统知识保护纳入国民经济和社会发展规划，所需经费纳入同级财政预算。鼓励单位和个人参与传统知识的保护与可持续利用。同时，更多地争取社会资金和国际资助。

3. 强化宣传教育与保护意识

突出宣传国家相关法律法规，重点提高科研人员、出境人员和社区基层群众的遵法和守法意识，增强保护与持续利用传统知识自觉性。充分发挥主流媒体在宣传传统知识保护方面的作用，营造浓郁的保护氛围。加强基层机构的宣传教育设施建设，建立基层宣传教育专业队伍。加强青少年教育，在中、小学教材中增加传统知识保护的内容，培训青年学生志愿者宣传队伍，加强对基层群众的宣传教育。

4. 加强科学研究与推广应用

高校和科研机构要加强对传统知识的研究，重点开发保护与持续利用传统知识的各类技术。加强部门、机构和项目间的信息沟通和协调，避免重复和资源浪费。积极推广应用成熟的研究成果和技术，促进科学研究成果的交流和社会共享，让传统知识为社会发展服务，增强人民群众对传统知识价值的认同。同时，通过各种机制，培养大量科学技术人才以及相关专业技术人才。

5. 调动各方力量与公众参与

建立并逐步完善动员、引导、支持公众参与传统知识保护的有效机制，建立利益相关方共同参与的传统知识伙伴关系，调动社会各方力量，以多种方式参与传统知识保护。

第九章

土家族传统知识社区参与式保护

传统知识依托特定的族群社会或乡土社区而存在，为族群社会或乡土社区的全体或特定成员所持有或传承。社区参与是传统知识得以传承和保护的关键，只有广泛的社区参与，传统知识才具有勃勃生机。本章重点就土家族传统知识的社区参与式保护的相关问题进行进一步探讨。

第一节　社区参与式保护的内涵

社区参与被广泛应用于社区建设与管理、教育管理、自然遗产和文化遗产的保护与管理等领域。如何理解社区参与，以及如何理解传统知识社区参与式保护的内涵与意义，是我们进一步展开讨论的前提。

一　社区参与式保护的内涵

社区参与（Community Participation）最初是社会学的一个概念。早在 20 世纪 70 年代，联合国相关组织就提出公民参与问题。联合国大会在 1969 年发表的《社会进步与发展宣言》，指出公民参与是社会发展进程中不可或缺的部分。但直到 20 世纪 90 年代中期以后，社区参与的思想才引起关注。

波普（Poppe）将社区参与定义为在决策过程中人们自愿的民主的介入，包括：确定目标、制定发展政策、规划和实施发展计划、监测和评估；为发展努力作贡献；分享发展利益。① 斯凯赫（Skekher）认为，

---

① 蒋艳：《社区参与旅游发展具体操作分析》，《重庆工商大学学报》2003 年第 1 期。

社区参与意味着避免使用传统官僚方式的愿望，按照机构认为的最接近社区成员想法和他们所知道的对社区居民最好的方式。[①]

我国的社区参与始于 20 世纪 80 年代中期以后政府推行的社区建设。社区参与，是专指对社区范围内公共事务或过程的参与，即社区居民和组织以各种方式或手段直接或间接介入社区治理或社区发展的行为和过程。[②]

社区参与也有广义和狭义之分。徐永祥认为，广义的社区参与既是政府及非政府组织介入社区发展的过程、方式和手段，更是指社区居民参加社区发展计划、项目等各类公共事务与公益活动的行为及其过程，体现了居民对社区发展之责任的分担和对社区发展之成果的分享。狭义的社区参与仅指居民的参与实践，社区参与指社区居民成员自觉参与社区各种活动的过程。[③]

二　传统知识社区参与式保护的内涵

在自然遗产与文化遗产的保护与管理中，社区参与被看作是一种重要的保护与管理模式。对于少数民族传统知识保护而言，社区参与式保护，就是指族群社会或民族地区乡土社区居民和组织利用各种方式或手段控制和影响传统知识保护决策、实施的行为和过程。

从参与保护的主体来看，由于民族传统知识主要存续于族群社会或乡土社区，因而参与的主体主要是社区居民，其中核心成员是传统知识的持有者，还包括社区的各级各类组织，如寨老组织、特殊行会组织等；从参与保护的客体来看，是族群社会或乡土社区创造、传承和持有的全部传统知识；从参与的过程来看，社区参与式保护应该包括传统知识保护的全过程，既可以参与传统知识保护的项目制定与决策、项目的执行与监督，也可以参与到项目的效果评价与信息反馈，还可以参与到项目权益的分配与监管；从参与的方式来看，包括权益主张、项目建设、媒介宣传、教育培训和旅游发展等多种形式。随着社区参与的不断

---

① Cevat Tosun, *Limits to Community Participation in the Tourism Development Proeess in Developing Contries*, Tourism Management, 2000, pp. 613–633.

② 王时浩:《论社区参与》,《中国民政》2007 年第 1 期。

③ 徐永祥:《社区发展论》,华东理工大学出版社 2001 年版, 第 227 页。

深入，参与的方式也将不断增多。

第二节　社区参与式保护的意义

土家族传统知识的保护正如其他非物质文化遗产保护一样，要依靠政府的主导力量和现代法律的手段，但民间力量与习惯法也不容忽视，它可以成为政府力量的必要补充。特别是在政府力量难以深入的领域、地区，甚至政府力量在保护传统知识失灵的情况下，社区参与就能发挥其积极的作用。当然，社区参与也受制于一系列的影响因素，包括社区居民的文化自觉、维权意识，习惯法的效力以及是否具有合理的保护模式等。

传统知识根植于一定的社区，只有在社区的积极参与下，依靠全体或特定社区居民或组织来传承和发展，才能为传统知识提供有效的保护。因此，社区参与在传统知识保护中具有积极作用，是传统知识保护的重要途径。

一　有利于保护传统知识持有者权益

传统知识既是重要的经济资源，也是重要的文化资源、生态资源，具有多种价值。在一定条件下，可以将传统知识转化为经济资源，合理开发和利用其经济价值。特别是随着现代文化创意产业的发展，许多传统知识被转化为文化产业项目进行开发，从而创造出可观的经济效益，这可以给传统知识持有者和社区成员带来经济利益。国内外大量事实表明，保护和开发民族传统知识在经济发展中具有十分重要的作用。发达国家和一些发展中国家十分注重传统知识的保护、开发和利用。由传统知识带动的旅游业在整个国家经济中占有相当高的比重，一些国家的旅游业及其相关产业的收入成为这些国家的主要财政收入。

当下，土家族传统知识并未得到较好的利用与开发，部分传统知识被利用与开发，也多是借助于外来力量，社区参与不足，传统知识的持有者从中获得利益较少。动员社区参与，不仅有助于传统知识更全面地利用与开发，使传统知识真正转化为经济资源，而且有助于在传统知识的利用与开发过程中，传统知识持有者或社区民众知晓开发的收益状况，并积极地争取权益，分享开发所带来的利益。

二　有利于实现传统知识就地保护与整体保护

传统知识是一定乡土社区的知识，这种知识的地方性特点决定其就地保护与整体保护的主体是社区民众，而不是社区之外的政治力量、市场力量和其他社会组织。第一，传统知识是社区民众生产、生活实践的全部内容，离开社区民众参与实践，传统知识的保护只能是死态的保存；第二，社区是一定人口的社区，知识也是特定民众的知识，作为地域的社区、作为主体的人口与作为保护对象的传统知识形成密切的联系，只有社区民众的参与，才能使就地保护变成社区自觉的行动；第三，社区民众对传统知识的生存样态及自然、人文环境均十分熟悉，特别是对传统知识的内涵与功用相当了解，社区参与可以形成各方力量良性互动关系，有助于在保护中对传统知识进行整体认知与把握，避免因片面理解或误读等带来的保护不当等问题。

我们在调查中发现五峰土家族有"猪—肥—粮"传统养猪方式。以青草和粮食喂养为主，圈养和放养结合是当地土家族"猪—肥—粮"传统养猪方式的最大特点。针对不同的季节和不同的猪，青草、粮食和饲料喂养不同，放养和圈养方式亦不同。这种养猪方式产生的背景是由于当地具有丰富的青草来源，而粮食主要为玉米和土豆。每天往猪圈里投放青草，一部分青草被猪吃掉，一部分被猪踩烂，拌着猪粪堆在猪圈里，经过一段时间的腐烂便成为农家肥。"喂猪得两利，吃肉又肥地"、"猪多肥多，肥多粮多"等谚语，都是当地土家族关于养猪积肥的真实写照，这也是传统养猪业在当地得到长期发展的重要原因。这种传统的养猪方式是跟当地的生存环境紧密结合在一起的，要保护这种传统的养猪方式，必须有当地社区的参与，整体性地保留传统的农业种植和养殖环境，否则这种传统养殖知识就不可能得到保护。因此，我们说只要将这些文化事象还原到其原生地，对其产生、发展的环境进行整体保护，才能真正实现传统知识的整体性保护。这种还原只有在社区的参与下才能做得到，因为社区本身就是其环境的组成部分。

三　有利于增强社区对传统知识的价值认同

传统知识起初也许是由群体中的某个个体创造的，但其最终完成及发展不是靠单个个体成员的智慧与灵感，而是其所在的群体，甚至相关联的多个群体在长期的生产与生活活动中共同行为的结果，是一种集体行为过程。这种长期的过程便产生了"社会强加力"，具有凝聚群体智慧的原创性与族群身份的归属性作用。因而，传统知识对于社区群体维系其文化的内在一致性有着重要意义。保护传统知识就是保护了社区的文化认同，促进社区成员的归属感和认同感，增强社区的凝聚力。社区凝聚力的增强反过来又促进对本社区文化传统的认同，包括对本社区传统知识的价值认同。

四　有利于改变单一保护的被动局面

传统知识保护是整个社会的事，需要动员各方面力量，凝聚集体智慧。社区就是一个小社会，社区参与可以是社区内各类成员的参与，如居民个人、社区各级各类组织、驻社区单位的参与，也可以是社区外组织或个人深入到社区内的参与，如政府、各类社会团体、企业、公民个人到社区内的参与。社区参与传统知识保护可以调动各种力量，凝聚集体智慧，包括人力、物力、财力、科研、宣传等各方面的力量，参与对传统知识的保护，改变目前我国传统知识保护单纯依靠政府的单一保护的被动局面。

土家族地区以外的经验也说明社区参与对于传统知识保护的价值，值得借鉴。如浙江省青田县"稻鱼共生农业系统保护"是联合国粮农组织开展的"全球重要农业文化遗产保护系统"之一，参与式管理在此项研究中得到很好的运用，建立了全球、国家、地方和社区等不同水平上参与式管理模式。这些利益相关方包括：参与并提供支持的国际机构、参与并提供支持的国内机构、青田县政府及其领导的各个相关部门、企业和私人团体、社区。社区参与式管理在传统知识保护中的应用受到重视，并取得了较好的效果。类似的经验还表现在国内相关森林资源及保护区的管理上。

第三节　土家族传统知识社区参与式
保护存在的问题

由于受到特殊文化背景、民族习俗、政治结构、经济发展水平等因素的制约，土家族传统知识保护中社区参与并不普遍，面临着诸多问题。

一　社区参与主体缺乏正确价值认识，参与积极性较差

传统知识是其所在的民族群体甚至相关联的多个群体在长期的生产与生活中共同行为的结果，是一种集体行为过程。传统知识必须经由社区成员集体参与才能得到有效传承。但是传统知识往往是社区成员的传统的生产与生活方式，普通社区成员很难发挥其所持有的传统知识的智慧光芒，对社区传统知识的价值缺乏正确认识。因此，村落民众对传统知识保护的参与意识不强，积极性不高。

由于广大社区成员对本社区传统知识价值缺乏正确的认识，在传统知识保护上往往表现为学者和政府的"一头热"，广大社区成员缺乏足够的积极性。因此在社区参与中，社区管理机构和社区成员的地位是不平等的，多数参与事项都是由社区管理机构来组织，社区成员主动要求参与的很少。往往是社区管理机构感到有必要了，就召集全体或部分社区成员开会、布置、传达。即便是在成立了社区成员代表大会、社区协商议事会的社区，开会时间、讨论的主题也都是由社区管理机构决定。被动制度性参与造成的直接后果是社区成员参与率低、参与的层次不高。

二　社区参与的惠益分配机制尚未建立，参与动力不足

社区居民的参与在很大程度上是受自身利益的驱动，其目的是维护或促进自身利益。如果参与者认为参与活动有助于实现他们的目标，体现参与的价值，使他们得到实惠，那么他们会表现出极大的兴趣，积极参与其中。如果参与者感到参与活动与他们所关心的问题无关，也无助于解决他们所面临的实际问题，那么他们便会对参与活动表现漠然。国

外已有一些传统知识获取和权益分享实践，国内部分民族地区如贵州、云南等地也进行了一些尝试，但土家族地区在这方面的工作相对滞后，实践的社区不多，成功的案例则更少。在土家族地区，传统知识的获取和惠益分配制度尚未建立，传统知识持有者的权益尚未得到应有的重视，社区参与缺乏内在的驱动力。同时，参与传统知识保护的各方尚未形成明确规范的权利和义务规约，参与的权益缺乏足够的保障措施，社区参与传统知识保护和传承的工作十分薄弱。

三　传统知识持有者大量流失，参与后继乏人

随着改革开放和城市化的发展，土家族地区的农民，特别是青年农民大量进城务工，他们在城市中接受新观念、新事物、现代知识，往往把传统知识看作是落后、无用的东西，不愿学习，更不愿传承这些传统知识，这使得许多传统知识的传承出现了"断层"。同时，随着身怀绝技的老艺人、民间仪式专家的离世，许多宝贵的传统知识濒临灭绝。

四　社区参与的广度与深度有限，参与效果欠佳

传统知识内容十分庞杂，涉及社区的各个方面，传统知识保护更是一项复杂的系统工程。社区参与要贯穿决策、实施和利益分享等整个过程，缺一不可。社区居民参与到保护的全过程，吸收社区代表参与制定保护规划，规划方案应该充分反映社区居民意愿。只有这样才能赢得社区居民的支持，消除社区的消极或敌对情绪。由于目前我国社区参与机制不够完善，广大社区居民往往只能作为政府部门、组织机构或研究者聘请的劳动力，参与到一些简单的劳动工作中，没有真正地参与到传统知识保护的决策、执行、监督和效果评价等环节，社区参与的广度和深度都十分有限，参与效果欠佳。

第四节　社区参与式保护的基本原则

传统知识社区参与式保护必须遵循一些基本原则，这些原则是社区参与者的行动指南，对于有效进行传统知识保护具有重要作用。

一　充分自主原则

自主原则是社区参与的重要前提和保证，只有真正让社区自主，才能激发社区参与的热情和动力。自主原则强调，参与各方在分析传统知识保护中面临的问题、提出解决方案时，应充分听取社区居民的意见。政府和专家设计方案时，要充分考虑社区居民的具体权益，最终方案要经过全体社区居民的讨论和表决。比如说传统农业知识保护，必须充分听取和尊重当地农民的意见，要充分了解当地人是怎样看待这种农业生产、生活方式或传统农业技术的，它们在当地社区中起什么作用，具有什么地位。因为农民实际上并不关心传统农业知识的保护，他们只想发展经济，改善自己的生活。因此，如果没有农民的自主参与，就谈不上传统知识的有效保护。

近年来，随着现代农业弊端的不断凸显，传统农业知识的价值受到普遍重视，社会各界呼吁加强对传统农业知识的保护。然而，我们2008年暑期在湖北省五峰土家族自治县调查时发现，作为传统农业知识持有者的广大农民对传统农业知识的价值缺乏足够的认识和重视。在调查中我们听到最多的一句话就是："这有什么好保护的？种田没什么搞头！"农民追求的是经济效益最大化，快速地发展经济，改善贫穷落后的生活现状。因此，"必须首先提高相关民族及社群的意识，使其积极主动地参与到传统知识的保护与可持续利用活动中来"[1]。

二　积极赋权原则

所谓赋权即是赋予权力，使被赋权的人与群体获得决策权和行动权。它意味着被赋权的人有很大程度的自主权和独立性。赋权这一方式是增强社区居民对传统知识价值认识、提高保护水平的一种有效方式。积极赋权意味着社区居民既拥有一定的权利，也承担一定的义务。通过赋权将社区居民参与传统知识保护的权利和义务结合起来，实施"谁参与，谁有权，谁担责"的原则，参与的程度与权利的多少直接挂钩。

---

[1] 唐广良：《遗传资源、传统知识及民间文学艺术表达国际保护概述》，载郑成思《知识产权文丛》第8卷，中国方正出版社2002年版。

社区居民对与自身利益密切相关的社区传统知识保护决策有发言权，专家和领导应该支持社区居民在传统知识保护方面的决策权。

云南省生物多样性和传统知识研究会执行主任钱洁在谈到民族地区参与式研究时指出："我们作为一个协助者，协助他们找到问题、协助他们找到解决问题的方案，指出他们解决方案中的一些偏差，提醒他们该怎么注意，由他们自己来决定要怎么做，并在实施的过程中为他们提供资金和技术支持，保证他们能做下去。"①

三　全面参与原则

传统知识内容十分庞杂，涉及社区的各个方面，传统知识保护更是一项复杂的系统工程。社区参与要贯穿整个保护过程，包括决策、实施和利益分享等，缺一不可。社区居民参与到保护的全过程，吸收社区代表参与制定保护规划，规划方案应该充分反映社区居民意愿。只有这样才能赢得社区居民的支持，消除社区的消极或敌对情绪。

做基层工作的人员都有亲身经历：政府给予好的项目，可当地农民就是没有参与的意识或动力。结果许多人就感慨说农民太懒、太蠢，殊不知他们忽视了一个根本的问题，就是没有让农民全面参与进来。农民总觉得上面要求开展的项目是政府为了捞政绩而做出来给人看的，跟农民的切身利益没有关系，所以根本不可能全面参与到项目中来。传统知识保护同样如此，只有社区居民的全面参与，才能真正做到保护好传统知识。

许多生态保护项目的一般做法是：各级官员、研究专家和学者是项目决策者、管理者、执行者，社区民众只不过是他们聘请的劳动力。社区民众很容易把自己的劳动理解为换取工钱，因而工作起来存在应付和敷衍了事的心理，不会积极投入到工作中去，他们所掌握的本土的生态智慧和生态技能也无从发挥。社区参与要注重发掘和利用本土生态知识，强调重新认识、重视本土知识和生态技能在生态保护中的作用。因此，"社区参与生态恢复强调全过程的参与。参与不仅关注结果，更强

---

　　①　紫萍、赵芳：《参与式研究：民族地区发展中的有益尝试——访云南省生物多样性和传统知识研究会执行主任钱洁、项目官员尹仑》，《今日民族》2006 年第 9 期。

调过程，参与不仅仅是村民浅层的信息资料提供者，而且是在项目选择、发展计划、具体实施、成果分享、评估反馈的全过程。"[1]

四 合法规范原则

在社区参与传统知识保护过程中，只有使社区参与的目的、原则、实施途径和方式制度化、法律化和规范化，才能保证社区参与传统知识保护与合理利用的顺利、有效进行。贯彻社区参与制度化和法律化原则，参与各方的权利与义务应该得到明确的规定，建立结构合理的社区参与组织、严格的社区参与制度，制定完善、合理的社区参与总体规划、具体项目实施方案，向参与各方宣传参与传统知识保护与利用应该遵循的法律、法规和各项规章制度。我们认为，传统知识保护必须走"立法保护"之路。社区参与传统知识保护也必须坚持合法规范原则，只有这样才能保证参与各方的行为规范化，保证各方利益的最大化，保证保护取得应有的效果。

第五节　社区参与式保护的主要方式

依据参与的阶段、内容和目的等不同，可以有多种社区参与传统知识保护的方式。

一 权益主张

权益主张是指在传统知识保护过程中，社区可以作为一种权益实体，代表社区成员向社区外的传统知识使用者进行一定的权益诉求。由于传统知识是一种公有知识，除部分传统知识外，在很多时候不能确定其具体的创造者或保存者，在进行保护时便不能确定其获益者为某一个人或某一个组织。涉及这种社区性的传统知识的使用的权益即可以社区为单位进行权益主张。

当然，在实践中社区如何实现权益主张的功能尚在进一步探索之

---

① 王华：《喀斯特地区生态恢复与社区参与探讨》，《贵州农业科学》2009 年第 4 期。

中，作为一般权益实体与外来利益集团的谈判代表，社区可以发挥其应有的作用，但是否可以作为传统知识的知识产权主体尚需法理证明和实践检验。但无论如何，由社区主张权益应是社区参与传统知识保护的主要部分，也是最基本的方式之一。

二　项目建设

通过项目保护传统知识是目前一项行之有效的保护措施。社区参与传统知识保护项目建设，不仅可以对项目建设的社区影响进行有效评估，也可以对项目建设进行合理化建议。同时，社区参与是一个受教育的过程，社区居民参与项目的全过程，不但能逐步加深对传统知识在人类社会发展中不可替代作用的认识，而且还可以在专家指导下，将历史积累的感性认识上升为理性认识，从而提高社区居民自身素质，增强保护意识，促进传统知识保护。

当然，土家族传统知识保护的项目建设来源可以多元化。社区除参与外来机构的保护项目外，也可自立保护与开发项目。自立项目可以是专门项目如织锦开发与保护项目、药用植物与生态保护项目、文化旅游开发项目等，也可以是综合项目。通过项目建设，推进实现传统知识保护的阶段性目标。

三　教育培训

社区教育培训是社区参与传统知识保护的重要途径。教育培训体现在两个方面，一方面，来自社区内部的传统知识的传承教育。传统知识是社区居民长期的生产、生活的实践经验总结，大多通过言传身教获取。近年来，传统知识的传承出现了"断层"。要实现传统知识的保护，必须要对年轻一代进行言传身教和技能培训，才能将社区传统知识不断传承发展下去。如果没有社区教育培训，随着年纪较大的传统知识持有者的离世，社区传统知识将会随之消失。通过广泛的社区参与，调动广大年轻社区居民参与社区传统知识的学习和应用，便可促进传统知识的传承与发展。当然，传统知识的教育也可利用形式化的教育方式，在现代学校中编写传统知识教本，对青少年进行教育。

另一个方面，来自社区外的各级组织和专家的教育培训。通过各级政府、组织机构和专家学者在社区开展多种形式的课程培训，提高广大社区居民对传统知识保护的认识和理解，掌握保护的特殊方式与技术。

四 机制培育

要实现传统知识保护的社区参与，必须培育良好的参与机制，包括激励机制、创新机制、市场机制等。

激励机制固然可以来自社区之外的政府、企业、民间组织的力量建构，但其基础是社区内部的培育。社区依据法律法规、价值取向和文化环境等，从物质、精神等方面激发和鼓励社区民众积极参与传统知识的保护，使传统知识保护成为社区民众的自觉行动。

创新机制是社区参与传统知识保护的动力机制。传统知识在发展过程中除了传承机制外，最主要的是创新机制。在传统知识保护中，社区可主要理解为保护模式的创新，保护模式不能被动地依靠外来的输入和自上而下的安排，而应该依据各社区传统知识自身的实际与特点进行保护方式的创新。

市场机制主要是针对传统知识及与传统知识相关的遗传资源的开发与利用而言的。在传统知识的开发与利用中，特别是社区内外的传统知识的交换中，传统社会的概化交换原则将失去效用，必须依据新的交换规则，即要求培育市场机制。市场机制是传统知识利用中社区及其民众分享惠益的基础，是传统知识的知识产权法保护的前提。

五 习惯法应用

土家族村落社会具有丰富的调节人与自然、人与人之间关系的习惯法。习惯法是社区民众的行为规范体系，不仅是传统知识的重要内容，而且在传统知识的传承、传播和保护中发挥着重要的作用。传统知识的保护需要现代法律制度的支持，但这种法律救济行为不能解决传统知识保护的所有问题。在社区参与式保护中，习惯法以社区民众所熟知的形式，更能发挥其作用。

第十章

土家族传统知识的
知识产权法保护

　　法学界一个普遍观点是，在现代知识产权制度内部引申出一套法律制度，以保护传统知识的知识产权。我们认为，利用现行的具有"私权"特征的知识产权制度只能保护传统知识的某些方面，保护所有形式的具有"公权"特征的传统知识显然是行不通的。要实现少数民族传统知识的知识产权法保护，基础性与紧迫性的工作，一是在国家层面，对现有的知识产权法规进行完善与创新，以提高其保护传统知识的效力，并为设计一套针对传统知识的知识产权专门法律制度奠定基础；二是各少数民族地区，特别是民族区域自治地方要根据各地的实际，加强普法教育，提高少数民族知识产权保护意识，同时制定地方性的法规，对当地少数民族传统知识提供具体的法律保护。

第一节　知识产权法与少数民族传统知识保护

　　少数民族传统知识的法律保护应当是一个综合的体系：既包括公法内容也包含私法内容；既囊括实体方面也涵盖程序方面。本课题重点研究知识产权法对少数民族传统知识提供保护的合理性、可能性和途径选择。

一　知识产权法保护少数民族传统知识的合理性分析

（一）知识产权法是少数民族传统知识保护的政策性选择

　　是否保护知识产权，对哪些知识赋予知识产权以及以何种水平保护知识产权，是一个国家根据现实发展状况和未来发展需要而做出的公共性政策安排。从这种意义上说，知识产权制度是政府公共政策的重要组成部分。① 任何公共政策的制定和实施都是为了实现某种目标，就知识产权政策而言，不同国家在不同历史时期有不同的目标追求。一国的知识产权政策是随着本国社会经济条件的变化而变化的。经济输出型和经济输入型国家的政策必然不会相同，经济输入型国家也会因为优势领域发展重点的不同而有所区别。

中国各民族传统知识资源丰富，应当积极谋求该领域内的制度突破和发展。值得欣慰的是，知识产权制度的政策工具作用已经在国家高层引起重视。国务院 2008 年颁布的《国家知识产权战略纲要》第四部分"专项任务"中明确提出了与少数民族传统知识保护有关的几方面任务，包括构建合理的遗传资源获取与利益分享机制，保障遗传资源提供者知情同意权；完善传统医药知识产权管理、保护和利用协调机制，加强对传统工艺的保护、开发和利用；建立民间文艺保存人与后续创作人之间合理分享利益的机制，维护相关个人、群体的合法权益等。② 我们有理由相信，在实施国家知识产权战略的大背景下，少数民族传统知识的保护将会成为我国知识产权政策持续关注的重点之一。

（二）知识产权法与少数民族传统知识保护的价值性暗合

简单地说，知识产权制度是对人们的智慧创造物（包括商业标记）提供产权保护的法律制度。从"现代"和"创新"的角度来说，传统知识与知识产权制度并无交集。但近 50 年来，国际社会开始将两者联系起来考虑。究其原因主要有两点：第一，传统知识与知识产权权利客体具有同质性。两者同为人类智力活动的成果，都具有非物质性、公共性、传承性等特点，并且在某种程度上都能够商品化。这种同质性很容易让人们考虑将传统知识纳入知识产权法的保护范畴。第二，传统知识保护受到知识产权制度的掣肘。虽然二者具有同质性，但是传统知识普遍缺乏一般知识产权所要求的客体新颖性、主体确定性等特征，相当部分传统知识在现有的知识产权制度内不能得到直接保护。但是，他人却可以利用不受保护的传统知识申请专利、获得版权等，进而制约族群社

---

① 吴汉东：《利弊之间：知识产权制度的政策科学分析》，《法商研究》2006 年第 5 期。
② 国家知识产权战略纲要（http：//www. sipo. gov. /sipo2008/yw/2008/200806/t20080610-406106. html）。

会与乡土社区的利益。这种不合理现象引发人们的反思，并成为《保护生物多样性公约》等国际规范文件的起草动因。如果我们摆脱由来已久的"新颖性"、"首创性"桎梏而站在人权的高度审视上述两种具有同质性的知识产品，就可以发现以知识产权法来保护传统知识是符合知识产权法的根本立法价值的。从《美洲人类权利和义务宣言》到《世界人权宣言》，主要国际人权公约都赋予了知识产权的人权意义：创造者由于投入了创造性的智力劳动因而对其智力成果享有独占权，这既是知识产权私权属性的体现，也是知识产权人权意义的一个方面。另一方面，社会公众应在一定的范围内享有获取、利用这些智力成果并从中受益的权利，这也是知识产权人权性的题中之义。① 智慧创作物的传承性特点决定了任何创新都必须借鉴和吸收已有的智力成果。故在私人垄断与公众信息自由之间必须维持一种动态的利益平衡。传统知识的持有者在繁衍生命的同时孕育了与现代知识迥然不同的技术、经验、艺术形式乃至生活方式。普遍的人权观要求不论哪一种族、民族，都应当对其智力成果给予平等保护。

二 少数民族传统知识的知识产权法保护本质

权利总是与一定的利益相联系，传统知识的法律保护实际上就是以法律来明确少数民族传统知识上存在的利益关系。与以往的论述不同，本书在少数民族传统知识之上设定两种利益：其一为存量利益，即直接存在于该传统知识之上、不发生任何增加的利益。其二为增量利益，即对该传统知识进行利用、创新，从而在原有利益基础上增加的利益。②

如果不对传统知识进行任何的创新，只为了留存它的现有样态，则涉及的是传统知识的存量利益保护问题。少数民族的很多传统知识与客观的生产和生活方式息息相关，当人们选择某种生产方式和生活方式而

---

① 吴汉东：《知识产权的私权与人权属性——以〈知识产权协议〉与〈世界人权公约〉为对象》，《法学研究》2003 年第 3 期。

② 陈乃新：《经济法是增量利益生产和分配法——对经济法本质的另一种理解》，《法商研究》2000 年第 2 期。

放弃另外一种时，与后一种方式相协调的知识样态就会遭遇自然淘汰，这是历史的必然。我们在调研中发现湘西土家族的传统服饰已经很难在其年轻一代的身上寻觅踪影，与之相随的是民间纺织、刺绣、挑花、剪纸技艺的衰落。同样，由于生态的日益恶化，与生态有关的知识，包括生物多样性的知识也在加速消失。为了保护文化的多样性，为了使那些体现了较高艺术水准的知识、技艺不至消失，需要通过将传统知识文献化、建立传承人保护制度、设置传统文化生态保护区等行政手段实现保存和维护的目的。这种保存和维护就是少数民族传统知识的存量式立法保护模式。如果我们鼓励人们在传承现有传统知识的基础上进行利用和创新，则可以生产出多于现有知识的新的知识产品，这样，在已有的传统知识利益之上就产生了增量利益。传统知识具有相对稳定性，但并非一成不变，更不乏创新。我们在田野中发现，土家族农民在借用现代农业科学技术时，始终有自己的创新，这表现在间种、施肥等许多方面（参见前文的相关内容）。当今世界，鼓励和保护知识创新的法律主要是知识产权法。如果传统知识利益之上所形成的增量利益符合其保护标准，则能够直接纳入知识产权法的保护范围，这是传统知识增量保护的第一层含义。另一方面，少数民族传统知识权利主体应当有权禁止他人擅自和任意利用某种传统知识进行再创作或者发明改进。从上述意义来理解，以知识产权法来保护少数民族传统知识，其本质就在于确认传统知识利益之上的增量利益的归属，从而平衡增量利益产生过程中各方利益关系。

三　传统知识保护的立法实践

国内外对传统知识的保护已经历了数十年的立法实践，这些立法在一定程度上实现了对传统知识的法律保护。

（一）国际立法

国际组织为保护传统知识所做的立法努力大多针对非西方社会的发展中国家，虽非专门针对我国包括土家族在内的少数民族，但可以作为我国少数民族传统知识保护的重要国际法依据。①世界知识产权组织为保护传统知识进行的探索。世界知识产权组织（WIPO）管理下的《保护文学艺术作品伯尔尼公约》（1971 年巴黎文本）最早提出了对于民间文学艺术作品的保护问题。该公约将民间文学艺术表达作为"不知作者的作品"的一种特例来处理，其目的在于反映发展中国家的法律要求，同时又使大多数成员国特别是发达国家能够接受。① 1976 年，WIPO 和联合国教科文组织为发展中国家制定了《突尼斯示范版权法》，其中专门规定了关于本国民间创作的作品保护条款，1982 年又正式通过《示范条款》。这部法律影响了许多非洲国家，他们相继通过本国版权法建立起民间文学艺术的保护机制以及区域性的国际保护协定，如1977 年非洲知识产权组织《班吉协定》。②联合国环境与发展大会《生物多样性公约》。1992 年《生物多样性公约》（CBD）确立了遗传资源主权、获取和利用遗传资源的事先知情同意、利益分享等几个重要原则和制度。所谓事前知情同意是指资源获取方在获取遗传资源前须经提供资源的缔约国事先知情同意。所谓利益分享，是指对传统知识及生物遗传资源商业化利用所获得的利益应当由提供资源的缔约国和有关的传统社区分享，研发方应当缴纳使用费。正如有学者指出的那样，CBD 开创的涉及有关传统知识利用的事先知情同意、利益分享等制度代表了目前国际范围内遗传资源及其有关传统知识保护的最高水平，并且在有关国家得到了实在法的保护。但是，由于缺乏解决具体争端的程序规则，缺乏利益分享的强制性法律条文，族群社会和乡土社区的利益受到忽视，以及生物多样性涉及传统知识范围的有限性等，CBD 对于"传统部族的传统知识利益实现得很不充分"②。

（二）我国涉及少数民族传统知识的主要立法

国内立法又有中央立法和地方立法、专项立法和非专项立法之分。中央立法既包括知识产权单行法中针对传统知识的特殊规定，也包括专门的传统知识立法；地方立法则主要规范本行政区域内的传统知识保存、开发和利用问题，多属于专项立法。

1. 知识产权单行法中的相关规定

《著作权法》第 6 条规定，民间文学艺术作品的著作权保护办法由国务院另行规定。这是该法中涉及传统知识的唯一规定。这表明：第

---

① 曹新明：《知识产权法学》，中国人民大学出版社 2008 年版，第 48 页。
② 严永和：《传统知识的知识产权保护》，法律出版社 2006 年版，第 114 页。

一，民间文学艺术作品属于著作权法保护的客体范围。第二，该客体有不同于本法其他作品的特性，需要特别规范。时至今日，国务院没有出台相关的保护办法。《商标法》第 16 条将地理标志纳入其调整范围。所谓地理标志是指某一种商品的特定质量、信誉或者其他特征，主要由该地区的自然因素或者人文因素所决定的标志。这是一项与传统知识密切相关的商标权客体。少数民族在生产和制造某一种产品的时候很可能运用到特有的知识、经验、技艺和方法，从而形成该产品的独特地缘特征，这样，通过地理标志的申请就可以间接保护其中体现的民族传统知识。2008 年修订的《专利法》第 5 条第 2 款规定：对违反法律、行政法规的规定获取或者利用遗传资源，并依赖该遗传资源完成的发明创造，不授予专利权；第 26 条第 5 款规定：依赖遗传资源完成的发明创造，申请人应当在专利申请文件中说明该遗传资源的直接来源和原始来源；申请人无法说明原始来源的，应当陈述理由。这表明中国的立法部门已经认识到遗传资源保护的重要性，并建立了专利申请程序中有关遗传资源的信息披露制度，但是遗传资源的权利归属、相关主体的利益分享等重要问题均未涉及。

2. 传统知识保护专项立法

国务院 1997 年颁布了《传统工艺美术保护条例》（以下简称《条例》），仅涉及传统知识的一个种类，属于前文所述传统知识外延中的手工技艺。根据《条例》，国家对传统工艺美术品种和技艺实行认定制度，经国务院主管部门评审认定的传统工艺美术可以获得诸如搜集、整理、建档、保密、获得资助等保护措施。[1] 20 世纪 90 年代颁布的这部行政法规具有里程碑式的意义，几乎成为后来此类地方立法的范本：第一，它确立的政府主导、社会参与模式为后来的地方立法所效仿。第二，它建立了经认定后的传统工艺美术分级保护制度。第三，它创立了传承人保护制度。当然，《条例》没有赋予传统知识生产者权利主体地位并创设相关权利，而这一遗憾延续至今。

---

① 参见《传统工艺美术保护条例》第 5、6、9、10、11、12、13 条（http：//www.gov.cn/banshi/2005-08/21/content_ 25113. htm）。

3. 民族自治地方的传统知识保护立法

近年来随着各地对于民族民间传统知识日益重视，很多民族自治地方相继出台了相关的民族民间传统文化和非物质文化遗产保护条例等单行法规。这些地方立法规定大同小异，保护措施集中于传统文化建档（数据库）、制作名录实行分级保护、建立传承人保护制度以及合理的开发和利用文化产品等措施。不足也是显而易见的，保护措施基本以整理、认定、保存的行政措施为主，政策性有余而操作性不足。更为重要的是，这些地方立法没有试图在本民族传统知识之上设置某种私有权利（或者说少数民族传统知识的权利主体缺位），因而未能很好地与现行知识产权法律制度相衔接。①

四　完善少数民族传统知识的知识产权立法保护建议

（一）完善著作权和相关权利

1. 著作权法保护的传统知识范畴

如前文所述，作为传统知识下位概念的民间文学艺术表达在《伯尔尼公约》中可以作为匿名作品受到保护，而我国《著作权法》中的民间文学艺术作品概念并不明确。我们建议在制定民间文学艺术作品的保护条例时可以借鉴国家非物质文化遗产名录制度，将民间文学作品、民间音乐作品、民间舞蹈作品、民间美术作品、传统手工技艺作品等作品形式囊括进去。

2. 民间文学艺术作品的原创性要求

为民间文学艺术作品提供类似著作权法的知识产权保护时，不应要求其具有像一般作品那么高的"独创性"，只要其确系某一族群社会或乡土社区创作或保有即足够。即此类作品受保护的条件应当是其"可识别性"，能确定其来源于某一地区某一族群。②

---

① 就我们查阅的一些地方立法而言，仅在《北川羌族自治县非物质文化遗产保护条例》第8条和《宁夏回族自治区非物质文化遗产保护条例》第22条有"非物质文化遗产的知识产权受相关法律法规保护"、"非物质文化遗产具有的知识产权受知识产权法律、法规保护"的原则性规定。

② 管育鹰：《知识产权视野中的民间文艺保护》，法律出版社2006年版，第190页。

3. 民间文学艺术作品的权利主体

已有的实践主要涉及三类主体：第一类是少数民族所在地人民政府。在"乌苏里船歌著作权纠纷案"中，法院认定了黑龙江省饶河县四排赫哲族乡人民政府的诉讼主体资格。① 第二种是传统资源共管会②、社区合作管理委员会③等类似组织。这些组织通过与族外的传统知识使用者签订合同来明确诸如事前的同意和事后的利益分享等事项，以维护社区集体利益。④ 第三类主体是个人，且多为传统技艺的传承人。在"白秀娥剪纸著作权纠纷案"中，法院最终认定白秀娥作为个人不能对传统知识主张集体权利。因为年代久远，民间文学艺术作品往往难以确定原始作者。在长期的流传过程中，经过后世的不断加工，创作者的个性特征被淡化甚至不复存在，逐渐演变为某一地区或某一民族的群体作品。我们认为，较为适宜的做法是在法律上承认某一民间文学艺术的来源群体（如某个族群社会或乡土社区）的主体地位；考虑到可操作性问题，行使权利的主体应为当地政府组织。⑤ 同时，不宜排除特定族群社会或乡土社区的社会服务组织对本族群或本社区内的民间文学艺术作品行使著作权，其著作权的行使有待立法的规范。传承人可以就其在传统要素基础上再创作的成果主张著作权保护，类似于著作权法中的演绎著作权人，这是少数民族民间文艺知识产权法保护的重要方面。

4. 民间文学艺术作品的著作权内容

民间文学艺术作品的著作权也分为精神权利和财产权利两方面。著作人身权宜规定为署名权和保护作品完整权。如在"乌苏里船歌著作

---

① 高志海、冯刚：《赫哲人最终赢得〈乌苏里船歌〉著作权》（http：//www. chinacourt. org/html/article/200312/22/96126. shtml）。

② 龙文、艾怀森：《新庄村传统造纸》，载国际行动援助中国办公室编《保护创新的源泉——中国西南地区传统知识保护现状调研社区行动案例集》，中国知识产权出版社 2007 年版，第 191 页。

③ 杨从明、徐海：《社区合作管理会在森林资源管理中的作用——贵州省台江县汪江村案例研究》，《林业与社会》2004 年第 3 期。

④ 龙文、艾怀森：《新庄村传统造纸》，载国际行动援助中国办公室编《保护创新的源泉——中国西南地区传统知识保护现状调研社区行动案例集》，中国知识产权出版社 2007 年版，第 191 页。

⑤ 王瑞龙：《民间文学艺术作品著作权保护的制度设计》，《中南民族大学学报》2004 年第 5 期。

权纠纷案"中，法院要求在歌曲中标明"根据赫哲族曲调改编"，即是署名权的体现。著作财产权则主要是对民间文艺作品的利用权以及获得报酬权。

（二）完善商标权和地理标志权

1. 鼓励商标注册行为

相当一部分的少数民族传统知识可以被商品化，生产者完全可以在这些商品上申请注册商标，从而获得商标法保护。这样做的好处在于使传统知识产品的生产者排除竞争者"搭便车"的行为，从而获得更高的识别性和认知度；一旦该商标具备了知名度，还可禁止商品包装和装潢的模仿甚至要求跨类保护。但现实中，很多少数民族地区的生产者或者因为不了解商标法，或者因为财力欠缺忽视了商标注册。地方立法应当体现出鼓励注册的倾向，为此类商标注册行为提供扶持，如宣传商标注册的优势、鼓励传承人注册商标、为成功注册商标的企业和个人提供切实的资金和物质补贴等。

2. 增加商标不当注册的情形

《商标法》第10条规定：带有民族歧视性的标志不得作为商标使用。除此以外，《商标法》主要是从商标本身的显著性出发来规定商标的禁用条件。事实上，如果某种商标可能会侵犯族群社会或乡土社区的某些部分或者它虚假地表示出这种标记和族群或当地社区之间的联系，也应当为商标法所禁止。例如在新西兰，如果商标的使用或注册可能对包括毛利人在内的社区的显著部分造成侵犯，商标授予人可以拒绝注册商标。[①] 我们建议增加商标不当注册情形，可以仿照上述新西兰法律的表述，"如果商标的使用或注册可能对民族社区的传统知识造成侵犯，不予注册并禁止使用"。至于"传统知识"的解释以及"造成侵犯"的情形可以在相关司法解释中进一步明确，但应当保持法律体系内的一致性。

3. 加强地理标志的保护

地理标志在国际上被公认为是一项有效的传统知识的知识产权法律

---

① Coenraad J. Visser：《知识产权法要为传统知识服务》，载［美］芬格、舒勒编著《穷人的知识：改善发展中国家的知识产权》，全先银、樊云慧、田芙蓉译，中国财政经济出版社2004年版，第152页。

保护制度。从《巴黎公约》到《保护原产地名称和其国际注册的里斯本协定》，再到 TRIPs 协议都有所涉及。这种保护来源于两个方面：本民族（社区）的地理标志保护和禁止虚假的地理标志。可以直接申请地理标志保护的少数民族传统知识产品包括但不限于道地药材、民族土特产及民族手工艺制品。

（三）完善专利权

1. 明确传统知识的公开构成专利新颖性的阻却

作为少数民族传统知识的持有者，其进入工业产权制度并获得专利授权的可能性并非没有。比如土家族药匠所掌握的"奇方妙药"，当中即有独到的有待开发的具有医药价值的传统处方。但专利的研发申请需要大量的时间和花费；更深层次的原因是，由于当地社区长期以来的公开使用破坏了发明的新颖性，因而，直接申请专利在少数民族传统知识的保护上可能性并不大。以相反的视角看待传统知识的公开（包括口头公开、使用公开和出版物公开），恰恰能够阻止外族盗用传统知识的专利申请行为。在这方面，国际上已有很多的案例，如姜黄的专利无效案。一旦能够证明某项传统知识构成专利法上的现有技术，他人就无法获得专利授权；虽然无法为少数民族群体带来直接的增量利益，但可以有效地阻止诸如"生物海盗"行为。建议专利法增加发明新颖性的规定，即不得构成传统知识当中的技术方案。

2. 增设事先知情同意权

传统知识一般在本族群或本社区内已经传播，具有一定的公知性。但这种公开与现行知识产权法上的公开不能简单画等号，传统知识不能当然地界定为公共领域的知识从而视为共有财产。因为如果允许外族人员任意、无偿地利用这些传统知识，会造成极大的不公平，不利于原本就不发达的少数民族地区经济和社会的发展；另一方面，外族对传统知识的利用有可能破坏当地环境及生物多样性，因而应赋予少数民族事先知情同意权。专利法应当规定，以缺乏预先知情同意为由撤销专利的申请人，能够证明发明创造使用了或来自于其地域内发现的传统知识时，就认为被授予专利的人未经相关民族或当地社区的预先知情同意而使用了这种知识。此外，当专利申请所涉及的发明对少数民族社区有特定的文化和精神意义，或者这种申请有可能被认为侵犯少数民族文化时，国家应拒绝该专利申请。①

3. 原则规定利益共享权

"传统知识每次被加工后出卖，价值就增加了，所以变得越来越贵。然而出售原材料的人只能得到成品销售者所获得的价钱的一小部分，特别是这种产品从来源到最终的购买者经过多次的买卖之后。"②考虑到外族对传统知识进行利用从而可能得到超额的利润，专利法应当规定利用遗传资源或者其他传统知识做出的发明创造应当与这些传统知识来源的权利主体有一定的利益分享，但分享的份额、形式可交由双方共同协商，因此是一种原则性的规定。

第二节　土家族传统知识知识产权保护面临的问题与对策

武陵地区土家族传统知识的知识产权保护问题既有少数民族地区的共性特征，也有自己的个性特征。从总体上看，土家族传统知识的知识产权保护尽管已开展了一些实践，但还处于起步阶段，面临着诸多问题。

一　土家族地区公民知识产权保护意识

民族地区公民知识产权保护意识状况可以为民族地区制定有关知识产权保护，特别是传统知识的知识产权保护的战略、制度提供现实基础和立法参考；为政府如何更好地宣传知识产权法提供思路。保护意识的高低关系到知识产权执法和司法保护的效果；关系到公民能否自觉遵守知识产权法律，是否懂得利用法律武器维护自己合法的知识产权权益。那么，武陵土家族地区公民知识产权保护意识如何呢？为此，我们在湘西土家族苗族自治州进行了公民知识产权保护意识的调查，调查主要采取走访、随机发放问卷两种方式。共发放问卷 220 份，回收问卷 220 份，有效问卷 219 份，回收率 100%，有效率 99.5%。

---

① ［美］达里尔·A. 波塞、格雷厄姆·村特费尔德：《超越知识产权——为原住民和当地社区争取传统资源权利》，许建初等译，云南科技出版社 2003 年版，第 163 页。

② 同上书，第 164 页。

（一）基本情况概述

在问卷设计上，我们将被调查者的基本情况分为年龄、学历、职业、月收入、民族等五类，共设置了 17 个问题，主要涉及人们对知识产权概念的认识，对知识产权制度重要性的认识，对专利和商标保护的认识，对政府在知识产权保护中作用的认识以及人们购买盗版、仿冒商品行为的状况等几个方面。按年龄统计的有效问卷为 218 份（1 人未填）：其中 15 岁及以下 2 人，占 0.92%；16—18 岁 20 人，占 9.17%；19—29 岁 82 人，占 37.62%；30—39 岁 48 人，占 22.02%；40—49 岁 46 人，占 21.10%；50—59 岁 17 人，占 7.80%；60 岁以上 3 人，占 1.38%。按学历统计的有效问卷为 218 份（1 人未填）：其中初中及以下学历 24 人，占 11.02%；高中、中专和中技学历 69 人，占 31.65%；专科学历 60 人，占 27.52%；本科学历 58 人，占 26.61%；研究生及以上学历 7 人，占 3.21%。按职业统计的有效问卷为 215 份（4 人未填）：其中国家公务员 34 人，占 15.81%；教师 11 人，占 5.12%；学生 34 人，占 15.81%；公司企业管理人员 18 人，占 8.37%；专职研发人员 4 人，占 1.86%；工人 10 人，占 4.65%；农民 8 人，占 3.72%；法律工作者 12 人，占 5.58%；自由职业者 42 人，占 19.54%；其他职业 42 人，占 19.54%。按月收入统计的有效问卷为 213 份（6 人未填）：其中 500 元以下 27 人，占 12.68%；500—800 元（含 800 元）36 人，占 16.90%；801—1000 元（含 1000 元）30 人，占 14.08%；1001—1500 元（含 1500 元）75 人，占 35.21%；1501—2000 元（含 2000 元）35 人，占 16.43%；2000 元以上 10 人，占 4.69%。按民族统计的有效问卷为 218 份（1 人未填）：其中土家族和苗族共 135 人，占 61.93%；汉族 73 人，占 33.49%；其他民族 10 人，占 0.46%。

（二）调查结果分析

1. 武陵土家族地区公民对知识产权概念的认识

从总体上看，被调查对象中，5% 的人对知识产权的概念相当了解，60.6% 的人有些了解，26.1% 的人听说过，只有 8.3% 的人不知道这个概念。但不同年龄段、不同学历、不同职业的人对知识产权认识的程度和途径存在较大差异。

（1）对知识产权认识的年龄差异。15 岁及以下和 16—18 岁的被调查者中，不知道知识产权的人的比例最高，分别达到 50% 和 20%，可见未成年人对知识产权还缺乏了解；在 19—29 岁、30—39 岁、40—49 岁和 50—59 岁这四个年龄段的被调查者中，对知识产权"有些了解"和"听说过"的人的比例总和均超过 80%，其中，前者的比例均超过 50%，且呈逐渐增大的趋势。可见，大部分青年人和中年人对知识产权概念有一定的认识。

（2）对知识产权认识的学历差异。调查对象中，专科以上学历的人对知识产权都有一定的了解，且学历越高，对知识产权相当了解的人的比例越大；而高中、中专、中技、初中及以下学历的人中有相当一部分对知识产权一无所知，且学历越低，不知道的人所占比例越大。

（3）对知识产权认识的职业差异。调查对象中，农民对知识产权了解的程度最低，半数的人只是听说过，且有超过 30% 的农民不知道知识产权这个概念。其他职业的人对知识产权概念"有些了解"和"相当了解"的比例总和均超过 60%，所有被调查的专职研发人员都对知识产权有些了解。国家公务员中对知识产权"有些了解"的人的比例高达 91.2%，法律工作者中对知识产权"相当了解"的人的比例最高。

2. 武陵土家族地区公民对知识产权制度重要性的认识

从总体上看，被调查对象中，超过 70% 的人认为知识产权制度对民族地区有必要，超过 80% 的人认为加强知识产权保护有利于民族地区经济的发展。不论是土家族、苗族、汉族还是其他民族，对知识产权制度的重要性都有一定的认识，在对知识产权的认识上，他们之间没有明显的差别。不同职业的人中，所有的专职研发人员和法律工作者认为知识产权制度对民族地区经济的发展有必要；90% 以上的国家公务员和教师认为有必要；工人、农民、公司企业管理人员、自由职业者中也有超过 70% 的人认为有必要；学生和农民当中有超过 20% 的人认为知识产权制度只对从事创作、研究工作的人有必要，对一般公众并无必要。

3. 武陵土家族地区公民对专利和商标保护的认识

被调查者中，60% 以上的人知道选择申请专利来保护自己的发明创造；在公司生产或销售产品时，60% 以上的人选择既使用又注册商标的方法来保护自己的品牌。

（1）对专利和商标保护认识的年龄差异。通过对被调查者回答的结果分析显示：各年龄段的人都主要选择申请专利来保护自己的发明创造成果。16—18岁的被调查者中，75%的人选择申请专利，且这一比例是最高的；其次是19—29岁、30—39岁和40—49岁三个年龄段，均有超过60%的被调查者选择申请专利；而在50—59岁和60岁以上的被调查者中，选择申请专利的比例只占1/3左右，有的选择采取保密措施或直接与厂家合作的方式。从16—18岁往上，随着年龄的增大，选择采取保密措施来保护发明创造成果的人的比例越来越大。16—18岁、19—29岁、30—39岁、40—49岁的被调查者中均有超过65%的人选择"既使用又注册商标"的方式，50—59岁的被调查者中也有将近60%的人选择这一方式；所有的15岁以下的被调查者选择"使用但不注册商标"的方式，16—18岁、40—49岁和50—59岁的被调查者中均有超过10%的人选择这一方式；所有60岁以上的被调查者选择"不使用，但效益好了会考虑使用"，16—18岁、19—29岁、30—39岁和50—59岁的被调查者中均有超过15%的人选择这一方式。

（2）对专利和商标保护认识的学历差异。通过对回答的结果分析发现：高中、中专、中技及其以上学历的被调查者中均有超过60%的人选择申请专利来保护发明创造成果，而初中及以下学历的人中只有16.7%选择申请专利。随着学历的提高，这一比例总体上逐渐增大，尤其是本科比专科要高出近20个百分点；初中及以下学历的被调查者中，有20.8%的人选择"直接联系厂家进行合作"的方式，41.6%的人选择其他方式。高中、中专、中技及其以上学历的被调查者中超过60%的人选择"既使用又注册商标"，高中、中专、中技和专科中这一比例基本相同，本科比前两者在这一比例上要高出近20个百分点，比研究生及以上高出近10个百分点；初中及以下学历的被调查者中，有20.8%的人选择"不使用"商标的方式，研究生及以上学历的被调查者中也有14.3%的人选择这一方式。

4. 武陵土家族地区公民对知识产权受侵犯后救济途径的选择

（1）不同年龄段的人的选择。通过分析发现：在16—18岁中，80%的被调查者选择起诉，而选择不起诉的主要原因是诉讼程序太复杂；在19—29岁、30—39岁和40—49岁中，超过60%的被调查选择起诉，30—39 岁中比例最高，达到 83.3%，而选择不起诉的原因则各不相同，在考虑诉讼程序复杂的同时，还考虑诉讼成本过高和即使胜诉也无法弥补损失等原因。可见，尽管大部分人在知识产权受到侵犯后，会选择向法院起诉这一救济途径，但是总体来说，随着年龄的增长，当有些人选择不起诉时，他们所考虑的因素越来越多，他们的选择也越来越趋于理性化。

（2）不同收入的人的选择。通过分析发现：对于不同收入的被调查者来说，起诉仍是其知识产权受侵犯后选择的主要救济途径。在不起诉的原因中，诉讼成本和胜诉后损失能否得到弥补这两个因素凸显出来。

（三）武陵土家族地区公民知识产权保护意识存在的问题

通过对以上调查结果的分析发现，武陵土家族地区公民知识产权保护意识存在以下问题：

1. 未成年人和农民对知识产权概念缺乏基本认识

通过对不同年龄段被调查者回答的结果分析发现：80% 以上的中青年人对知识产权有一定的认识，但其中大部分只是有些了解，还有相当一部分人只听说过而已，可见他们对知识产权到底包括哪些内容并不是很清楚，尤其在 15 岁及以下和 16—18 岁这两个年龄段，不知道知识产权的比例最高，分别达到 50% 和 20%，可见未成年人对知识产权还缺乏一定的了解。通过对不同学历和不同职业的被调查者回答的结果分析发现：农民对知识产权的了解程度是非常低的，大部分人只是听说过或根本不知道。农民的学历大部分都很低，了解知识产权的渠道有限，更谈不上具有知识产权的保护意识。

2. 公民获取知识产权知识的渠道单一

调查结果显示：电视已成为不同年龄、不同学历、不同职业的人认识和了解有关知识产权知识最主要的渠道。在不同职业的被调查者中，75% 的农民是通过电视来了解知识产权知识的。在我国，电视确实是宣传知识产权知识的好渠道，一方面，它不受地域和经济条件的限制，因为自从我国实行了"家家通电视"工程以后，电视的普及率可谓空前提高，很多偏远山区都能看到电视；另一方面，电视节目直观生动易于为公众接受，这自然为广大农民了解知识产权知识提供了方便。但农民获取知识产权知识的途径还是显得过于单一。书本和报纸是了解知识产权知识第二个重要的渠道，但报纸介绍知识产权知识的篇幅很小，而通过书本了解有关知识往往和一个人的职业和学历相关，大部分是出于工作或学习的需要。值得反思的是互联网并没有成为公民获取知识产权知识的主要渠道，这可能和当地条件有关。但即使如此，在有条件的城镇地区，国家公务员、教师、学生、公司企业管理人员中也只有 20%左右的人是通过互联网了解到知识产权知识的。此外，只有不到 10%的人是通过政府对知识产权知识的推广和普及活动来了解知识产权知识的。

3. 公民选择知识产权侵权救济途径带有一定的盲目性

调查结果显示：不论被调查者年龄多大，收入水平如何，超过 70%的人都选择向法院起诉。在选择不起诉的原因中，诉讼程序复杂和诉讼成本过高是两个主要原因。这表明，知识产权受到侵犯后，公民在救济途径的选择上缺乏一定的理性。知识产权案件技术性、专业性较强①，且专利侵权案件的标的额通常都比较大，因此诉讼费用也相比一般民事案件要高，一般需要聘请律师进行代理，故有时还需支付高昂的律师代理费。因此，公民应该考虑诉讼的风险和成本，对是否采取司法救济的途径来解决侵权纠纷有一个理性的思考。其实，公民知识产权受到侵犯后，寻求行政保护是一种既省钱又省力的途径。所谓知识产权的行政保护，是指国家相关行政管理机关依法处理各种知识产权纠纷、维护知识产权秩序的一种保护方式。② 如果行政途径无法解决，再选择司法救济也不迟。我们以为，出现这种情况，政府应承担一定的责任，一方面是因为政府行政保护的力度不够；另一方面是政府在知识产权知识的宣传过程中，对知识产权受到侵犯后如何进行救济这方面的知识宣传不够，导致大部分公民盲目选择司法救济这条途径。

二　土家族传统知识知识产权保护现状

（一）主要成就

在现代知识产权法律制度的影响下，武陵土家族地区也开始对传统知识进行知识产权保护，主要表现为：

---

① 张广良：《我国知识产权行政保护的涵义》，《知识产权》2007 年第 1 期。

② 陈惠珍、徐俊：《论我国知识产权立体审判模式的构建》，《法律适用》2006 年第 4 期。

1. 用现代知识产权法律手段保护土家族传统知识

如印江土家族苗族自治县利用"地理标志"保护"梵净山翠峰茶","梵净山翠峰茶"被列入贵州省知识产权保护工程;"石柱黄连"、"利川黄连"、"利川莼菜"获得国家地理标志商标;"中国优秀织锦工艺传承人"、湘西龙山县土家族黎成凤设计的土家织锦外观图案获国家知识产权局授予的外观设计专利等。

2. 制定地方性法规对土家族传统知识进行保护

如 2006 年颁布实施的《湘西土家族苗族自治州民族民间文化遗产保护条例》即包括对部分土家族传统知识的保护;湘西土家族苗族自治州 2009 年批准通过的《土家医药、苗医药保护条例》将土家医药列入知识产权保护,"保护条例"在第九条第三款明确"鼓励土家医药、苗医药申报知识产权",在第十四条统筹安排土家医药、苗医药保护专项资金用途一项中明确将"土家医药、苗医药重要学术研究成果和知识产权的转化和利用"列入其第六款。2005 年颁布实施的《恩施土家族苗族自治州民族文化遗产保护条例》也包含了对民族民间工艺及特色饮食的制作技艺等内容的保护等。

3. 利用其他法律手段与措施保护传统知识

最典型的就是传统知识项目申报国家、省、市、县四级非物质文化遗产代表作名录,利用《中国非物质文化遗产保护法》进行保护等。

（二）主要问题

土家族传统知识大多是公有知识,除了习惯法形成的保护机制外,在土家族地区,用知识产权法保护传统知识仍然处于起步阶段。主要问题是:

1. 由于土家族传统知识的持有者大多数是农民,他们知识产权保护意识十分淡薄

在民族工艺调查中我们发现,传承人多认为没有人能够超越自己的技术或者没有必要去获得一种专有权;普通艺人苦于解决生计无暇关注技艺的保护;作为生产者和消费者桥梁的商贩关心眼前的利益,也不愿意考虑一种工艺的保存和发展。①

---

① 郑颖捷、张远胜、华慧:《知识产权战略背景下少数民族传统工艺的法律保护研究——以湘西土家族苗族自治州为例》,《中南民族大学学报》2007 年第 6 期。

2. 大量的传统知识得不到法律保护

土家族传统知识存量极其丰富，但在实践中，这些传统知识大多数得不到法律保护，特别是知识产权法的保护。许多传统知识被用于商业目的，而当地社区却难以得到利益回报。典型之例就是"土家烧饼"商业化中的知识产权缺失。

"烧饼"是恩施地区流行的传统小吃之一。100 多年前，这一小吃由外地移民传入鄂西山区，后通过加入本地饮食元素，逐步形成了在制作方法和口味上均具有本土风格的美食。2005 年 3 月起，土家烧饼被推向汉族地区市场，在武汉、上海、北京、深圳等地形成了 1000 余家连锁店，制作技术也从火烧炉烤改为烤箱烘烤，同时被命名为"掉渣儿烧饼"、"掉馅儿烧饼"、"土家西施烧饼"、"土渣儿烧饼"、"香福儿土渣烧饼"、"掉渣渣烧饼"等。但 2006 年初，这一风行全国的小吃由于经营等问题突然在人们的视线中消失。土家烧饼商业化过程存在着许多知识产权方面的问题，如专利、商标等。[①] 从传统知识的角度来看，其知识产权缺失还有两个方面值得关注：其一，烧饼技术的持有者权利，这涉及被法律认定为传承人的权利或其作为公有知识所在社区的权利，显然，在实际的经营中，土家烧饼技术持有者并未获得惠益分享；其二，"土家"进入商品品名的授权与获利后的惠益分享。

3. 现有的知识产权法律对土家族传统知识的保护也存在着诸多缺陷

已如前文分析，中国传统知识的知识产权保护尚未有一套有针对性的专门法律文本，主要是借用《著作权法》、《商标法》、《专利法》等法律，这些法律保护传统知识有极大的局限性；土家族地区地方性法规虽有一些传统知识的知识产权保护的条款，但十分简略，且是概念性的，对传统知识提供保护的价值十分有限。

土家族地区尽管已有一些地方性法规，但一是数量少，针对性不强，难以操作，二是各地地方性法规制定不平衡，有的地区尚未制定出相关的地方性法规。同时，在实践中利用地方性法规保护传统知识的现

---

① 王卓亚：《土家烧饼混战折射出的特许经营知识产权问题》，《连锁与特许》2006 年第 5 期。

象并不常见。

三　土家族传统知识知识产权保护对策

以上，我们从武陵土家族地区公民的知识产权意识的整体现状和土家族传统知识知识产权保护的现状两方面对土家族传统知识知识产权保护的问题进行了分析。如何解决这些问题？我们认为，除了国家层面的法律制度设计外，武陵地区土家族传统知识知识产权法律保护主要有两个方面，一是加强知识产权保护意识教育，二是制定和完善传统知识知识产权法律保护的地方性法规。

（一）加强对武陵土家族地区公民知识产权保护意识的教育

在不断发展经济的同时，要提高民族地区公民知识产权保护意识需要政府加大对知识产权知识的宣传，我们认为可以从以下几个方面入手：

1. 加强对未成年人的知识产权教育

政府有关部门在进行知识产权宣传时往往只考虑成年人，而忽视了对未成年人的宣传和教育。知识产权保护意识的培养，应从小抓起。政府可以定期在中小学生中开展有关知识产权保护的主题教育活动，具体包括：发放教育读本；组织观看教育光碟；组织有奖征文活动；在学校中设立宣传栏、张贴宣传画；组织主题讲座等生动活泼的形式。学校也应积极配合政府有关部门利用黑板报、校园广播、主题班会等形式对学生进行知识产权知识的教育。

2. 重视城乡差别，拓宽农民获取知识产权知识的渠道

在山区和农村，由于现代通信不是很发达，一般只能依靠电视和广播这两种宣传形式。所以政府应拓宽宣传的渠道，我们以为可采取"送下乡，走出来"的思路。所谓"送下乡"是指政府有关部门应定期组织科技下乡活动，将有关知识产权方面知识的宣传资料发到农民的手中；有关部门还可以与大专院校合作，鼓励和支持大学生利用假期深入农村，对当地的知识产权保护问题进行调研，并对当地的农民给予有关知识产权方面知识的指导，同时对调研的结果进行分析研究，了解农民的知识需求，有针对性地对农民进行知识产权知识的宣传和教育。所谓"走出来"是指每年分期分批组织农民参加省市知识产权知识竞赛，参

加知识产权知识培训。村委会作为村民自治组织也可以采取农民喜闻乐见的宣传形式，配合政府有关部门做好宣传工作。此外，政府有关部门还可利用农民每月赶集的时间，展开对知识产权方面知识的教育，为农民和企业合作搭建交流的平台。

3. 充分利用通信网络、互联网进行宣传

民族地区政府有关部门在进行知识产权知识的宣传时，应充分利用互联网这一媒介。有关部门可以与网站合作，由有关领导在线与广大的网民进行交流，解答网民有关知识产权方面的问题。此外，有关部门还可以与通信运营商合作，开通专门的短信平台，每天向公众发送有关知识产权方面的基本知识。还可以制作一些有关知识产权的公益广告在地方门户网站上发布或建立专门的网站进行宣传。

4. 加强知识产权保护途径的教育

长期以来，政府在宣传知识产权知识时，重视从正面引导，以防止各种侵权行为的发生，而忽视了对知识产权保护途径的教育。通常知识产权受到侵犯后，公民可以选择行政救济和司法救济两条途径：知识产权的行政保护具有便捷、快速、费用低等特点，但存在多头管理、执法不公、地方保护主义严重等缺点；而司法保护公正性强，但诉讼成本较高。政府应全面告知公民这两条救济途径的利弊，让不同年龄、不同收入的权利人仔细权衡，做出对自己有利的选择。另一方面，政府还应结合社会影响较大、较为典型的知识产权案例加强知识产权保护途径的教育，鼓励公民旁听知识产权案件，积极参与有关案件的讨论等。

（二）制定和完善传统知识知识产权保护的地方性法规

武陵土家族地区传统知识知识产权保护的地方性法规的制定与完善应包括以下内容：

1. 制定有针对性的、可操作的地方性法规

在厘定传统知识内涵、特性、现代价值等基础上，将传统知识作为整体，制定相关的地方性法规予以保护。地方性法规制定，要做好如下工作：一是需要创新意识。目前国家层面的此类立法工作尚不完善，武陵土家族地区相关立法部门应树立自下而上的创新意识，进行探索性工作，为国家层面的立法工作提供实践基础。在《中华人民共和国非物质文化遗产保护法》制定前，云南、贵州、宁夏、新疆等省区均制定

了非物质文化遗产保护的地方性法规，并进行了数年的实践。二是湘鄂渝黔四省市边区要加强立法协作，根据武陵地区传统知识的特点，制定有针对性的地方法规，明确传统知识的主客体与原产地等，避免不同地区对同一传统知识的恶性争夺。三是要密切关注传统知识国际保护和国家立法的进展。任何一部地方性法规都不是孤立的法律文本，而是普遍的法律原则与地方性特点的有机结合，土家族地区传统知识的地方性法规的制定必须参考国内外的相关案例和司法实践，从中得到启发。

2. 完善现有的地方性法规

武陵土家族地区现有的地方性法规制定的背景、内容及相关权利与义务关系均不是针对传统知识的知识产权，因此，地方性法规的完善要强化知识产权的相关内容。其一，在自治地方的自治条例中强化对传统知识的知识产权保护内容，将其作为自治权的文化权保护的重要方面；其二，在现有的地方性法规中增加传统知识的保护内容，特别是增加与遗传资源有关的传统知识、地理标志等内容；其三，细化相关保护手段和措施，使地方性法规对传统知识的法律保护，特别是知识产权法律保护避免概念化的局限，具有可操作性。

附　录

我国少数民族传统知识研究述评
（1999—2009 年）

　　我国世居着 55 个少数民族，各民族在自身的生存繁衍和发展繁荣的历史进程中，结合特殊的社会文化环境与自然生态，通过长期的生产与生活实践，不断积累、总结和创造了内涵丰富与形式多样的传统知识。千百年来，这些传统知识对他们的生产和生活有着潜移默化的影响。20 世纪 90 年代末至今，学术界对国内少数民族传统知识做了大量卓有成效的研究，其成绩斐然、成果丰厚。现拟就这一历史时段的相关研究成果进行梳理和归纳，从"少数民族传统生态知识与生物多样性保护、传统医药知识、传统知识的现代价值及其利用、传统知识的保护研究"等四个方面对之展开述评。

一　少数民族传统生态知识与生物多样性保护研究
（一）少数民族传统生态知识研究

　　传统生态知识是传统知识的重要组成部分，我国各少数民族在保护生态环境方面有其独特的智慧与方法。它所内含的民间生态智慧对现代社区的价值与贡献绝不亚于现代的科学技术知识。[①] 有关该方面的内容，很多学者从不同视角对之进行了探讨。杨庭硕以我国少数民族中一些有代表性的地方性知识事例，说明它们在生态维护中的特殊价值，借以重申生态人类学关注地方性知识的深层考虑。[②] 滕晓华以西藏昌都地区察雅县荣周乡成功造林为例，论述藏族生态知识的不可取代性价值，

---

　　① 梁正海、柏贵喜：《村落传统生态知识的多样性表达及其特点与利用——湘西土家族村落"苏竹"个案研究》，《吉首大学学报》2009 年第 3 期。
　　② 杨庭硕：《论地方性知识的生态价值》，《吉首大学学报》2004 年第 7 期。

认为充分利用藏族生态知识，可望为我国寒漠带生态建设提供可行的方法。① 罗义群也对苗族本土生态知识与森林生态的恢复与更新做了研究，认为加强对苗族本土知识的发掘利用，实现本土知识与普同性知识的并存与互补，对实施石漠化灾变的救治和实现森林生态系统的恢复与更新具有重要作用。②

梁正海与柏贵喜以湘西土家族村落"苏竹"为个案，对土家族的"赶肉、砍火畲、护林封山"等文化事项中的生态知识进行了解读，认为充分认识村落传统生态知识的利用价值，实现其与现代科技知识的协调互补，将可充分发挥村落传统生态知识在维护地区性生态平衡和区域性生态安全中的重要作用。③ 马晓琴和杨德亮以青海藏区习惯法为例，阐述了地方性知识对区域生态环境的保护，认为使习惯法与现行环保法形成良好的互动与调适，将扭曲、遗失的地方性知识予以认知和重构，发挥本土人群的主体性作用，将对区域内生态治理和环境保护有重要意义。④ 罗康隆对侗族人工营林的生态智慧与技能进行研究后，指出了各民族在长期的历史过程中都会积累众多行之有效的生态智慧和技能，这对于今天我们提倡生态经济、强化生态保护来说都是珍贵的财富。⑤ 黄柏权从西南地区民间生态知识与森林保护的角度，指出了西南地区民间生态知识和有益的实践对西南地区森林的保护起到潜移默化的作用，对今天的生态环境保护也具有启示意义。⑥ 哈斯巴根和肖笃宁对额济纳蒙古族民间景观类型进行了研究，认为，"民间景观类型"是通过游牧业实践而积累起来的传统知识，是牧民适应环境、与荒漠环境和谐共处的基本保障，是民间利用和管理当地荒漠景观的基础，具有重要的科学参

---

① 滕晓华：《论藏族生态知识的不可替代价值——以昌都地区察雅县荣周乡成功造林为例》，《贵州民族学院学报》2006 年第 6 期。

② 罗义群：《苗族本土生态知识与森林生态的恢复与更新》，《铜仁学院学报》2008 年第 6 期。

③ 梁正海、柏贵喜：《村落传统生态知识的多样性表达及其特点与利用——湘西土家族村落"苏竹"个案研究》，《吉首大学学报》2009 年第 3 期。

④ 马晓琴、杨德亮：《地方性知识与区域生态环境保护——以青海藏区习惯法为例》，《青海社会科学》2006 年第 2 期。

⑤ 罗康隆：《侗族传统人工营林的生态智慧与技能》，《怀化学院学报》2008 年第 9 期。

⑥ 黄柏权：《西南地区民间生态知识与森林保护》，《长江师范学院学报》2008 年第 5 期。

考价值和文化多样性意义。①

也有学者从生态安全的角度对少数民族传统生态知识进行了研究。田红和邹琚以麻山苗族农作物的配置与石漠化灾变救治为题，对当地苗族世代传承的地方性生态知识进行了研究，指出了该知识具有规避生态脆弱环节的生态价值。② 罗康隆对侗族民间生态智慧对维护区域生态安全的价值做了解读，认为侗族传统知识有效地实现了与所处生态环境的和谐共存，有效地维护了区域生态安全③；在他的另一篇文章中，就侗族"'稻—鱼—鸭'共生生计系统"和"'林—粮'间作生计系统"的生态适应也做了相应分析，并进一步强调了侗族传统生计方式对生态安全的价值④；同时在与黄贻修合著的《发展与代价——中国少数民族经济发展问题研究》一书里，罗康隆也对"少数民族传统生态智慧与生态维护"进行了探究。⑤ 此外，还有学者对苗族本土生态知识进行了文化的阐释，认为苗族本土生态知识与科学是有联系的，苗族本土生态知识的阐释系统缺乏科学性与逻辑性，但自身却具有严密的"科学性"与"逻辑性"。⑥

（二）少数民族传统知识的生物多样性保护研究

黄绍文和何作庆以哀牢山哈尼族的传统采集和狩猎生产方式为例，揭示出人与自然良性互动生产方式对该地区的生物多样性产生的积极影响，并指出在处理人与自然的关系上，哈尼族形成了一套关于保护自然、珍爱自然、维护自然生态与社会经济和谐以及动植物识别与分类的

---

① 哈斯巴根、肖笃宁：《内蒙古额济纳蒙古族荒漠景观多样性传统知识分析》，《干旱区研究》2005 年第 3 期。

② 田红、邹琚：《麻山苗族农作物的配置与石漠化灾变救治》，《贵州农业科学》2009 年第 1 期。

③ 罗康隆、王秀：《论侗族民间生态智慧对维护区域生态安全的价值》，《广西民族研究》2008 年第 4 期。

④ 罗康隆：《侗族传统生计方式与生态安全的文化阐释》，《思想战线》2009 年第 2 期。

⑤ 罗康隆、黄贻修：《发展与代价——中国少数民族经济发展问题研究》，民族出版社 2006 年版，第 115—137 页。

⑥ 罗义群：《关于苗族本土生态知识的文化阐释》，《六盘水师范高等专科学校学报》2009 年第 1 期。

生态知识体系。① 艾怀森以田野调查资料为基础，对高黎贡山地区傈僳族狩猎文化与生物多样性保护的关系进行了论述。② 刘爱忠等人从云南楚雄彝族的"神树林"入手，探讨了云南楚雄彝族"神树林"的生态功能和对当地生物多样性保护的影响，指出"神树林"在当地生物多样性保护和管理中有着不可低估的作用。③ 格玛江初对白马雪山自然保护区的藏民族传统文化进行了研究，认为该地区藏族的图腾崇拜及自然崇拜都以植物和动物为直接的崇拜对象，客观上对保护该地区物种多样性、生态系统多样性和遗传基因多样性起到了积极作用。④ 也有学者从纳西族的东巴文化和"造纸植物、传统生态信仰、圣山信仰、圣境信仰、对神树和神兽的崇拜与保护、传统药用植物保护"等方面探讨了纳西族传统文化与生物多样性的关系。⑤ 龙春林等人指出了基诺族刀耕火种农耕文化中孕育着生物多样性管理和利用的诸多内容。⑥ 格日乐图和哈斯巴根对额济纳旗鸟类及当地蒙古族的相关传统知识做了论述，认为蒙古民族在长期的狩猎和游牧生活中经常与自然界的动物接触，积累了丰富的传统知识。只有深入到民间并挖掘他们所掌握的这些传统知识，并大力宣传保护生物多样性的重要意义，才能达到保护物种多样性和文化多样性的双重目的。⑦

　　范祖锜以地域为界，对"三江并流"地区少数民族传统文化和生物多样性的保护做了研究。认为少数民族传统文化多样性和生物多样性是滇西北"三江并流"地区诞生的一对孪生兄弟，它们有着割不断的

---

　　① 黄绍文、何作庆：《哈尼族传统采集狩猎与生物多样性》，《中央民族大学学报（自然科学版）》2008年第2期。

　　② 艾怀森：《高黎贡山地区的傈僳族狩猎文化与生物多样性保护》，《云南地理环境研究》1999年第1期。

　　③ 刘爱忠、裴盛基、陈三阳：《云南楚雄彝族的"神树林"与生物多样性保护》，《应用生态学报》2000年第4期。

　　④ 格玛江初：《藏民族传统文化对白马雪山自然保护区生物多样性的影响》，《林业调查规划》2004年第4期。

　　⑤ 杨立新、赵燕强、裴盛基：《纳西族东巴文化与生物多样性保护》，《林业调查规划》2008年第2期。

　　⑥ 龙春林、阿部卓、王红等：《基诺族传统文化中的生物多样性管理与利用》，《云南植物研究》1999年第2期。

　　⑦ 格日乐图、哈斯巴根：《额济纳旗鸟类及当地蒙古族的相关传统知识》，《内蒙古师范大学学报（自然科学汉文版）》2005年第2期。

联系，该地区各民族在历史发展进程中适应自然环境而产生的优秀传统文化，保护了生物多样性，维护了生态平衡，促进了各民族自身的发展。① 此外，薛达元主编的《民族地区传统文化与生物多样性保护》②一书，基于对我国部分少数民族地区的传统文化实地调查和案例研究，揭示了民族传统文化在生物多样性保护和生物资源持续利用方面的特别价值，并在大量实地调查成果的基础上，系统地分析了民族传统文化对生物多样性保护的积极意义。同时，他在其主编的《民族地区保护与持续利用生物多样性的传统技术》③一书中，也着重论述了我国部分少数民族在保护生物多样性和持续利用生物资源方面的传统生产方式、实用技术及生活方式等内容，并指出由于现代农业和外来文化的冲击，许多少数民族地区的传统耕作技术和生活方式正在消失，需要尽快采取保护措施。

二　少数民族传统医药知识研究

（一）少数民族传统医药知识的整体性探索与调查研究

少数民族传统医药知识的研究历史悠久，成果丰硕。除关于藏医药、蒙古医药、苗医药、瑶医药、土家族医药、傣医药、彝医药等民族医药的医药史与医药志的成果外，在民族医药知识体系及其利用方面也有大量的研究。主要表现如下：

有学者就少数民族传统医药知识的理论做了整体性探讨。如麻勇斌对苗族医药基础理论研究的重要成果和理论现状进行分析，指出了其中存在的"哲学缺失"和"哲学思想套用不当"现象，及其对整个苗族医药基础理论基盘可能构成的影响。④ 他认为苗族医药基础理论研究存在两个方面的缺陷：一是规避所面对的复杂奇异的特别是载于"巫文化"之船的"医行为"和"药行为"；二是找不到苗族医药传统知识体

---

① 范祖锜：《"三江并流"地区少数民族传统文化和生物多样性的保护》，《云南民族大学学报》2004 年第 2 期。

② 薛达元：《民族地区传统文化与生物多样性保护》，中国环境科学出版社 2009 年版。

③ 薛达元：《民族地区保护与持续利用生物多样性的传统技术》，中国环境科学出版社 2009 年版。

④ 麻勇斌：《苗族医药基础理论研究的"哲学缺失"与"哲学思想套用不当"》，《贵州师范大学学报（社会科学版）》2005 年第 5 期。

系的内部逻辑。并指出这种缺陷的存在，不利于对苗族医药产业化以及苗族医药传统知识的挖掘和应用。① 通过对苗族民间医药实践活动的"医行为"和"药行为"进行分析，麻勇斌找到了苗族传统知识体系所依托的原则、规定和理念，以及相应的医理、药理之内部逻辑，即"元哲学思想丛结"。② 龙鳞则从医学人类学视野对云南民族医药进行了剖析，认为民族医药作为民族传统文化的重要组成部分，它有着丰富的文化内涵，是一种具有开发价值的文化资源。③

也有学者对武陵地区土家族、苗族医药进行了整体性的探索。田华咏从历史学、民族学、传统医学方面论述了土家族医药文化圈的形成及区位，提出了鄂西南清江一带的土家族医药是土家族医药文化圈的北部流派，湘西酉水一带的土家族医药是土家族医药文化圈的南部流派，并就其南、北两流派的学术特点进行了阐述。④ 胡萍和蔡清万以记载武陵地区相关文献为基础，分别对秦汉郡县制度时期、唐宋羁縻制度时期、元明至清初土司制度时期、清代改土归流后府县制度时期、清末鸦片战争至民国时期以及新中国成立后的土家族医药的内容进行了初步挖掘，对这些时期的土家族医药文献情况作了概述性的研究。⑤ 朱翠萍以黔东武陵山区苗族医药知识为例，搜集、整理了苗医药诊断方法、疾病命名特点，并对苗族医药的治疗措施（外用药法、内服药法、化水法、蒸气疗法、抽箭法、针刺法等）进行了较为系统的研究。⑥

在少数民族传统医药知识的调查研究方面，比较典型的要数薛达元主编的《民族地区医药传统知识传承与惠益分享》一书。该书基于对我国部分少数民族的传统医药知识的调查和案例研究，特别是针对贵州

① 麻勇斌：《论苗族医药基础理论研究的缺陷》，《贵州社会科学》2006 年第 1 期。
② 麻勇斌：《苗族医药传统知识体系中的"元哲学思想丛结"》，《贵州师范大学学报（社会科学版）》2005 年第 4 期。
③ 龙鳞：《医学人类学视野中的云南民族医药》，《云南民族大学学报（哲学社会科学版）》2008 年第 4 期。
④ 田华咏：《略论土家族医药文化圈中南北流派的学术特点》，《中国民族民间医药杂志》2005 年第 2 期。
⑤ 胡萍、蔡清万：《武陵地区土家族医药文献初探》，《湖北民族学院学报》2009 年第 1 期。
⑥ 朱翠萍：《黔东武陵山区的苗族医药特点及治疗方法研究》，《中国民族民间医药杂志》2005 年第 6 期。

黔东南地区的侗药和苗药、四川凉山地区的彝药、西藏日喀什等地区的藏药以及内蒙古地区的蒙药等五类民族医药的实地调查和典型案例分析，系统地总结了我国民族医药珍贵的传统知识。并通过大量面访和问卷调查，揭示了我国民族医药在其维持和发展过程中存在的问题，以及在未来的发展趋势，同时也提出了加强我国民族医药传统知识、促进其利用和惠益分享的政策体系和相关措施。① 徐家力、汤跃和杨振宁对贵州松桃苗族医药知识也进行了调查研究。认为该地区生存着十分鲜活的体现在"医文化现象"和"药文化现象"上的苗族传统医药知识，并以"医者"为线索，论述了苗族传统医药知识与民间医药文化现象的联系，借此关注了仍处于弱势群体的苗族"医者"和乡村社区村民。② 此外，杨昌文以《贵州民族调查与民族医药研究》的重要内容之一的"民族医药调查"为对象，剖析了有别于中西医的民族医药用药特色、诊治方法及疗效可靠的方药，并建议采取措施把疗效神奇的药物开发出来。③

（二）少数民族传统医药知识的传承与开发

关于少数民族传统医药知识的传承，学术界对之也做了一定探讨。严永和对从江瑶族浴药的传承方式进行调查研究，指出了其传承方式一般是"祖传，即父传子、子传孙，且多为单传。有的则是传媳不传女，即把媳妇视为自家人，把女儿当成他家人，从而将药方传给媳妇而不传给女儿。也有师傅传的情况存在"。④ 麻勇恒通过对苗族"地方性医药知识"在乡土社会中面临着传承和保护困难的双重困境的分析，提出了"赋以民间医者的合法性；加强相关科研机构与民间医者的对接，从多学科视角对民间医疗实践进行科学注解；建制民间医者的个人医疗

---

① 薛达元：《民族地区医药传统知识传承与惠益分享》，中国环境科学出版社 2009 年版。

② 徐家力、汤跃、杨振宁：《松桃苗族医药》，载国际行动援助中国办公室编《保护创新的源泉——中国西南地区传统知识保护现状调研与社区行动案例集》，中国知识产权出版社 2007 年版，第 102 页。

③ 杨昌文：《贵州民族调查与民族医药研究》，《贵州民族研究》2002 年第 3 期。

④ 严永和：《从江瑶族浴药》，载国际行动援助中国办公室编《保护创新的源泉——中国西南地区传统知识保护现状调研与社区行动案例集》，中国知识产权出版社 2007 年版，第 199 页。

档案，将其纳入农村医疗体系建设的人力资源管理之中；建立对民间医者的培训、奖励制度"① 四条传承与保护措施。此外，赵立群等人对云南迪庆藏族传统医药知识的传承方式也进行了调查，论述了其"藏传佛教寺庙内部的传承、民间以'师带徒'的方式传承、家庭内部传承和藏医院校培养传承"四种传承方式。②

在少数民族传统医药知识开发方面，有学者坚持以市场和产业化为导向。唐雪明以广西民族医药为例，提出了"加强民族医药基础设施建设；将民族医药作为新的经济增长点加以培植；以市场为导向，实行多种经济成分并举；发展和规范民族医药企业以及实行开发与保护并重"等多方面的开发对策。③ 黄福开分析了中国民族医药发展现状，提出了民族医药发展的多元一体化战略思想，即"以科教为先导，以民族医药文化为主体，以医疗为实践目的，通过建设综合性科研平台，引入产业化运作模式的联合"。④ 严永和对从江瑶族浴药进行研究，也分析了当地浴药开发的两种模式：一是把传统浴药配方开发成新的便于运输、携带和使用的产品，进行商业化利用；二是提供浴药服务。⑤ 与之观点不同的是，龙鳞在研究云南民族医药的利用和开发时，指出要根据"保护为主，抢救第一，合理利用，传承发展"的指导方针，有针对性地开展工作。⑥ 朱正祥对西部民族医药资源开发与生物多样性保护进行了研究，认为西部民族医药资源的开发只有在加强生物多样性保护的基础上，才能使资源得到最合理的利用和做到可持续发展。⑦ 杨昌文从濒

---

① 麻勇恒：《苗族地方性医药知识在乡土社会中的传承与保护——以黔东南为例》，《凯里学院学报》2008 年第 2 期。

② 赵立群、韩韦文、何丕坤：《迪庆藏医药》，载国际行动援助中国办公室编《保护创新的源泉——中国西南地区传统知识保护现状调研社区行动案例集》，中国知识产权出版社 2007 年版，第 87—88 页。

③ 唐雪明：《广西民族医药的资源优势及开发对策》，《广西民族研究》2003 年第 1 期。

④ 黄福开：《中国民族医药发展现状与多元一体化战略对策》，《中南民族大学学报（自然科学版）》2008 年第 2 期。

⑤ 严永和：《从江瑶族浴药》，载国际行动援助中国办公室编《保护创新的源泉——中国西南地区传统知识保护现状调研与社区行动案例集》，中国知识产权出版社 2007 年版，第 122—123 页。

⑥ 龙鳞：《医学人类学视野中的云南民族医药》，《云南民族大学学报》2008 年第 4 期。

⑦ 朱正祥：《西部民族医药资源开发与生物多样性保护》，《中国民族民间医药杂志》2002 年第 6 期。

危药物现象的角度更是一针见血地指出了我国民族药物种质资源存在的突出问题。他认为，我国的药物种质资源存在过度开发利用，有的野生物种已濒临灭绝，因此应当从"加强保护生态环境；加强野生资源的人工驯化和繁殖，推广人工种植和养殖技术；树立生态保护意识；精减药方；研究和开发代用品；合理利用药物，避免浪费；开发新药；挖掘、整理各民族医学古籍文献和临床经验、秘验方和医技"等方面对之进行综合性开发利用。①

三　少数民族传统知识的现代价值及其利用研究

（一）少数民族传统知识的现代价值

各民族的传统知识都有其独特的价值，不承认知识（文化）之间的价值有其相对性，终究要受到文化运作客观规律的嘲弄和惩罚。② 邹辉对云南红河流域哈尼族的棕榈进行研究，认为棕榈在当地哈尼族社会中是一种具有文化伦理价值和消费使用价值、生态利用价值的地方性植物，它既是为哈尼族特定文化和信仰赋予多重象征含义的文化植物，也是哈尼族自用种植的消费作物和绿色生态植物。③ 莫本曼在硕士论文中对壮族的地方性知识进行了探讨，认为壮族以多样性方式表现出来的地方性知识是壮民族心理的积淀，具有不可取代的人文价值和经济价值。④ 周俊华和秦继仙也认为，各民族在生存、延续和发展过程中积淀和传承下来的地方性知识是对主流知识体系的补充，它既能满足各民族根源性认同的需要，又是各民族实现当代可持续发展的智力资源和人力资本，同时也能为人类文化多样性的存在和发展做出自己的贡献。⑤

诸锡斌对少数民族传统技术的价值进行了探讨，认为少数民族传统

---

① 杨昌文：《从濒危药物现象谈民族医药生态文化保护利用的几点建议》，《贵州民族研究》2005 年第 4 期。

② 罗康隆：《文化适应与文化制衡——基于人类文化生态的思考》，民族出版社 2007 年版，第 127 页。

③ 邹辉：《哈尼族棕榈种植的传统知识与变迁》，载［日］秋道智弥《人类生态环境史研究》，尹绍亭译，中国社会科学出版社 2006 年版，第 110 页。

④ 莫本曼：《壮族地方性知识的构建》，硕士学位论文，广西大学，2005 年。

⑤ 周俊华、秦继仙：《全球化语境下民族地方性知识的价值与民族的现代发展——以纳西族为例》，《云南民族大学学报》2008 年第 5 期。

技术研究的价值是多方面的，从其最基本的自然科学技术和人文社会科学的二元价值中可以衍生出器物层次的、理论层次的、教育层次的、制度层次的、伦理层次的、精神层次的不同层次的价值；其中，认识少数民族传统技术的价值结构，探索如何实现少数民族传统技术向器物层次价值的还原，对于全面实现少数民族传统技术的价值具有重要作用。[1]龙运荣等人以土家族传统养猪方式为例，认为土家族这一传统知识在养殖方式多元化、生态保护、国家食品安全和生物多样性保护等四个方面具有重要的现代价值。[2] 也有学者对瑶族石牌制进行了考察，认为该传统组织在传统农村社区中"维持社区生产制度、维护社区安全、保护和延续瑶族传统文化"等方面均有重要的作用和价值。[3] 另外，雷启义从现代生物技术与药用民族植物资源利用和开发的角度，论述了药用植物资源具有可持续性和潜在的价值。[4]

（二）少数民族传统知识的现代利用

体现在各民族的生存智慧与生存技能中的传统知识，是人类知识宝库中无法取代的珍宝，缓解人类目前所面临的各种危机绝对不能离开各民族的生存智慧和生存技能的有效利用。[5] 然而，在现代社会中如何利用少数民族传统知识？怎样去反思它的现代性？不同学者有其不同见解。杨文辉对大理白族应对气候变迁的地方性知识进行研究，认为当地白族的相关地方性知识中所揭示的气候知识与资源、信仰纠结在一起的状况作为一个颇具说服力的个案，为当下日趋紧张的资源与环境问题的处理提供了有别于主流话语的启示，在应对各种异常气候变迁及相关自

① 诸锡斌：《论少数民族传统技术研究的价值》，《哈尔滨工业大学学报（社会科学版）》2009 年第 2 期。

② 龙运荣、李技文、柏贵喜：《传统知识的现代价值与反思——以土家族传统养猪方式为个案的民族志研究》，《湖北民族学院学报》2009 年第 4 期。

③ 邵志忠、俸代瑜、陈家柳等：《传统社区组织与农村可持续发展——传统知识与农村可持续生计行动调研报告之一》，《广西民族研究》2005 年第 1 期。

④ 雷启义：《现代生物技术与药用民族植物资源利用和开发》，《黔东南民族师范高等专科学校学报》2003 年第 6 期。

⑤ 罗康隆：《文化适应与文化制衡——基于人类文化生态的思考》，民族出版社 2007 年版，第 219 页。

然灾害方面可以起到重要的借鉴作用。① 杨小柳对四川凉山彝族地方性知识与扶贫策略进行了探讨，指出了当地"久扶不脱贫"问题是贫困人口所处的地方性知识体系与发展理念和实践互动的结果，需要在反贫困实践中建立一套整体理解贫困人口地方性知识体系的全方位贫困观，才能促进这些地区实现内源的发展。② 也有学者对土家族农家肥知识的认知及其利用做了探究，认为土家族对农家肥知识有其特殊认知和利用模式，这种模式对人们理解和反思传统知识的现代性具有重要意义，并强调在现代社会中应将传统与现代两种知识做合理对接进行互补利用。③

　　钱宁对少数民族的传统知识与文化教育问题进行研究，指出了在少数民族的社区发展中忽视少数民族传统知识的作用，单纯靠现代文化教育和外来知识的灌输，并不能真正解决少数民族的发展问题。应在尊重少数民族传统知识的基础上发展符合少数民族需要的文化教育，以培养他们的内生性发展能力，促进他们的自我发展。④ 安迪对滇西北农牧区的少数民族关于养牛方式的乡土知识做了探讨，认为养牛的不同实践做法能提高生产力，能给农户带来积极的经济效益，当发现相关的乡土知识存在时，应该认真地考虑该知识的潜在积极作用。⑤ 崔明昆对云南新平傣族植物传统知识做了阐述，认为植物民间分类、利用和文化象征构成了植物传统知识的主体，"认知体系、利用体系和信仰体系"共同构成了传统知识。在这三个知识体系中，人们是在认识自然的基础上利用自然，在利用的过程中又深化了对自然的认识，同时在对自然的利用过程中，信仰起着规范和调节人们的利用行为的作用。这种相互联系、相

---

① 杨文辉：《气候、资源与信仰——白族的传统知识与气候变迁》，《学术探索》2009年第2期。

② 杨小柳：《地方性知识与扶贫策略——以四川凉山美姑县为例》，《中南民族大学学报》2009年第3期。

③ 柏贵喜、李技文：《认知人类学视野下的土家族农家肥知识探析——鄂西五峰土家族自治县红烈村的个案研究》，《吉首大学学报》2009年第5期。

④ 钱宁：《寻求现代知识与传统知识之间的平衡——少数民族农村社区发展中的文化教育问题》，《云南社会科学》2008年第1期。

⑤ 安迪：《乡土知识与生产力：滇西北农牧区社区的养牛知识与养牛业发展》，《中国农业大学学报》2006年第2期。

互作用，构成了"认知—利用—信仰"三位一体的传统知识的框架。①

　　也有学者对我国民族地区的遗传资源和植物利用等相关的传统知识进行了研究。如《民族地区遗传资源获取与惠益分享案例研究》一书，对一些少数民族地区典型传统农作物和畜禽品种，如傣族的水稻、哈尼族的旱稻、藏族的青稞、独龙族的独龙鸡、水族的香羊等遗传资源及相关传统知识做了案例研究。② 刘旭霞和胡小伟以贵州黎平黄岗侗寨香禾糯农业遗传资源为例，对农业遗传资源的保护和利用实践进行了阐述。③ 方利婴在硕士论文《西双版纳傣族利用的水生植物及传统知识研究》中，对傣族水生植物种类和相关传统知识的利用问题也做了探讨。④ 此外，王慷林等人研究了西双版纳傣族对竹类植物的民间分类、民间利用、管理和保护的知识和经验，并对这些传统知识系统在竹类资源的持续发展等方面所起的作用进行评价，认为传统知识系统的运用将促进自然资源的持续发展，传统知识和实践是有效保护和合理利用当地资源的主要依据。⑤

　　（三）少数民族传统知识与林业管理

　　少数民族传统知识在林业管理中的利用研究方面，邹雅卉和左停"从传统观念、非木材林产品利用和农林复合系统"等，分析了云南临沧地区云县勤山村小流域彝族乡土知识在森林管理中的利用情况，探讨了乡土知识与森林可持续发展的关系。⑥ 刘舜青和赖力采用 PRA 和半结构访谈法，以贵州施秉县屯上高坡苗寨的山林管理为个案，分析了当地苗族如何有效地运用自己的传统知识来管理山林资源，以丰富在山林

---

　　① 崔明昆：《植物民间分类、利用与文化象征——云南新平傣族植物传统知识研究》，《中南民族大学学报》2005 年第 4 期。

　　② 薛达元：《民族地区遗传资源获取与惠益分享案例研究》，中国环境科学出版社 2009 年版。

　　③ 刘旭霞、胡小伟：《我国农业遗传资源保护与利用的实践考察——以贵州黎平黄岗侗寨香禾糯为例》，《法学杂志》2009 年第 8 期。

　　④ 方利婴：《西双版纳傣族利用的水生植物及传统知识研究》，硕士学位论文，中国科学院研究生院（西双版纳热带植物园），2006 年。

　　⑤ 王慷林、陈三阳、裴盛基等：《竹类与民族植物学：传统知识系统的应用研究》，《竹子研究汇刊》2000 年第 2 期。

　　⑥ 邹雅卉、左停：《云南社区森林的乡土知识及传承——临沧地区云县后箐乡勤山小流域案例研究》，《林业与社会》2004 年第 3 期。

管理方面的多样性。认为认识和重视并发挥根植于社区中的传统知识和经验在山林管理和保护中的作用，对于我们制定林地政策、促进山林资源的可持续发展具有非常重要的意义。① 与之观点一致的是，杞银凤以云南楚雄大姚县昙华乡为例，从彝族对"森林的认识、森林分类的乡土规则、刀耕火种、封山育林的经验、薪炭林的管理经验、神山神林的管理经验"等方面，就其利用乡土知识对森林资源管理所取得的成效做了一定探究。② 也有学者以云南澜沧江县上丫口村为例，论述了该社区哈尼族利用乡土知识管理森林的经验，以及利用和保护的传统知识对社区生态环境的影响。③

此外，杨家伟从阐述少数民族与森林的依存关系出发，分析了少数民族经营森林的特点，并总结了少数民族利用乡土知识管理森林的有效形式，认为少数民族对发展林业做出的贡献为"传播树种，驯化植物；开创人工造林事业；创造经济林种植的丰产经验；民族习俗管理森林；开发森林资源，发展民族医药；民间传统经营森林的经验总结"六个方面。④ 苏淑琴和赵邦梁研究了青海互助县少数民族对乡村林业管理，认为该地区经营管理森林具有"以乡规民约的传统方式管理森林的普遍性"和"对森林管理都有许多民族色彩和宗教色彩"等特点。⑤ 龙春林主编的《民族地区自然资源的传统管理》一书，以实地调查和案例为基础，也就少数民族对森林资源、遗传资源、药用植物资源等进行管理的传统知识和传统管理方式和维持当地自然资源的持久性做了深入研究。⑥ 还有学者以苗族古歌为题材，就古歌中涉及的林木种类以及采制种、整地、播种、移栽、砍伐、使用等全过程的传统林业知识做了研究；并认为苗族人民在很早以前就形成了一套比较科学的营林技术，如

---

① 刘舜青、赖力：《苗族传统知识在山林管理中的运用和发展初探》，《贵州民族研究》2003 年第 3 期。

② 杞银凤：《山区彝族利用乡土知识管理森林的经验——云南楚雄州大姚县昙华乡子米村案例研究》，《林业与社会》2003 年第 2 期。

③ 何丕坤、李荣、曹加权：《云南澜沧爱尼人利用乡土知识管理森林的经验》，《林业与社会》2003 年第 4 期。

④ 杨家伟：《少数民族与乡村林业管理》，《林业经济》2002 年第 5 期。

⑤ 苏淑琴、赵邦梁：《青海省互助县少数民族与乡村林业管理》，《现代农业科学》2008 年第 5 期。

⑥ 龙春林：《民族地区自然资源的传统管理》，中国环境科学出版社 2009 年版。

对之进行深入挖掘，因势利导，将对当地的林业生态建设有不可替代的
作用。①

四　少数民族传统知识的保护研究

（一）少数民族传统知识的知识产权保护

张树兴认为我国少数民族传统知识面临不当利用、毁坏及失传的危
险，而现有的知识产权制度保护传统知识又具有"传统知识产生的时
间不明、缺乏文献记录、保护期的长期性、完成者的集体性和不确定
性"等局限性。因而必须完善现有的知识产权机制，扩大知识产权对
传统知识的保护范围，并建立专门知识产权制度。② 与之观点相契合的
是，杜小卫在《贵州苗医药传统知识的专利保护》一文中也认为，作
为我国专利制度的核心，我国应从苗医药等传统医药的特点出发，确立
传统资源权制度，并重新审视和修订专利法律制度，建立苗医药传统知
识数据库，加强对苗医药传统知识消极利益的保护。③ 杨敏对贵州省少
数民族医药知识产权保护也作了一定探讨，并提出了"深化少数民族
医药领域知识产权的战略研究，将对少数民族传统医药的保护纳入知识
产权国际保护的范畴；加大国内立法保护的力度；在制度构建上予以强
化"等措施。④ 张会嶙根据我国民族医药的自身特点，提出了应适当完
善补充我国的专利保护制度，即"对已授予外国的专利采取强制许可、
权利耗尽等国际原则；积极建设国家数据库，增加专利披露原则，防止
生物盗版，扩展公共利益原则等防御措施；应加大民族药业的管理力
度，设立专管机构，建立基金，加大技术投入，提高民族药业的现代化
进程；增强主权意识，在 CBD 公约的支持下，建立利益分享机
制"等。⑤

---

① 覃东平、吴一文、符江潮：《从苗族古歌看苗族传统林业知识》，《贵州民族研究》
2004 年第 1 期。

② 张树兴：《论我国少数民族传统知识的知识产权保护》，《云南民族大学学报》2008
年第 4 期。

③ 杜小卫：《贵州苗医药传统知识的专利保护》，《贵州师范大学学报》2009 年第 6 期。

④ 杨敏：《关于贵州少数民族传统医药知识产权保护的法律思考》，《贵州民族研究》
2006 年第 5 期。

⑤ 张会嶙：《我国民族医药专利保护的现状与对策》，《学术论坛》2008 年第 7 期。

　　严永和以贵州从江瑶族浴药传统知识的知识产权保护为案例，讨论了传统知识的知识产权保护战略和制度框架等问题。① 李发耀在《多维视野下的传统知识保护机制实证研究》一书中，研究了贵州省黎平县侗族香禾糯遗传资源种群知识产权保护。他认为，面临香禾糯这一珍贵的遗传资源逐渐濒临灭绝的现状，保存和发展香禾糯种群不仅是侗族地区的一种遗传资源保护，更是该地区传统知识的保护。抢救保护香禾糯种群及其相关传统知识，应该通过商标、地理标志等知识产权制度的介入，建构选择以社区为基础的参与式知识产权保护机制，尝试探索用现行知识产权制度保护生物遗传资源权益实现的可能。② 姚静研究了湘西苗医药的知识产权保护，认为湘西苗医药具有较强的民族性和地域性，需要运用"专利权、商标权、著作权以及商业秘密保护"等保护制度对之进行知识产权保护。③ 吴乔明对贵州黔东南重安江一带的偍家人的蜡染技艺这一传统知识做了调查研究，并就其知识产权保护的对策进行了探索。他认为从政府层面来讲，必须要做好"普法和提高知识产权的保护意识；整理和提炼其传统知识资源；培育其蜡染民间组织，发挥行业协会作用"等方面工作；从具体法律保护的可能途径上而言，就必须注重"利用和利益分享制度、专利权保护、地理标注保护、数据库保护和地方加强社区传统知识教育"等措施。④

　　此外，有学者认为，我国现行的知识产权法律制度本身是私法，对社区传统知识、民族民间文化的"集体产权"还没有专门立法，这就导致涉及传统知识的知识产权保护中比较深层次的理论问题还有待取得实质性突破。因而，仍需要加强立法，以推动我国知识产权法律制度的创新，促进公法与私法相协调。⑤ 对此，严永和以少数民族传统医药知识为例，提出了知识产权的保护战略"三步走"目标：第一步战略目

<hr>

① 严永和：《论传统知识的知识产权保护》，法律出版社 2006 年版，第 280 页。

② 李发耀：《多维视野下的传统知识保护机制实证研究》，知识产权出版社 2008 年版，第 156—194 页。

③ 姚静：《湘西苗医药的知识产权保护》，《企业技术开发》2009 年第 3 期。

④ 吴乔明：《偍家蜡染》，载国际行动援助中国办公室编《保护创新的源泉——中国西南地区传统知识保护现状调研社区行动案例集》，中国知识产权出版社 2007 年版，第 148—153 页。

⑤ 同上书，第 151 页。

标是率先利用现行知识产权制度保护我国少数民族传统医药的消极知识
产权利益和衍生知识产权利益；第二步战略目标是按照《生物多样性
公约》对专利法进行修改，把《生物多样性公约》开创的事先知情同
意机制融入专利申请信息披露制度，建立涉及传统医药的专利申请披露
制度，间接保护我国少数民族传统医药积极知识产权利益；第三步战略
目标是谋求对现行专利实质条件进行修改，或者创设传统医药保护专门
制度，以直接保护我国少数民族传统医药积极知识产权利益。[①] 蓝寿荣
和朱雪忠在《土家族传统知识的法律保护》一文中则指出，针对现行
法律在保护土家族传统知识问题上的不足方面，应制定"土家族传统
知识确定的法律法规"和"土家族传统知识发展的法律法规"给予
保护。[②]

（二）少数民族传统知识的其他保护模式

对传统知识的保护反对用现行知识产权制度的学者们较为一致地认
为，对传统知识必须建立一套新的独立于现代知识产权制度之外的保护
机制。[③] 如王希辉以土家族黄连种植为例，探讨了我国少数民族地方性
生态知识的传承与保护问题，并提出了传承与保护好以黄连种植为例代
表的土家族地方性生态知识的三条对策，即"做好黄连产业开发，唤
起全社会对黄连产业的关注，为地方性生态知识的传承与保护创造一个
良好的社会环境；大力培养黄连产业种植、加工和开发人才，使得这些
人才都成为挖掘、传承和保护地方性生态知识的中坚力量；积极建设
'中国·黄连文化博物馆'，建设'黄连生态文化村（镇）'，甚至
'黄连生态县'"。[④] 薛达元和郭泺在《中国民族地区遗传资源及传统
知识的保护与惠益分享》一文中就我国民族地区丰富多彩的传统知识
正在迅速丧失的现状，提出了"借助国际压力维护国家对遗传资源及
相关传统知识的主权"和"建立获取与惠益分享的国家法规框架，保

---

① 严永和：《论我国少数民族传统知识产权保护战略与制度框架——以少数民族传统医
药知识为例》，《民族研究》2006 年第 2 期。

② 蓝寿荣、朱雪忠：《土家族传统知识的法律保护》，《法律与科技》2003 年第 4 期。

③ 汤跃：《传统知识保护学术研究发展态势论要》，《贵州师范大学学报（社会科学
版）》2005 年第 6 期。

④ 王希辉：《少数民族地方性生态知识的传承与保护——以石柱土家族黄连种植为例》，
《广西民族大学学报》2008 年第 5 期。

护遗传资源及相关传统知识"等措施。① 同时薛达元还提出了今后一段时期传统知识保护的战略目标，即"近期目标（2006—2010），编制'传统知识保护战略与行动计划'（2008—2020）；中期目标（2011—2015），实施'传统知识保护战略与行动计划'中列出的优先项目；远期目标（2016—2020），基本完成对'传统知识保护战略与行动计划'优先项目的实施"。② 张渊媛等人就海南省黎族和苗族传统知识的保护问题也进行了研究，并提出了"加强老人和妇女在传统知识传承方面的作用；努力发挥宗教职业者的作用；加大政府的扶植力度，进一步提高对保护黎、苗族传统知识重要性的认识；通过调查、研究、甄别、扬弃等方法，使其得到更有效的保护和发展"等对策。③

此外，还有学者在研究云南迪庆藏族医药的保护问题时，提出了社区层面的保护策略。认为社区是藏族医药传承和利用的基本单位，社区层面的保护要关注"建立完善的乡村医疗制度；保护散在民间的采药乡土专家和父传子的本土化藏医；保护藏区的生药资源，规范采集行为，杜绝药商到社区乱采乱挖；建立社区资源保护自助组织，专管社区资源的利用，以群众代表身份同外来窃取社区资源者谈判，以保护社区资源权利"等方面的内容。④ 吴乔明在论述偫家蜡染传统技艺的保护时，阐述的"注重社区习惯法的采用"和"运用现代信息技术"的保护对策也很具代表性。他认为，运用现代信息技术对之进行保护，需要建立"偫家蜡染数据库"和"参与式传统知识监测信息网"，从传统知识技术保护的战略意图上说，后者是对前一技术保护措施的补充。⑤

---

① 薛达元、郭泺：《中国民族地区遗传资源及传统知识的保护与惠益分享》，《资源科学》2009年第6期。

② 薛达元：《民族地区生物多样性相关传统知识的保护战略》，《中央民族大学学报（自然科学版）》2008年第4期。

③ 张渊媛、蔡蕾：《海南省黎族和苗族传统知识对农业生物多样性保护的影响》，《中央民族大学学报（自然科学版）》2008年第S1期。

④ 薛达元：《民族地区遗传资源获取与惠益分享案例研究》，中国环境科学出版社2009年版，第98页。

⑤ 吴乔明：《偫家蜡染》，载国际行动援助中国办公室编《保护创新的源泉——中国西南地区传统知识保护现状调研社区行动案例集》，中国知识产权出版社2007年版，第153—155页。

另外，薛达元在其主编的《民族地区遗传资源获取与惠益分享案例研究》一书中，对我国少数民族地区与遗传资源相关传统知识的丧失和流失问题以及惠益分享问题进行了深入研究，并提出了加强我国民族地区遗传资源及相关传统知识保护和促进与地方社区惠益分享的政策措施。① 张澎和滕建旭也对我国原住民族的传统知识遗产问题做了探索性的勾勒，并从区域民族生产要素的组构视角探讨了我国原住民族传统知识遗产的保护。②

五　几点评述

综上所述，自 20 世纪 90 年代末以来，学者们从不同视野对我国少数民族传统知识做了大量研究，取得了重要的成果。但研究中也存在一些问题和不足，总结起来大致有以下五个方面：其一，对传统知识的内涵、特性及其生产、传承的实践逻辑等理论问题研究不深。其二，就少数民族传统知识内容的研究来讲，目前学术界对传统"生态知识、医药知识、动植物遗传资源与生物多样性保护"等方面做了深入研究，但对"传统农业知识、民间文艺表达和民间技术"等方面的研究尚显不足。其三，就少数民族传统知识的研究对象而论，学者们对国内各少数民族传统知识的关注极不均衡。例如，以传统医药知识为例，学界从不同学科视角对"藏医学、苗医学、傣医学、土家医学、壮医学、瑶医学和彝医学"等民族医学做了大量交叉研究，而对其他一些民族，尤其是人口较少民族和目前族称待定的少数民族的医药知识研究则严重不足；同时，就传统知识体系研究而言，也存在不平衡状况，学术界对苗族、云南少数民族、蒙古等民族的传统知识体系研究较为深入，对土家族、黎族等少数民族的传统知识体系研究则较为薄弱。其四，学术界对少数民族传统知识的保护尤其是知识产权的保护研究较多，而对传统知识现代价值的反思，特别是对在现代社会中如何挖掘和利用少数民族

---

① 薛达元：《民族地区遗传资源获取与惠益分享案例研究》，中国环境科学出版社 2009 年版。

② 张澎、滕建旭：《WTO 背景下原住民族传统知识遗产保护策略及其对区域民族经济可持续性发展的影响》，《西南民族大学学报》2003 年第 10 期。

传统知识的研究还很少，当然在传统知识的知识产权研究过程中，尚未能有理论上的突破。其五，就各学科对少数民族传统知识的研究而言，当下法学、民族植物学、医学、生态学等学科对之已做了颇有成效的研究，而民族学、人类学和社会学对之关照与前者相比却显得明显不足。

主要参考文献

1.《土家族简史》编写组：《土家族简史》，湖南人民出版社 1986 年版。

2. 王承尧、罗午：《土家族土司史录》，岳麓书社 1991 年版。

3. 李干等：《土家族经济史》，陕西人民教育出版社 1996 年版。

4. 彭英明主编：《土家族文化通志新编》，民族出版社 2001 年版。

5. 段超：《土家族文化史》，民族出版社 2000 年版。

6. 彭继宽、姚纪彭：《土家族文学史》，湖南文艺出版社 1989 年版。

7. 刘孝瑜：《土家族》，民族出版社 1989 年版。

8. 田荆贵主编：《中国土家族习俗》，中国文史出版社 1990 年版。

9. 李绍明主编：《川东酉水土家》，成都出版社 1992 年版。

10. 柏贵喜：《转型与发展——当代土家族社会文化变迁研究》，民族出版社 2001 年版。

11. 刘芝凤：《中国土家民俗与稻作文化》，人民出版社 2001 年版。

12. 艾训儒：《湖北清江流域土家族生态学研究》，中国农业科学技术出版社 2006 年版。

13. 余咏宇：《土家族哭嫁歌之音乐特征与社会涵义》，中央民族大学出版社 2002 年版。

14. 谭必友、田级会：《田野中的文化呈现——穿越文化浸洗的凛嘎人歌舞研究》，人民出版社 2010 年版。

15. 彭官章：《土家族文化》，吉林人民出版社 1991 年版。

16. 田华咏等：《土家族医药学》，中医古籍出版社 1994 年版。

17. 赵敬华主编：《土家族医药学概论》，中医古籍出版社 2005

年版。

18. 朱国豪等：《土家族医药》，中医古籍出版社 2006 年版。

19. 彭勃、彭继宽整理译释：《摆手歌》，岳麓书社 1989 年版。

20. 田玉成编著：《长阳南曲》，湖北人民出版社 2003 年版。

21. 韩致中主编：《女儿寨传说》，长江文艺出版社 1985 年版。

22. 刘明春编著：《土家俗谚》，湖北人民出版社 2003 年版。

23. 王华武主编：《民间谚语》（五峰土家族自治县文艺丛书之一），湖北人民出版社 2004 年版。

24. 胡德生主编：《民间歌谣》（五峰土家族自治县文艺丛书之一），湖北人民出版社 2004 年版。

25. 龚德俊主编：《民间吹打乐》（五峰土家族自治县文艺丛书之一），湖北人民出版社 2004 年版。

26. 李诗选收集整理：《五峰古籍拾遗》，内部资料，2008 年。

27. 湘西土家族苗族自治州群众艺术馆编印：《湘西民间文学资料》第一集，1983 年印制。

28. 刘黎光主编：《湘西歌谣大观（上、下）》，湖南文艺出版社 1990 年版。

29. 恩施州志编纂委员会编：《恩施州志》，湖北人民出版社 1998 年版。

30. 湘西州志编纂委员会编：《湘西州志》，湖南人民出版社 1999 年版。

31. 中国农业科学院土壤肥料研究所：《中国肥料》，上海科学技术出版社 1994 年版。

32. 官春云主编：《农业概论》，中国农业出版社 2000 年版。

33. 王林贺：《现代农业的理论与实践》，河南科学技术出版社 2006 年版。

34. 张永宏：《非洲发展视域中的本土知识》，中国社会科学出版社 2010 年版。

35. 郑成思主编：《知识产权研究》第 3 卷，中国方正出版社 2000 年版。

36. 杜瑞芳：《传统医药的知识产权保护》，人民法院出版社 2004

年版。

37. 吴汉东主编：《知识产权法》，法律出版社 2004 年版。

38. 曹新明：《知识产权法学》，中国人民大学出版社 2008 年版。

39. 秦天宝编译：《国际与外国遗传资源法选编》，法律出版社 2005 年版。

40. 管育鹰：《知识产权视野中的民间文艺保护》，法律出版社 2006 年版。

41. 严永和：《论传统知识的知识产权保护》，法律出版社 2006 年版。

42. 张耕：《民间文学艺术的知识产权保护研究》，法律出版社 2007 年版。

43. 李发耀：《多维视野下的传统知识保护机制实证研究》，知识产权出版社 2008 年版。

44. 淮虎银：《者米拉祜族药用民族植物学研究》，中国医药科技出版社 2005 年版。

45. 薛达元：《民族地区医药传统知识传承与惠益分享》，中国环境科学出版社 2009 年版。

46. 薛达元：《民族地区保护与持续利用生物多样性的传统技术》，中国环境科学出版社 2009 年版。

47. 薛达元：《民族地区遗传资源获取与惠益分享案例研究》，中国环境科学出版社 2009 年版。

48. 薛达元：《民族地区传统文化与生物多样性保护》，中国环境科学出版社 2009 年版。

49. 国际行动援助中国办公室编：《保护创新的源泉——中国西南地区传统知识保护现状调研社区行动案例集》，中国知识产权出版社 2007 年版。

50. 龙春林：《民族地区自然资源的传统管理》，中国环境科学出版社 2009 年版。

51. 钟敬文主编：《民间文学概论》，上海文艺出版社 1980 年版。

52. 叶春生：《简明民间文艺学教程》，湖南文艺出版社 1987 年版。

53. 乌丙安：《民俗学原理》，辽宁教育出版社 2001 年版。

54. 刘守华等：《民间文学教程》，华中师范大学出版社 2002 年版。

55. 伍国栋：《中国民间音乐》，浙江教育出版社 1995 年版。

56. 杜亚雄、王同：《中国民族民间音乐教程》，上海音乐出版社 2006 年版。

57. 徐永祥：《社区发展论》，华东理工大学出版社 2001 年版。

58. 刘锡诚：《象征：对一种民间文化模式的考察》，学苑出版社 2002 年版。

59. 王明珂：《华夏边缘——历史记忆与族群认同》，社会科学文献出版社 2006 年版。

60. 罗康隆、黄贻修：《发展与代价——中国少数民族经济发展问题研究》，民族出版社 2006 年版。

61. 罗康隆：《文化适应与文化制衡——基于人类文化生态的思考》，民族出版社 2007 年版。

62. 沈从文：《湘行集（沈从文别集）》，岳麓书社 1992 年版。

63. 宋蜀华主编：《民族学与现代化》，中央民族大学出版社 1994 年版。

64. 陈华编著：《医学人类学导论》，中山大学出版社 1998 年版。

65. 席焕久主编：《医学人类学》，人民卫生出版社 2004 年版。

66. 费孝通：《乡土中国　生育制度》，北京大学出版社 1988 年版。

67. 周光大、瞿明安主编：《现代民族学》（上、下卷），云南人民出版社 2008 年版。

68. 庄孔韶主编：《人类学通论》，山西教育出版社 2004 年版。

69. 胡军：《知识论》，北京大学出版社 2006 年版。

70. 张岱年、方克立主编：《中国文化概论》，北京师范大学出版社 2004 年版。

71. 贺毅主编：《中西文化比较》，冶金工业出版社 2007 年版。

72. 中共中央马克思、恩格斯、列宁、斯大林著作编译局编译：《马克思恩格斯列宁斯大林论文艺》，人民出版社 1964 年版。

73. ［美］阎云翔：《礼物的流动——一个中国村庄中的互惠原则与社会网络》，李放春等译，上海人民出版社 2000 年版。

74. ［美］施坚雅：《中国农村的市场与社会结构》，史建云、徐秀丽译，中国社会科学出版社 1998 年版。

75.［美］克利福德·吉尔兹：《文化的解释》，纳日碧力戈译，上海人民出版社 1999 年版。

76.［美］克利福德·吉尔兹：《地方性知识——阐释人类学论文集》，王海龙、张家瑄译，中央编译出版社 2000 年版。

77.［美］戴维·斯沃茨：《文化与权力——布尔迪厄的社会学》，陶东风译，上海译文出版社 2006 年版。

78.［美］阿尔文·托夫勒：《权力的转移》，吴迎春等译，中信出版社 2006 年版。

79.［美］杜赞奇：《文化、权力与国家》，王福明译，江苏人民出版社 2003 年版。

80.［美］露丝·本尼迪克特：《文化模式》，王炜译，社会科学文献出版社 2009 年版。

81.［美］乔治·福斯特、安德森：《医学人类学》，陈华、黄新美译，台湾桂冠图书股份有限公司 1992 年版。

82.［美］唐纳德·L. 哈迪斯蒂：《生态人类学》，郭凡、邹和译，文物出版社 2002 年版。

83.［美］威廉·A. 哈维兰：《文化人类学》，瞿铁鹏等译，上海社会科学院出版社 2005 年第 10 版。

84.［美］芬格、舒勒编著：《穷人的知识：改善发展中国家的知识产权》，全先银、樊云慧、田芙蓉译，中国财政经济出版社 2004 年版。

85.［美］达里尔·A. 波塞、格雷厄姆·村特费尔德：《超越知识产权——为原住民和当地社区争取传统资源权利》，许建初等译，云南科技出版社 2003 年版。

86.［英］安东尼·吉登斯：《现代性的后果》，田禾译，译林出版社 2000 年版。

87.［英］苏珊·斯特兰奇：《权力流散：世界经济中的国家与非国家权威》，肖宏宇、耿协峰译，北京大学出版社 2005 年版。

88.［英］凯·米尔顿：《环境决定论与文化理论》，袁同凯、周建新译，民族出版社 2007 年版。

89. ［英］马林诺夫斯基：《原始社会的犯罪与习俗》，原江译，法律出版社 2007 年版。

90. ［英］马凌诺夫斯基：《文化论》，费孝通译，华夏出版社 2002年版。

91. ［法］马赛尔·莫斯：《论馈赠——传统社会的交换形式及其功能》，卢汇译，中央民族大学出版社 2002 年版。

92. ［法］米歇尔·福柯：《知识考古学》，谢强、马月译，生活·读书·新知三联书店 2003 年版。

93. ［印］甘古力：《知识产权：释放知识经济的能量》，宋建华译，知识产权出版社 2004 年版。

94. ［德］黑格尔：《历史哲学》，王造时译，商务印书馆 1963 年版。

95. ［日］秋道智弥等编著：《生态人类学》，范广融、尹绍亭译，云南大学出版社 2007 年版。

96. 段超：《改土归流后汉文化在土家族地区的传播及其影响》，《中南民族大学学报》2004 年第 6 期。

97. 段超：《关于民族传统文化创新问题的调查与思考——湖北民族地区民族传统文化创新调研报告》，《江汉论坛》2005 年第 11 期。

98. 汪增阳：《重庆土家族巫文化初探》，《涪陵师范学院学报》2002 年第 6 期。

99. 朱世学：《土家族吊脚楼的源流、构造及功能》，《民族论坛》1994 年第 1 期。

100. 刘晓晖、覃琳：《土家吊脚楼的特色及其可持续发展思考——渝东南土家族地区传统民居考察》，《武汉理工大学学报》2005 年第 2 期。

101. 汪鋆植：《土家族药物研究与开发探讨》，《中国民族民间医药杂志》2003 年第 3 期。

102. 田华咏：《略论土家族医药文化圈中南北流派的学术特点》，《中国民族民间医药杂志》2005 年第 2 期。

103. 杨德胜：《土家族药材鉴别研究的发展概况》，《中国民族民间医药杂志》2007 年第 2 期。

104. 陈梅等：《土家族药物资源的开发与利用》，《中国民族民间医药杂志》2008 年第 1 期。

105. 胡萍、蔡清万：《武陵地区土家族医药文献初探》，《湖北民族学院学报》2009 年第 1 期。

106. 王卓亚：《土家烧饼混战折射出的特许经营知识产权问题》，《连锁与特许》2006 年第 5 期。

107. 王希辉：《少数民族地方性生态知识的传承与保护——以石柱土家族黄连种植为例》，《广西民族大学学报》2008 年第 5 期。

108. 钱钟书：《The return of the native》，《书林季刊》（Philobiblin）1947 年 3 月。

109. 张祖英：《知识的含义、分类、属性》，《中国妇运》1999 年第 5 期。

110. 黄锦章：《语言研究和认知人类学》，《上海财经大学学报》2002 年第 4 期。

111. 南振兴、董葆莉：《传统知识概念界定及特性研究》，《经济与管理》2007 年第 7 期。

112. 吴冰、王重鸣：《知识与知识管理：一个文献综述》，《华东理工大学学报》2006 年第 1 期。

113. 周俊华、秦继仙：《全球化语境下民族地方性知识的价值与民族的现代发展——以纳西族为例》，《云南民族大学学报》2008 年第 5 期。

114. 诸锡斌：《论少数民族传统技术研究的价值》，《哈尔滨工业大学学报》2009 年第 2 期。

115. 乐黛云：《乡土教育与人文素质》，《读书》2004 年第 7 期。

116. 王兴亮：《清末民初乡土志书的编纂与乡土教育》，《中国地方志》2002 年第 2 期。

117. 邓红蕾、胡海洋：《乡土社会调解的法律文化学思考》，《贵州民族学院学报》2004 年第 6 期。

118. 田有成、邱明：《乡土农村法文化的断裂与整合——文化人类学立场下的探析》，《云南法学》2001 年第 1 期。

119. 邓和平：《从民族位育之道看现代乡土教育重建》，《武汉大学学报》2010 年第 2 期。

120. 朱正祥：《西部民族医药资源开发与生物多样性保护》，《中国民族民间医药杂志》2002 年第 6 期。

121. 唐雪明：《广西民族医药的资源优势及开发对策》，《广西民族研究》2003 年第 1 期。

122. 雷启义：《现代生物技术与药用民族植物资源利用和开发》，《黔东南民族师范高等专科学校学报》2003 年第 6 期。

123. 麻勇斌：《苗族医药传统知识体系中的"元哲学思想丛结"》，《贵州师范大学学报》2005 年第 4 期。

124. 杨昌文：《贵州民族调查与民族医药研究》，《贵州民族研究》2002 年第 3 期。

125. 麻勇恒：《苗族地方性医药知识在乡土社会中的传承与保护——以黔东南为例》，《凯里学院学报》2008 年第 2 期。

126. 黄福开：《中国民族医药发展现状与多元一体化战略对策》，《中南民族大学学报》2008 年第 2 期。

127. 龙鳞：《医学人类学视野中的云南民族医药》，《云南民族大学学报》2008 年第 4 期。

128. 张会嶙：《我国民族医药专利保护的现状与对策》，《学术论坛》2008 年第 7 期。

129. 姚静：《湘西苗医药的知识产权保护》，《企业技术开发》2009 年第 3 期。

130. 杜小卫：《贵州苗医药传统知识的专利保护》，《贵州师范大学学报》2009 年第 6 期。

131. 马威、杜智佳：《农业人类学发展五十年》，《华中农业大学学报》2010 年第 4 期。

132. 安迪：《乡土知识与生产力：滇西北农牧区社区的养牛知识与养牛业发展》，《中国农业大学学报》2006 年第 2 期。

133. 田红、邹琚：《麻山苗族农作物的配置与石漠化灾变救治》，《贵州农业科学》2009 年第 1 期。

134. 徐旺生：《从间作套种到稻田养鱼、养鸭——中国环境历史演变过程中两个不计成本下的生态应对》，《农业考古》2007 年第 4 期。

135. 王兴仁、江荣风、刘全清等：《施肥与环境的关系》，《磷肥与复肥》2007 年第 5 期。

136. 王慷林、陈三阳、裴盛基等：《竹类与民族植物学：传统知识系统的应用研究》，《竹子研究汇刊》2000 年第 2 期。

137. 杨家伟：《少数民族与乡村林业管理》，《林业经济》2002 年第 5 期。

138. 杞银凤：《山区彝族利用乡土知识管理森林的经验——云南楚雄州大姚县昙华乡子米村案例研究》，《林业与社会》2003 年第 2 期。

139. 刘舜青、赖力：《苗族传统知识在山林管理中的运用和发展初探》，《贵州民族研究》2003 年第 3 期。

140. 何丕坤、李荣、曹加权：《云南澜沧爱尼人利用乡土知识管理森林的经验》，《林业与社会》2003 年第 4 期。

141. 邹雅卉、左停：《云南社区森林的乡土知识及传承——临沧地区云县后箐乡勤山小流域案例研究》，《林业与社会》2004 年第 3 期。

142. 苏淑琴、赵邦梁：《青海省互助县少数民族与乡村林业管理》，《现代农业科学》2008 年第 5 期。

143. 崔明昆：《植物民间分类、利用与文化象征——云南新平傣族植物传统知识研究》，《中南民族大学学报》2005 年第 4 期。

144. 艾怀森：《高黎贡山地区的傈僳族狩猎文化与生物多样性保护》，《云南地理环境研究》1999 年第 1 期。

145. 龙春林、阿部卓、王红等：《基诺族传统文化中的生物多样性管理与利用》，《云南植物研究》1999 年第 2 期。

146. 刘爱忠、裴盛基、陈三阳：《云南楚雄彝族的“神树林”与生物多样性保护》，《应用生态学报》2000 年第 4 期。

147. 范祖锜：《“三江并流”地区少数民族传统文化和生物多样性的保护》，《云南民族大学学报》2004 年第 2 期。

148. 格玛江初：《藏民族传统文化对白马雪山自然保护区生物多样性的影响》，《林业调查规划》2004 年第 4 期。

149. 杨庭硕：《论地方性知识的生态价值》，《吉首大学学报》2004 年第 7 期。

150. 哈斯巴根、肖笃宁：《内蒙古额济纳蒙古族荒漠景观多样性传统知识分析》，《干旱区研究》2005 年第 3 期。

151．滕晓华：《论藏族生态知识的不可替代价值——以昌都地区察雅县荣周乡成功造林为例》，《贵州民族学院学报》2006 年第 6 期。

152．马晓琴、杨德亮：《地方性知识与区域生态环境保护——以青海藏区习惯法为例》，《青海社会科学》2006 年第 2 期。

153．张渊媛、蔡蕾：《海南省黎族和苗族传统知识对农业生物多样性保护的影响》，《中央民族大学学报（自然科学版）》2008 年第 1 期。

154．黄绍文、何作庆：《哈尼族传统采集狩猎与生物多样性》，《中央民族大学学报（自然科学版）》2008 年第 2 期。

155．杨立新、赵燕强、裴盛基：《纳西族东巴文化与生物多样性保护》，《林业调查规划》2008 年第 2 期。

156．罗康隆、王秀：《论侗族民间生态智慧对维护区域生态安全的价值》，《广西民族研究》2008 年第 4 期。

157．罗康隆：《侗族传统生计方式与生态安全的文化阐释》，《思想战线》2009 年第 2 期。

158．薛达元：《民族地区生物多样性相关传统知识的保护战略》，《中央民族大学学报（自然科学版）》2008 年第 4 期。

159．黄柏权：《西南地区民间生态知识与森林保护》，《长江师范学院学报》2008 年第 5 期。

160．罗义群：《苗族本土生态知识与森林生态的恢复与更新》，《铜仁学院学报》2008 年第 6 期。

161．罗义群：《关于苗族本土生态知识的文化阐释》，《六盘水师范高等专科学校学报》2009 年第 1 期。

162．格日乐图、哈斯巴根：《额济纳旗鸟类及当地蒙古族的相关传统知识》，《内蒙古师范大学学报（自然科学汉文版）》2005 年第 2 期。

163．杨文辉：《气候、资源与信仰——白族的传统知识与气候变迁》，《学术探索》2009 年第 2 期。

164．刘旭霞、胡小伟：《我国农业遗传资源保护与利用的实践考察——以贵州黎平黄岗侗寨香禾糯为例》，《法学杂志》2009 年第 8 期。

165．方李莉：《艺术人类学研究的当代价值》，《民族艺术》2005 年第 1 期。

166．刘冰清、王文明：《辰州傩面具的审美特征探析》，《三峡大学学报》2008 年第 4 期。

167. 杨小柳:《地方性知识与扶贫策略——以四川凉山美姑县为例》,《中南民族大学学报》2009 年第 3 期。

168. 钱宁:《寻求现代知识与传统知识之间的平衡——少数民族农村社区发展中的文化教育问题》,《云南社会科学》2008 年第 1 期。

169. 王潇怀、程鑫:《浅谈社区参与在健康促进中的作用与形式》,《现代预防医学》2001 年第 1 期。

170. 蒋艳:《社区参与旅游发展具体操作分析》,《重庆工商大学学报》2003 年第 1 期。

171. 杨从明、徐海:《社区合作管理会在森林资源管理中的作用——贵州省台江县汪江村案例研究》,《林业与社会》2004 年第 3 期。

172. 邵志忠、俸代瑜、陈家柳等:《传统社区组织与农村可持续发展——传统知识与农村可持续生计行动调研报告之一》,《广西民族研究》2005 年第 1 期。

173. 紫萍、赵芳:《参与式研究:民族地区发展中的有益尝试——访云南省生物多样性和传统知识研究会执行主任钱洁、项目官员尹仑》,《今日民族》2006 年第 9 期。

174. 王时浩:《论社区参与》,《中国民政》2007 年第 1 期。

175. 王华:《喀斯特地区生态恢复与社区参与探讨》,《贵州农业科学》2009 年第 4 期。

176. 吴汉东:《知识产权的私权与人权属性——以〈知识产权协议〉与〈世界人权公约〉为对象》,《法学研究》2003 年第 3 期。

177. 吴汉东:《利弊之间:知识产权制度的政策科学分析》,《法商研究》2006 年第 5 期。

178. 张澎、滕建旭:《WTO 背景下原住民族传统知识遗产保护策略及其对区域民族经济可持续性发展的影响》,《西南民族大学学报》2003 年第 10 期。

179. 汤跃:《传统知识保护学术研究发展态势论要》,《贵州师范大学学报》2005 年第 6 期。

180. 王瑞龙:《民间文学艺术作品著作权保护的制度设计》,《中南民族大学学报》2004 年第 5 期。

181. 严永和：《论我国少数民族传统知识产权保护战略与制度框架——以少数民族传统医药知识为例》，《民族研究》2006 年第 2 期。

182. 陈惠珍、徐俊：《论我国知识产权立体审判模式的构建》，《法律适用》2006 年第 4 期。

183. 薛达元、郭泺：《中国民族地区遗传资源及传统知识的保护与惠益分享》，《资源科学》2009 年第 6 期。

184. 张广良：《我国知识产权行政保护的涵义》，《知识产权》2007 年第 1 期。

185. 张树兴：《论我国少数民族传统知识的知识产权保护》，《云南民族大学学报》2008 年第 4 期。

186. 蓝寿荣、朱雪忠：《土家族传统知识的法律保护》，《法律与科技》2003 年第 4 期。

187. 郑颖捷、张远胜、华慧：《知识产权战略背景下少数民族传统工艺的法律保护研究——以湘西土家族苗族自治州为例》，《中南民族大学学报》2007 年第 6 期。

188. 杨敏：《关于贵州少数民族传统医药知识产权保护的法律思考》，《贵州民族研究》2006 年第 5 期。

189. 孔建勋、余海秋：《泰国阿卡人传统知识保护初探》，《东南亚纵横》2009 年第 8 期。

190. ［法］拉扎尔·塞维托：《撒哈拉以南非洲的地方化农业知识与粮食生产》，《国际社会科学杂志》（中文版）2007 年第 1 期。

191. 那鲁蒙·阿鲁诺泰：《莫肯人的传统知识：一种未蒙承认的自然资源经营保护方式》，《国际社会科学杂志》（中文版）2007 年第 1 期。

192. ［法］弗洛伦斯·品顿：《传统知识与巴西亚马孙流域生物多样性地区》，《国际社会科学杂志》（中文版）2004 年第 4 期。

193. ［美］阿尔瓦罗·塞尔达萨米恩、克莱门特·弗雷罗皮内达：《民族共同体知识的知识产权问题》，《国际社会科学杂志》（中文版）2003 年第 1 期。

后 记

本书是在国家社会科学基金项目"少数民族传统知识的现代利用与保护研究——以武陵地区土家族为例"（项目批准号：07BMZ025）最终结题成果的基础上修改而成的。

2007年，由我担任项目负责人申报国家社会科学基金项目，获得立项。课题立项后，课题组成员积极开展相关研究工作。2007年6—8月，课题组成员一行三人至湖南省湘西土家族苗族自治州龙山县坡脚乡苏竹村进行调查；2008年6—8月，课题组成员分为两组，一组四人至湖南省龙山县坡脚乡苏竹村进行调查；一组五人至湖北省五峰土家族自治县湾潭镇红烈村和龙桥村进行调查；2009年7—8月，课题组成员一行三人赴湖北省恩施土家族苗族自治州来凤县兴安村进行调查。三次调查共搜集土家族传统知识的第一手资料70余万字。根据调查资料，课题组于2009年12月撰写了《土家族传统知识——红烈村和龙桥村调查报告》、《土家族传统知识——苏竹村调查报告》等调查报告，并根据调查的第一手资料和文献资料，撰写并公开发表学术论文19篇。2011年12月底完成了最终成果的撰写，定名为《土家族传统知识的现代利用与保护研究》。项目结题后，课题组又根据专家们提出的意见与建议进行了修改与补充。同时，我们根据调查与思考，撰写了综合调研报告《武陵山区土家族传统知识的传承与保护调研报告》，该报告荣获2012年全国民委系统优秀调研报告三等奖。

该课题的田野调查和书稿的结构、内容由我统一设计，课题组成员分工完成田野调查和各部分初稿的撰写，最后由我进行统改定稿。具体写作分工如下：

导论、第一章：柏贵喜（中南民族大学教授、博士生导师）

第二章、第三章、第四章、第六章：梁正海（铜仁学院教授、博士）

第五章、第七章、附录：李技文（信阳师范学院讲师）

第八章、第九章：龙运荣（湖南科技学院教授、博士）

第十章：王瑞龙（中南民族大学教授、博士）、郑颖捷（中南民族大学副教授、博士）

在课题研究中，我们得到了全国哲学社会科学规划办公室、湖北省哲学社会科学规划办公室和中南民族大学科研处的指导。在课题调查过程中，中南民族大学硕士研究生张彦、罗华、罗钰坊、刘宇、方可，中山大学博士研究生区锦联，中南财经政法大学博士研究生卢明威等做了大量具体的工作；中南民族大学民族学博物馆刘婷博士参与综合调研报告的撰写和部分文献资料的整理工作。课题的调查得到湖南省湘西州龙山县里耶开发区管委会主任（原县政府办公室主任）彭绍兴、龙山县坡脚乡苏竹村支书彭吉龙、村小教师彭大尧，湖北省五峰土家族自治县民宗局副局长肖贤定等土家族干部群众的大力支持与帮助。中国社会科学出版社朱华彬先生对本书的出版付出了大量的艰苦劳动。在此，对所有在课题调研与出版中给予我们帮助与支持的朋友表示最诚挚的感谢。

柏贵喜

2014 年 3 月 20 日